Zofia Kossak

Opowieść biograficzna —

— Joanna Jurgała-Jureczka —

Zofia Kossak
Opowieść biograficzna —

SPIS TREŚCI

Wielki Czwartek 1968 roku zgromadził na góreckim cmentarzu wielu żałobników i gapiów. Niektórzy chłopcy wspięli się na ogołocone z liści drzewo, bo tłum wokół gęstniał, a z góry lepiej widzieli wszystko to, co zostało utrwalone na fotografiach, ponieważ chwila godna była uwiecznienia. Oto bowiem nieodwołalnie kończyła się długa, niespokojna, dramatyczna i piękna droga Zofii z Kossaków, która ostatecznie doprowadziła ją na wiejski cmentarz w Górkach Wielkich na Śląsku Cieszyńskim.

Trwały ceremonie pogrzebowe. Biskup katowicki Herbert Bednorz poświęcił trumnę i odmówił modlitwy. Do mikrofonu podszedł Wojciech Żukrowski, bo wypadało, żeby pisarkę oficjalnie pożegnał przedstawiciel literatów. Zapamiętano jego słowa, bo podobno były tego godne. Zaczynały się od pytania: „Ludzie, czy wiecie, kogo żegnamy?" [1].

---

[1] Andrzej Sapiński, *Pogrzeb Zofii Kossak-Szatkowskiej w Górkach Wielkich*, „Gość Niedzielny", 19 V 1968 r., nr 20.

Minęły lata, a na postawione wówczas pytanie do tej pory nie udzielono ostatecznej i jednoznacznej odpowiedzi. Uparcie formułowane są opinie i dokonywane oceny, gdy tymczasem każda tego rodzaju próba w odniesieniu do wnuczki Juliusza Kossaka staje się kolejnym uproszczeniem.

Badaczom biografii Zofii Kossak zależy na tym, żeby nie tylko poznać, lecz także zrozumieć istotę jej życiowych wyborów i opisać ich genezę; jednym słowem, wpisać się w grono tych, którzy pragną odpowiedzieć na postawione nad grobem pisarki pytanie pozostające wciąż, mimo upływu lat, bez odpowiedzi.

Coraz częściej jednak uświadamiamy sobie, że możemy jedynie naszkicować sylwetkę pisarki, spróbować zachować właściwą perspektywę, zaznaczyć światło i cień, ale portret Zofii Kossak pozostanie wciąż niedokończony.

Nie bez powodu ona sama nie dokończyła swojego autoportretu, który miał się znaleźć w jednym z zaplanowanych tomów rodzinnej sagi zatytułowanej *Dziedzictwo*. Zostały tylko próby i szkice. Zachowały się też jej książki, listy, wspomnienia, fotografie i pamiątki przechowywane w ostatnim domu spośród tych, które kolejno zasiedlała i opuszczała. Poznawszy je, można dokonać próby sportretowania wnuczki Juliusza Kossaka. Wydaje się jednak, że portret ten już na zawsze musi zostać niedokończony, niejednoznaczny, wielowymiarowy, wymykający się wciąż podejmowanym próbom sklasyfikowania; trudny do przyjęcia przez tego odbiorcę, który chce widzieć i oceniać uproszczoną, czarno-białą rzeczywistość, pozbawioną światłocienia.

W dokumentalnym filmie Anny Ferens z serii *Errata do biografii...* angielski sąsiad Zofii Kossak, Richard Andrews, próbuje scharakteryzować pisarkę i jej męża. „Byli bardzo miłymi ludźmi – opowiada – jakby to ująć... – zastanawia się i pyta po namyśle: – Czy macie w Polsce arystokrację? Myślę, że oni byli arystokratami... zdecydowanie"[2] – potwierdza na koniec, bo takie widać odniósł wrażenie, choć przecież poznał Zofię Kossak-Szatkowską i jej męża, kiedy podczas powojennej emigracji ciężko pracowali na farmie i nic, oprócz jej zachowania i sposobu bycia, nie mogło zaświadczyć o wprawdzie nie arystokratycznym, ale szlacheckim pochodzeniu.

Nazwała je: ziemiańskim, artystycznym, kiedy w 1956 roku wypełniała rubrykę ankiety personalnej, a w charakterystyce z 1967 roku, powstałej na użytek Ministerstwa Spraw Wewnętrznych w Warszawie, napisano wprost, że wywodzi się z rodziny obszarniczej, co,

---

[2] Film *Errata do biografii: Zofia Kossak-Szczucka*, Polska 2008, reżyseria Anna Ferens.

oczywiście, nie było wówczas okolicznością sprzyjającą. Mimo to Zofia Kossak nieraz jeszcze podkreśli, jak bardzo pochodzenie zaważy na ostatecznym wyborze jej drogi życiowej. Uważała zresztą, że długie generacje szlacheckie odegrały w polskiej kulturze niebagatelną rolę. „Prawa przyrodzenia powiadają – pisała w liście do Melchiora Wańkowicza – iż nigdy żaden geniusz nie wyszedł wprost od wideł i gnoju. Geniusz musi być hodowany"[3].

Hodowany był również geniusz Zofii, wnuczki samego Juliusza, protoplasty rodu malarzy batalistów, i bratanicy Wojciecha, który odziedziczył malarski talent ojca. Spokrewniona była blisko z literatkami pochodzącymi z Kossaków: Magdaleną Samozwaniec i Marią Pawlikowską-Jasnorzewską, jej kuzynkami. Dzięki małżeństwu z Jadwigą z domu Unrug, kuzynką Zofii, Marii i Magdaleny, do rodziny wszedł zaś także ekscentryczny i nieprzewidywalny Witkacy.

* * *

Zofia Kossak wywodziła się z niezwykłego rodu, więc i dziedziczone przymioty musiały jej przynieść niezwykłe życie. Jednocześnie zaś zobowiązywały, bo przecież, jak przed laty słusznie zauważył książę de Lévis, *noblesse oblige*.

Zobowiązywały między innymi do pielęgnowania pamięci o familii, o jej losach splecionych z dziejami innych rodów. Dzięki wypełnionemu wobec potomnych

³ List Zofii Kossak do Melchiora Wańkowicza z 6 III 1954 r., w: *Korespondencja Zofii Kossak-Szatkowskiej z Zofią i Melchiorem Wańkowiczami*, podała do druku i opracowała Mirosława Pałaszewska, „Twórczość" 1997, nr 6, s. 98.

zobowiązaniu pamiątki i dokumenty, zachowane do dziś w muzeum pisarki w Górkach Wielkich, mogą powiedzieć o rodzinie Kossaków wiele, może nawet najwięcej.

* * *

Ostatni dom Zofii Kossak, a jednocześnie muzeum jej imienia, zachował już tylko ślady dawnych dobrych lat Kossakowskiej familii. Nie wszystkie rodzinne pamiątki przetrwały, bo wiele z nich przepadło w czasie kolejnych ucieczek, przeprowadzek, pośpiesznych przenosin. Dbała o nie mimo wszystko, nazywając w liście dezyderatami, a więc rzeczami, które są niezbędne, potrzebne, pożądane. I ocaliła wiele z nich, przenosząc do kolejnych domów, by zaświadczały o znakomitości niepospolitego rodu.

„Zdolne bestie te Kossaki" – zachwycał się Boy i wypada powtórzyć to zdanie, patrząc na obrazy Wojciecha Kossaka, rysunki Juliusza, akwarele Leona i Karola.

Warto wejść do niepozornego domku stojącego w sąsiedztwie zrujnowanego do niedawna dworu Kossaków. W 2010 roku ożył, częściowo odbudowany, zagospodarowany i nazywany odtąd śląską Kossakówką. Pozostający w jego cieniu domek ogrodnika jest taki jak dawniej, gdy mieszkali w nim Zofia Kossak i jej mąż. Można więc odnieść wrażenie, że mieszkańcy, których już nie ma, wyszli tylko na chwilę, a przybywającego pod ich dach gościa otoczy zapach domu pełnego staroci i pamiątek; domu, w którym każda rzecz zdaje się o czymś świadczyć i kogoś przypominać.

* * *

Z narożnika gabinetu pisarki spogląda zasępiony nieco dziadek Juliusz, jego popiersie wykonał Teodor Rygier na jubileusz twórczości malarza w 1889 roku. Postument, pieczołowicie przechowywany przez Zofię Kossak w jej warszawskim mieszkaniu, był świadkiem wielkiej i tragicznej historii. Do dziś nosi jej ślady. W uszkodzonej podstawie znajduje się odłamek pocisku, jaki w pamiętnej obronie Warszawy we wrześniu 1939 roku eksplodował na balkonie mieszkania. Po latach rzeźba zawędrowała do Górek Wielkich – nieco okaleczona, ale nadal przypomina, że pisarka pochodzi z „tych" Kossaków.

Skoro o Juliuszu mowa, nie może zabraknąć wzmianki o Zofii, jego żonie, która w góreckim domu spogląda na zwiedzających z niewielkiej fotografii. Była piękną panną, jedną z tych, które zwracają uwagę swoją urodą i, jak napisano, rumienią się i bledną. Podobno zaloty Juliusza nie trwały długo. Zobaczywszy Zofię, „śliczną brunetkę", poczuł się, „jakby w niego piorun strzelił", a wrażenie było tak silne, że odtąd „nie wyszła mu już z głowy ta postać".

Matka Zofii – Aniela z Kurnatowskich Gałczyńska – ma także ważne miejsce w gabinecie prawnuczki. Sędziwa i dostojna, spogląda z portretu umieszczonego nad biblioteczką i wierzyć się nie chce, że to ta sama osoba, którą widzimy też na litografii z 1833 roku, z dziwaczną, ale zapewne modną fryzurą okalającą dziewczęcą twarzyczkę i w wydekoltowanej sukni.

Portret prababci jest doskonałym dowodem tego, że jej nastoletni wnuk, Wojciech, syn Juliusza, objawiał już od wczesnej młodości wielki talent. To on jest autorem wspomnianego obrazu. Jeśli jednak przyjrzymy się pięknym dłoniom Anieli Gałczyńskiej, dojrzymy pewien szczegół.

Otóż w pierwszej wersji dzieła młody malarz najwyraźniej nie mógł sobie poradzić z jednym palcem. Zamalował go w końcu, ale nieubłagany czas odsłonił teraz, po wielu latach, ślad tamtej niepewności artysty. Przywołajmy w tym miejscu opowiedzianą przez Magdalenę Samozwaniec rodzinną anegdotę o niefortunnym toaście wzniesionym przez Wojciecha podczas rodzinnego świętowania dziewięćdziesiątych urodzin Anieli z Kurnatowskich Gałczyńskiej. Zacna familia zgromadziła się przy stole. Solenizantka, otoczona przez najbliższych, słuchała życzeń, gdy głos zdecydował się zabrać jeden z jej wnuków, a jak wieść rodzinna niesie, nie miał specjalnego daru wygłaszania przemówień. Mimo to, jak opowiada jego córka, „podniósł się z krzesła, podkręcił pięknego czarnego wąsa, błysnął ognistym okiem arabczyka, brzęknął w kieliszek i rozpoczął mowę od następującego zdania:

– Kto nie pamięta wojen napoleońskich, zgliszcz i walących się starych chałup, niech spojrzy na prababcię...".[4]

Nietrudno się domyślić, że tym niefortunnym porównaniem rozbawił towarzystwo, które wybuchem śmiechu przerwało jego życzenia. W końcu i on śmiał się razem z biesiadnikami, bo Kossakowie, co także niewątpliwie odziedziczyła Zofia, mieli spore poczucie humoru.

* * *

O Anieli z Kurnatowskich Gałczyńskiej przeczytamy i usłyszymy jeszcze nieraz, poznając bliżej biografię Zofii

---

[4] Magdalena Samozwaniec, *Maria i Magdalena*, Wydawnictwo Literackie, cz. I, Kraków 1978, s. 28.

z Kossaków, która gromadziła pamiątki rodzinne, przygotowując kolejne tomy *Dziedzictwa*. Wówczas właśnie Magdalena Samozwaniec powiadomiła ją, że istnieje pamiętnik prababci Gałczyńskiej „pisany na wpół dobrą francuszczyzną, a na wpół złą polszczyzną z okropnymi błędami ortograficznymi"[5]. W góreckim muzeum przechowywana jest kopia owego pamiętnika i dzięki temu bliżej poznamy autorkę, stateczną Anielę z portretu nad biblioteczką i nieco figlarną z litografii. I znów przekonamy się, że przodkowie Zofii Kossak życie mieli nadzwyczaj barwne, a prababcia pisarki przeróżne, nieraz niecodzienne doświadczenia życiowe opisywała z polotem, dystansem, czasem przymrużeniem oka. Zaczęła od wspomnień z dzieciństwa, a były one nie byle jakie. Otóż sam cesarz Aleksander I „piastował ją na kolanach", a babkę obdarował „pięknemi brylantowemi kolczykami". Potem, już jako mężatka, na żywo słuchała Chopina. Nie najlepsze jednak zachowała wspomnienia. Nie dość, że mąż wówczas chorował i wcześnie położył się spać, a ona, walcząc pomiędzy, jak to ujęła, przyjemnością a obowiązkiem, „niewiele mogła użyć pięknej muzyki". W dodatku artysta nie był wesoło usposobiony, bo był „w przejeździe za granicę". Dodajmy jeszcze, że Aniela doskonale znała Adama Asnyka, słyszała improwizującą Deotymę. Było to, jak wspomina, podziękowanie kasztelanowej, u której bawiła, za gościnność i pamięć o jej ulubionej potrawie, czyli buraczkach. Kiedy autorka pamiętnika mieszkała przy Świętojańskiej w Warszawie,

---

[5] List Magdaleny Samozwaniec do Zofii Kossak z 1 VIII 1958 r. Korespondencja w zbiorach Muzeum Zofii Kossak-Szatkowskiej w Górkach Wielkich.

widziała z balkonu wszystko, co działo się z drogą pamiątką po Chopinie, z jego fortepianem, wyrzuconym „na pastwę wandali". U Kossaków w Krakowie poznała wiele znakomitości, na przykład Wincentego Pola i Teofila Lenartowicza, „któren czytał swoje utwory, co panienki wcale nie bawiło". Odnotowuje także skrupulatnie wiadomości ze świata, nazywając je ciekawymi i sensacyjnymi, a wśród nich znalazła się wieść o śmierci Bismarcka, żelaznego kanclerza, który pozostawił „słabą pamięć po sobie i żadnego żalu"[6]. Za to silne wrażenie zrobiła na wszystkich śmierć cesarzowej Elżbiety Austriackiej, zwanej Sissi, zabitej w 1898 roku w Genewie.

Oprócz pamiętnika w ostatnim domu Zofii Kossak pozostał także modlitewnik Anieli z Gałczyńskich, swoiste *silva rerum*, czyli dosłownie: las rzeczy. Dawne szlacheckie zapiski upamiętniały między innymi ważne rodzinne wydarzenia. Prababcia wzorem szlachetnych matron dbała o to, żeby pamięć o rodowych wydarzeniach nie za bardzo wyblakła z biegiem czasu i dlatego notowała skrupulatnie w modlitewniku daty urodzin i zgonów członków rodziny. Zapiski te okazać się miały po latach niezwykle istotne.

* * *

W gabinecie pisarki zauważymy także delikatną akwarelę Marii Pawlikowskiej-Jasnorzewskiej, która w baśniowej scenerii przedstawia osobisty dramat wrażliwej

---

[6] *Pamiętnik Anieli z Kurnatowskich Gałczyńskiej*, s. 19. Odpis pamiętnika w zbiorach Muzeum Zofii Kossak-Szatkowskiej w Górkach Wielkich.

kobiety wciąż na nowo szukającej miłości, zrozumienia i prawdziwego uczucia. Oto bowiem odbywa się wesele żabiego króla, a w szklanej kuli pod wodą widzimy długowłosą piękność, odizolowaną od świata i smutną. To autoportret Lilki – kuzynki Zofii.

W domku ogrodnika eksponowane są portrety rodziców Zofii Kossak, wykonane przez samego Witkacego. Mąż Jadwigi, z domu Unrug, odwiedzał rodzinę żony w Górkach Wielkich. W marcu 1931 roku namalował portrety domowników. Jeden z nich: portret Tadeusza Kossaka, ojca Zofii i jednocześnie bliźniaczego brata Wojciecha, znanego malarza, uważany był przez wiele lat za zaginiony. W połowie lat dziewięćdziesiątych XX wieku niespodziewanie się odnalazł podczas porządkowania strychu. Leżał tam przez lata w stercie starych gazet. Odrestaurowany, znalazł się pośród innych rodzinnych pamiątek, pozwalających bliżej poznać rodzinę, z której wywodziła się Zofia Kossak.

LUBELSZCZYZNA: KOŚMIN

Aniela z Kurnatowskich Gałczyńska skończyła poranne pacierze. W ręku trzymała niewielką książkę do nabożeństwa wydaną, jak zapisano na tytułowej stronie, w 1844 roku dla wygody katolików archidiecezji gnieźnieńskiej i poznańskiej. Szeleszcząc szeroką spódnicą czarnej wdowiej sukni, podeszła do biurka, usiadła przy nim i z westchnieniem zaczęła przeglądać ostatnie strony książeczki. Na chwilę skupiła wzrok na modlitwach przeznaczonych dla proszących o potomstwo, zatroskanych o wychowanie dziatek i tych, którzy chcą się zmusić do polubienia powinności. Wreszcie znalazła zapiski, które poczyniła już dawno, a które miały pomóc i jej, i potomnym zachować w pamięci daty ważnych rodzinnych wydarzeń. Była przecież matroną, seniorką rodu, o którym zapomnieć się nie godzi, o którym pamięć musi zostać przechowana. Starannie kreśląc litery, zapisała: „Córeczka Tadeuszków Zosia urodziła się 10 sierpnia 1889 roku podawana do Chrztu Świętego

*przez Ciotkę Kisielnicką-Dziembowską i stryja Wojcie-
cha Kossaka"*[7].

[7] *Książka do nabożeństwa dla wszystkich katolików, szczególniej
zaś dla wygody katolików archidiecezji gnieźnieńskiej i poznańskiej
z polecenia arcybiskupa Dunin ułożona*, Leszno i Gniezno, nakładem i drukiem Ernesta Günthera, 1844. Modlitewnik w zbiorach
Muzeum Zofii Kossak-Szatkowskiej w Górkach Wielkich.

Sporządzając notatkę w swoim modlitewniku, Aniela Gałczyńska wspomniała zapewne inne narodziny, których przed laty była świadkiem i które opisała później w pamiętniku. Aniela z Gałczyńskich Kurnatowska zdobyła się bowiem na nie lada odwagę i wyjechała w długą podróż aż do samego Paryża, żeby pomóc córce spodziewającej się dziecka.

Polubiła jej męża i zaakceptowała jego plan zdobycia solidnego wykształcenia w dalekim i obcym świecie. Dotąd dla niej i dla jej córki Zofii to Siąszyce, majątek Gałczyńskich, były całym światem. Teraz, odkąd Zofia zakochała się w malarzu – Juliuszu Kossaku, świat miał się dla nich poszerzyć. Owszem, niepokoiła się dawniej, że córka popełnia mezalians, i swoim niepokojem dzieliła się z mężem – Wojciechem, zwanym Wosiem, który był właścicielem Siąszyc, oficerem w powstaniu listopadowym. Ranny pod Grochowem, został wzięty do niewoli, a potem zesłany na Sybir.

Została po nim pamięć i nagrobna płyta przed kościołem w Grochowach w Wielkopolsce. Zostały też wzruszające sceny jego powrotu z zesłania zrodzone w wyobraźni jego prawnuczki, Zofii Kossak, a zapisane w pierwszym tomie *Dziedzictwa*.

Informując w swoim modlitewniku o jej narodzinach, prababcia Aniela pomyślała może o tym, jak doskonale w tradycję rodziny wpisał się Juliusz Kossak, który, choć dużo uboższy, to jednak zdolny i coraz bardziej popularny, z rozmachem utrwalał dla potomnych sceny przywołujące i wielką narodową historię, i tradycję szlachecką, powoli odchodzącą w przeszłość.

* * *

Przebywając w Paryżu z dopiero co poślubioną żoną, Juliusz doskonalił swój artystyczny warsztat i czekał na narodziny pierwszego dziecka. Kiedy okazało się, że piękna pani Juliuszowa jest w ciąży, Aniela z Kurnatowskich Gałczyńska wyruszyła w daleką drogę, bo, jak utrzymywała, niepodobna było ukochaną Zofię zostawić w tak niebezpiecznej chwili wśród obcych. Doświadczona matka, zobaczywszy ją, nie miała wątpliwości. W pamiętniku zanotowała, że Zosia wydała jej się wręcz „kolosalną" i od razu nabrała pewności, że na świat przyjdzie nie jedno, ale dwoje dzieci. Tak też się stało. „Po ciężkich cierpieniach urodziła dwóch ogromnych i ślicznych chłopaków, Wojtka i Tadeusza"[8] – zanotowała babcia bliźniaków. Wobec tego faktu dziwi zapisana w metrykach braci data urodzenia różna

---

[8] *Pamiętnik Anieli z Kurnatowskich Gałczyńskiej...*, op. cit., s. 8.

o rok. Wojciech, który w przyszłości miał zostać kolejnym znanym malarzem, urodził się w 1857 roku. Tadeusz, któremu przeznaczona była przyszłość żołnierza i ziemianina, przyszedł na świat w roku następnym. Tylko pozornie był starszy o rok, w rzeczywistości chodziło o minuty, może kwadrans, najwyżej pół godziny, bo jak łatwo się domyślić, Zofia z Gałczyńskich Juliuszowa Kossakowa zaczęła rodzić w sylwestra przed północą, a poród zakończył się po północy. Chłopcy byli do siebie tak podobni, że rozróżniała ich jedynie matka. Babcia Gałczyńska wiązała im na czapeczkach kokardki w różnych kolorach.

* * *

Bracia byli nierozłączni i dość energiczni, nic więc dziwnego, że razem płatali figle. Lubili zabawę w wojnę i dlatego sami sporządzali fuzje z gałęzi i udawali, że z nich strzelają. Babcia za każdym razem, widząc ich zabawę, powtarzała: „Uważajcie, dzieci, bo gdy Pan Bóg dopuści, to i z kija wypuści". Wojciech i Tadeusz postanowili spłatać figla, więc w wydrążony gruby kij napchali prochu strzelniczego. Kiedy więc zostało wypowiedziane tradycyjne ostrzeżenie: „Uważajcie, dzieci, bo gdy Pan Bóg dopuści...", padł strzał. Starsza pani zemdlała, a bracia bliźniacy dostali od ojca solidne „cropidupum punctatum" (tak Juliusz Kossak nazywał rodzicielskie wymierzanie kary).

Historia ta musiała głęboko zapaść w pamięć, bo jest opowiadana z pokolenia na pokolenie w rodzinie Kossaków do dziś. Usłyszałam ją od córki Zofii Kossak, która z kolei usłyszała ją od swojej babci, a ona, z pewnością, od samych uczestników zabawy, która się tak niefortunnie zakończyła.

* * *

Chłopcy rośli zdrowi i urodziwi, podobni do siebie jak dwie krople wody. Razem psocili i dokazywali, a ponieważ od zawsze garnęli się do wojennego rzemiosła, próbowali nawet uciec do lasu i wziąć udział w powstaniu styczniowym. Wszystko, co nie było wojaczką, nie zasługiwało na ich uwagę. I tak na przykład zlekceważyli wzruszający i ckliwy poemacik Lenartowicza *Zachwycenie*. Opowiadał on o świętych duszkach i o bożych łąkach. Znudzeni tymi opisami bracia wyrazili przypuszczenie: „W tym niebie to się chyba nie biją?". Wówczas ich matka – Zofia z Gałczyńskich – energicznie zapewniła, że zapewne archanioł Michał dowodzi duszami walczącymi z diabłem, i tym sposobem „uratowała w oczach latorośli atrakcyjność raju".

Nieraz bracia nawzajem ratowali się z mniejszych i większych opresji. A zaczęło się już w szkole. Wojciech wspominał: „Zamiast słuchać, co profesor wykładał, gryzmoliłem zawzięcie batalie, konie, cent-gardów i kirasjerów. Wywoływano do tablicy Tadeusza Kossaka, to trącałem mego brata, aby szedł; wywoływano zaś Wojciecha, to tak samo trącałem go, aby szedł za mnie odpowiadać"[9].

Podobno nie bardzo mogli się pochwalić wynikami w nauce, bo w gimnazjum na trzydziestu ośmiu uczniów

---

[9] Wojciech Kossak, *Wspomnienia*, opracował, wstępem i przypisami opatrzył Kazimierz Olszański, Instytut Wydawniczy PAX, Warszawa 1973, s. 58.

w klasie Wojciech zajmował miejsce trzecie od końca, a Tadeusz czwarte.

Byli za to bardzo przystojni, atrakcyjni, również przez bliźniacze podobieństwo, tak zaskakujące, że oglądano się za nimi, kiedy jednakowo ubrani szli lub jechali konno – dorodni, śmiali i zawadiaccy. Dumna matka pisała w jednym z listów: „dwaj starsi mnie już dorastają... Wojtek maluje na dobre, Tadeuszek zawsze trwa przy swoim zamiarze zostania medykiem...".

Wojciech rzeczywiście został malarzem, Tadeusz jednak zrezygnował z medycyny i, zanim założył rodzinę, kilka lat służył w austriackim wojsku, a potem postanowił odbyć praktykę ziemiańską. Drogi braci zaczęły się rozchodzić, chociaż do końca życia nadal wiele ich łączyło.

„Przez małżeństwo Wojtka i Tadeusz brat jego na tem skorzystał, poznawszy drugą pannę Kisielnicką Annę z Korzenistego, stryjeczną siostrę Marylki, z którą zaręczywszy się nie za długo wzięli ślub, czekając tylko na ukończenie praktyki gospodarskiej Tadeusza" – tak pisała Aniela Gałczyńska, wyjaśniając rodzinne koligacje[10]. Niezwykłościom w tej rodzinie nie było końca. Oto bowiem Anna z Kisielnickich i Maria z Kisielnickich – cioteczne siostry – wyszły za mąż za braci bliźniaków, synów Juliusza. Anna z Kisielnickich została żoną Tadeusza. Niebawem na świat przyszły dzieci, a wśród nich Zofia Kossak, urodzona w Kośminie, w rodzinie artystycznej czy jak zapisano w jej powojennym życiorysie, obszarniczej, a jej datę urodzenia skrupulatnie odnotowała w swoim modlitewniku dostojna Aniela z Kurnatowskich Gałczyńska.

---

[10] *Pamiętnik Anieli z Kurnatowskich Gałczyńskiej...*, op. cit., s. 17.

* * *

Jedyna córka Tadeusza i Anny urodziła się w Kośminie 10 sierpnia 1889 roku o godzinie drugiej nad ranem. W akcie urodzenia zapisano po rosyjsku, że ojciec
miał wówczas trzydzieści trzy lata i przedstawił dziecko
płci żeńskiej, oznajmiając, że matką dziewczynki jest jego
prawowita żona.

W 2003 roku wnuczka pisarki, Anna Fenby Taylor,
dotarła do dokumentu przechowywanego w Archiwum
Państwowym w Lublinie i sprostowała nieprawdziwe
dane powtarzane przez lata w biogramach Zofii Kossak,
jakoby przyszła na świat 8 sierpnia 1890 roku. Okazało
się, że prababcia Gałczyńska miała jednak rację. Wprawdzie zapisana przez nią data nie była do końca precyzyj-
na, ale zgodna, jeśli chodzi o miesiąc i rok urodzenia.
To notatki sędziwej szlachcianki spowodowały, że tym
energiczniej współcześnie szukano odpowiedzi na pytanie, która podawana data jest prawdziwa. Zauważono
już wcześniej rozbieżności dotyczące danych zapisanych
w paszporcie, w akcie ślubu, księdze meldunkowej warszawskiego mieszkania i ankietach, więc aż dziw, że przez
tyle lat nie udało się ustalić jednej wersji. Sama zaintere-
sowana podawała różne daty urodzenia, choć najczęściej
rok 1890. Może, podobnie jak jej znane kuzynki: Magdalena Samozwaniec i Maria Pawlikowska-Jasnorzewska,
chciała się odmłodzić i oszukać bezduszne dokumenty?
Ta wersja jednak wydaje się mało prawdopodobna. Może
więc w którymś momencie popełniony został błąd i już
go nie sprostowała?

Na postawione pytania prawdopodobnie nie znajdziemy już dzisiaj odpowiedzi. Nie wiemy też, którą datę

poznał Józef Albin Herbaczewski, „niesłychanie biegły w astrologii", kiedy zawołał: „waga; odpowiednia karta w taroku – »śmierć«. Przy tej osobie musiało dużo ludzi umrzeć!"[11].

Powyższą relację przeczytamy we wspomnieniach Magdaleny Samozwaniec, zafascynowanej, jak wielu jej współczesnych, magią i wróżbami. Zofii Kossak wywróżono trudne życie. Jej kuzynka, pisząc wspomnienia, mogła już podać kilka przykładów potwierdzających, że nie myliły się gwiazdy, nie pomylił się też Józef Albin Herbaczewski, znający podobno ich tajemnice.

* * *

Na razie jednak nic nie wskazywało na to, że życie Zofii, córki Tadeusza i Anny, miałoby nie być szczęśliwe. Powitał ją malowniczo położony, istniejący do dziś dwór, który został wybudowany przez nowych właścicieli majątku. Niebagatelną rolę odegrał wówczas posag młodej żony – Anny z Kisielnickich – i nawet współczesne opisy historii dworów w adnotacji poświęconej Kośminowi informują, że to ona wzniosła nowe zabudowania. Szlachecki dwór, otoczony parkiem, położony nad Wieprzem, doczekał się literackiego opisu, ponieważ to w nim przyszła na świat pisarka i spędziła tu dwadzieścia lat. Zapewne obserwując bliższą i dalszą okolicę, sporo zapamiętała.

„Dwór, gospodarskie obejście i śliwnik leżały w pętli utworzonej przez rzekę Wieprzę, grymaśnie i kręto

---

[11] Magdalena Samozwaniec, *Maria i Magdalena...*, op. cit., cz. II, s. 16.

płynącą skroś równiny"[12] – tak zaczyna się opis Kośmina zamieszczony w *Trembowli* Zofii Kossak – powieści opowiadającej o czasach Jana III Sobieskiego. Można mieć pewność, że „grymaśnie i kręto" płynąca rzeka, rosnące za nią lasy puławskie zamykające widnokrąg; niewielki, choć bogaty w zwierzynę las kośmiński, opisane w dalszej części, są odtworzeniem krajobrazów z jej dzieciństwa i wczesnej młodości.

Grymaśna i kręta rzeka i dziś toczy swoje wody w bliskim sąsiedztwie szlacheckiego dworku z czerwonym dachem, ocienionego sędziwymi drzewami pamiętającymi dawne czasy. Los obszedł się z nim łaskawie, bo w okresie powojennego niszczenia wszystkiego, co nie wpisywało się w robotniczo-chłopską tradycję gardzącą obszarnikami, został zamieniony na szkołę i tak zostało przez lata. Szkoła nosiła imię Zofii Kossak i przypominała o niej kolejnym pokoleniom uczniów.

* * *

W kośmińskim dworku na świat przychodziły kolejne dzieci. Najpierw Witold, potem jedyna córka Zofia, po niej Stefan, Wojciech Juliusz i Zygmunt. Rodzina zdawała się szczęśliwa. Pierwszy dramat rozegrał się w nowym domu, kiedy Zofia była małym dzieckiem. Przeżywszy zaledwie osiem miesięcy, umarł jej młodszy brat. Niewiele o nim wiadomo, ale na cmentarnym krzyżu w Gołąbiu do dziś możemy przeczytać, że „Stefcio Kossak syn Tadeusza i Anny z Kisielnickich zgasł w roku 1891". Tego fak-

---

[12] Zofia Kossak, *Trembowla. Powieść historyczna*, Księgarnia św. Wojciecha, Poznań 1939, s. 6.

tu Zofia nie mogła jeszcze zachować we wspomnieniach, ale jej rodzice zapewne śmierć dziecka bardzo przeżyli. Chwile dramatyczne, jak w każdej rodzinie, miały odtąd przeplatać się z radosnymi i szczęśliwymi.

* * *

Malowniczo położony dwór Tadeusza zapewne niejeden raz gościł Wojciecha i jego krakowską rodzinę. Magdalena Samozwaniec zapamiętała te wizyty i wspominała, że kuzynki były do siebie tak niepodobne, „jak bulwa niepodobna jest do różowych i białych kwiatuszków kartofla"[13]. Sporo w tym porównaniu złośliwości, jeśli przyjąć, że delikatnymi kwiatuszkami są Lilka i Magdalena, córki Wojciecha. Zofia, zdrowa i rumiana, podobno biegała boso, piła mleko prosto od krowy, znakomicie jeździła konno i z całą pewnością już wówczas nie poświęcała nadmiernej uwagi koronkowym kapeluszom ozdobionym wstążkami i nicianym rękawiczkom. Przy stole mówiła podobno o gospodarstwie, o krowie, która ma się ocielić, i zdumiewała, a nawet zapewne gorszyła delikatne córki Wojciecha, noszące kosztowne sukienki sprowadzane z Wiednia, wytworne rękawiczki, kapelusze chroniące twarz od słońca i buciki, w których można się było pokazać w salonie, ale nie w wiejskim gospodarstwie.

Zakłopotana matka próbowała nauczyć jedyną córkę odpowiedniego do jej stanu sposobu bycia, powściągliwości i nieskazitelnych manier, bo pewnie uważała

---

[13] Magdalena Samozwaniec, *Zalotnica niebieska*, Świat Książki, Warszawa 2010, s. 20.

to za swój obowiązek, lecz żywiołowa i naturalna Zofia mogła liczyć na zrozumienie u ojca, który podobno ją uwielbiał.

Takie wnioski możemy wysnuć, czytając wspomnienia Magdaleny, córki Wojciecha. Sporo w nich może przesady, ale z pewnością już wówczas życie Zofii Kossak koncentrowało się wokół innych spraw niż życie jej sławnych później kuzynek: Lilki i Magdaleny. Warto zwrócić w tym miejscu uwagę na podpatrzony przez kuzynkę charakterystyczny szczegół, który dostrzeżemy i na zachowanych fotografiach. Otóż Zofia Kossak była „silna i krzepka", a na sympatycznej twarzy błyszczały ciemne oczy „jak duże czarne dżety". Oczy te zwracają uwagę, kiedy oglądamy na przykład zdjęcie małej, zachmurzonej Zofii z matką.

O dzieciństwie pisarki mówi także fragment dość egzaltowanego listu krewnej, jednej z ciotek Kisielnickich, która pisze do dorosłej już wówczas Zofii Kossak: „byłaś dzieckiem promiennym, które garnęło się do mnie i rączynami za szyję obejmowało"[14].

Zofia zapamiętała zaś z dzieciństwa taki oto epizod. Kiedy miała dziesięć lat, pojechała z matką do Warszawy. Szły razem Krakowskim Przedmieściem, a mała Zofia niosła wielki skarb – pudełko cukierków przewiązane wstążką. Przed kościołem św. Krzyża cukierki wysypały się na ulicę. Dziewczynka chciała je koniecznie wszystkie pozbierać, ale mama nie pozwoliła. „Zostaw, może ktoś nadjechać" – mówiła.

---

[14] List Anny Kisielnickiej do Zofii Kossak z 1938 r. Korespondencja w zbiorach Muzeum Zofii Kossak-Szatkowskiej w Górkach Wielkich.

Z dzieciństwem Zofii Kossak wiąże się też opisany przez nią po latach obraz dziwnego człowieka, grającego na piszczałce i zwołującego w ten sposób szczury z całego folwarku. Szczurołap, ciągle gwiżdżąc, ruszył ku płynącej tuż za folwarkiem rzece Wieprz, wsiadł do przygotowanej uprzednio łodzi i prowadził zwierzęta przez rzekę i pastwisko do niezbyt odległego lasu. Potem zniknął z oczu patrzących, by niebawem wrócić po umówioną zapłatę.

* * *

Zofia Kossak od początku była blisko natury, blisko świata zwierząt i roślin, zauważyła z odrobiną zazdrości Magdalena Samozwaniec. Życie upływało jej na wsi, inaczej niż życie Lilki i Magdaleny. Jej ojciec prowadził w Kośminie „wzorowe gospodarstwo" i podobno „za ciężkie pieniądze" sprowadzał holenderskie krowy, a „najdroższej małżonce kury »plymouthy« i bażanty na hodowlę"[15]. Owo – podkreślone przez złośliwą nieco bratanicę – sprowadzanie „za ciężkie pieniądze" zwierząt, a co za tym idzie, niezbyt rozsądne i umiejętne prowadzenie gospodarstwa, będzie jedną z przyczyn powracających wciąż problemów finansowych rodziny.

* * *

Niezapomniane było lato 1899 roku. Znów kośmiński dworek gościł krakowską część rodziny, odpoczywającej nad „grymaśnie i kręto" płynącą rzeką, kiedy

---

[15] Magdalena Samozwaniec, *Zalotnica niebieska...*, op. cit., s. 21.

rozegrała się tragedia. Wieprz, pozornie tylko spokojny, może stać się bardzo niebezpieczny, kiedy niedoświadczony pływak trafi na wiry zwane też bełtami. Dzieci ostrzegano przed nimi, ale Jerzy, syn Wojciecha, być może nie posłuchał, wszedł do rzeki i zaczął tonąć. Na ratunek rzucił się nieumiejący pływać Tadeusz. On także znalazł się w niebezpieczeństwie. Wówczas dwunastoletni Witold zaczął ratować i swojego ojca, i kuzyna. Utonął, a oni przeżyli.

Syn Wojciecha został uratowany kosztem śmierci syna jego bliźniaczego brata – Tadeusza. Jerzy, zwany przez rodzinę Coco, zostanie później malarzem. Witold nie zdążył nawet dorosnąć. Napis na jego nagrobku głosi: „przeżywszy lat 12 skończył dni swoje w nurtach rzeki Wieprza śpiesząc na ratunek ojcu. Cześć jego pięknej i szlachetnej duszyczce". Pamięć o tamtym zdarzeniu spowodowała prawdopodobnie, że Wojciech przez całe życie czuł się dłużnikiem brata, więc pomagał mu finansowo, co wyraźnie irytowało jego córki. Namalował też niewielki portret Witolda. Z tego portretu zamyślony chłopak spogląda do dziś na zwiedzających gabinet pisarski jego siostry, Zofii Kossak.

Upamiętnia też Witolda, pierworodnego Anny i Tadeusza, pożółkła karteczka z wizerunkiem św. Stanisława Kostki, przed którym to wizerunkiem, jak napisano, przyjął pierwszą komunię świętą. Z tyłu okolicznościowej karteczki jego zdjęcie i napis: „Witold Kossak ur. 18 czerwca 1887 r." i data przystąpienia do komunii – 7 lipca 1899 r. Uzupełniono te daty o tę ostatnią, datę jego śmierci – 18 lipca tego samego roku, a więc niedługo po ważnym wydarzeniu i pierwszej w jego młodym życiu poważnej uroczystości. Pod tym zamieszczono przejmujące zdanie: „Synu, cóżeś nam to uczynił? Oto ojciec twój i ja szukaliśmy cię".

Zdanie to, nawiązujące do ewangelicznego pytania zadanego dwunastoletniemu Jezusowi odnalezionemu w świątyni przez Maryję i Józefa, ma tu nie tylko przenośne znaczenie. Ciała Witolda długo szukano, bo zdradliwa rzeka zaniosła je daleko od miejsca, w którym utonął. Dopiero nazajutrz o świcie ukazał się bratu w komunijnym ubranku i powiedział, gdzie mogą go odnaleźć. Tadeusz, który usłyszał o dziwnym śnie, pojechał tam bryczką. Znalazł martwego syna. Magdalena Samozwaniec zapisała tę rodzinną historię, dodając swój komentarz: „Sen, przeczucie, jasnowidzenie? Nie wiem, w każdym bądź razie był to fakt autentyczny"[16]. A może było inaczej – tak jak opowiada córka Zofii Kossak. Może wrzucony na wodę bochen chleba z zapaloną świecą wskazał miejsce, gdzie rzeka wyrzuciła ciało Witolda.

Jedno jest pewne, rodzice szukali swojego pierworodnego syna „z bólem serca", a w bólu tym niewątpliwie uczestniczyła jego siostra Zofia. Miała już wówczas dziesięć lat.

* * *

Życie w Kośminie musiało toczyć się dalej. Córka właścicieli majątku otrzymywała wykształcenie domowe. „Śpieszę nadmienić, iż nie było ono bardzo złe"[17] – napisała wiele lat później w liście do Instytutu Badań

---

[16] Magdalena Samozwaniec, *Zalotnica niebieska...*, op. s. 138.

[17] List Zofii Kossak do Instytutu Badań Literackich w Warszawie. List z 1956 r., wysłany z Trossell Cottage, znaj w zbiorach muzeum Zofii Kossak-Szatkowskiej w Górkach

Literackich w Warszawie, jak gdyby spodziewając się uwag, że nie skończyła żadnej szkoły. Czego się uczyła, nie wiadomo, ale wiadomo, że już wówczas dużo czytała.

W bibliotece jej rodziców były między innymi powieści i monografie historyczne, przemycane aż z Galicji, co lekturze dodawało smaku zakazanego owocu. Szczególnie upodobała sobie piękne francuskie wydanie *Don Kichota* i powieści Sienkiewicza. W wieku dziewięciu lat, czytając *Potop*, płakała z zachwytu, choć, jak mówiła po latach, była dzielnym dzieckiem i „nie mazała się nigdy". Mimo to Sienkiewicz i jego bohaterowie pozostawili niezatarte wrażenie, jednakowo silne przez wszystkie kolejne lata. „Bóstwo, miłość największa, zachwyt"[18] – tak określi ową fascynację. Lubiła też książkę Jana Chęcińskiego: *Malowanki. Dziesięć kolorowych tablic opisanych rymem dla drobnej dziatwy* z 1874 roku. Zapamiętała motyle i cytrynki, „co je tak lubią dziewczynki". Oglądając dziś *Malowanki...*, bogato ilustrowane, zawierające dydaktyczne wierszyki dostosowane do poszczególnych pór roku i miesięcy, zatrzymajmy się na stronach dotyczących lipca. Pouczano dzieci, żeby nie wskakiwały do ⸱dy „bez pozwolenia macierzy"[19].

⸱a kartach książeczki zamieszczono barwne scenki ⸱si, a na marginesach ozdabiające tekst książeczki ⸱ i chabry. Podobny sposób ilustrowania tek-⸱⸱ w cudem zachowanym pamiętniku czy ⸱wieści nastoletniej Zofii z Kossaków.

⸱cit."
⸱k *na tematy literackie* – fragmenty
⸱a 8 V 1964 r. Z zasobu Archiwum
PAN ⸱szawie.
⸱duje się
⸱Wielkich. ⸱vych tablic opisanych rymem dla
⸱iński*ego*, Warszawa, Kraków 1874.

* * *

Tekst, o którym mowa, powstał w Kośminie w 1906 roku, kiedy Zofia miała siedemnaście lat. Utwór to dość szczególny, bo potraktowany przez autorkę raczej jako zabawa niż poważna „robota literacka". Nosi tytuł *Jak pedagog chorował* i był jednym z wielu podobnych powstałych w Kośminie. Z pieczołowitością potraktowała młoda Zofia swoje pierwsze dzieło sztuki i opatrzyła je nie tylko tytułem, lecz także bardzo profesjonalnym podtytułem i informacją: *Wydanie I przejrzane i poprawione. – Dziwna historya o 5 pannach i praktykancie – 1906.*

Zofia Kossak, marząca wówczas o karierze malarskiej, z zapałem tworzyła kolejne tomy, a celem tych opowieści był, jak twierdziła, „rysunek, a nie tekst"[20]. Tymczasem to właśnie i rysunek, i tekst dają wyobrażenie o przepięknych krajobrazach, które od dzieciństwa otaczały wnuczkę Juliusza Kossaka, i o beztroskiej rodzinnej atmosferze, którą wszyscy starali się tworzyć w tym chyba mimo wszystko dość szczęśliwym domu. Napisała o nim, że jest to „urocze miejsce słynące z wielu osobliwości", a jako cechę charakterystyczną odnotowała fakt, że miał stale pootwierane drzwi. Ważna to i wręcz symboliczna uwaga, bo i z dalszej części tekstu wynika, że bywał pełen domowników i gości: żywy i gwarny.

Czego dotyczą te zabawne dziewczęce pamiętniki? Autorka informuje w nich, że były trzy panny opiekują-

---

[20] List Zofii Kossak do Józefa Birkenmajera z 23 III 1931 r., w: Mirosława Pałaszewska, *Listy Zofii Kossak do Józefa Birkenmajera*, „Akcent" 1999, nr 1. Listy w zbiorach Biblioteki Narodowej w Warszawie.

ce się chorą nauczycielką, o jednej z nich: Nince, może przyszłej pani Witkacowej, będziemy jeszcze wspominać. Dalej następuje świetny opis przyjazdu gości, *nota bene* niespodziewanych, w czasie kiedy młodzi, zwani drabantami, pod nieobecność rodziców zajęci byli czymś innym. Dlaczego autorka drabantami nazywa swoich bohaterów? Może dlatego, że już wówczas zafascynowana jest Sienkiewiczem, który wymienia w *Potopie* tę formację wojskową będącą strażą przyboczną wyższych oficerów.

Autorka „poważnego dzieła" wspomina też o ojcu, który pytał o zdrowie pedagoga, a potem mówił o tym, że nazajutrz trzeba iść na łąki grabić siano. Wszystko bowiem, czym żyły „dominium Kośmin i jego dwa folwarki", skupiało się na sprawach gospodarskich i domowych czynnościach. Na łąkach grabiono siano, troszcząc się o zbiory „z powodu deszczu", w domu zaś młodzi ludzie, drabanci, wytrwale doglądali chorego pedagoga. Te wydarzenia miały miejsce w środku lata, a 15 sierpnia 1906 roku dwie bryczki i jeden powóz „ściśle naładowane wyruszyły z bramy kośmińskiej do Osmolic na dożynki"[21]. Późną nocą, w drodze powrotnej, nie tylko zaplanowano bal w Kośminie, ale i na jednej z bryczek dyskutowano o zaletach pasztetu z kuropatw, który był znanym domowym przysmakiem. Wspomniany bal spowodował, że cały Kośmin „zmienił fizjonomię", a po jego zakończeniu goście i domownicy wspólnie śpiewali ballady.

Tylko tyle i aż tyle na temat „szczenięcych lat" przyszłej pisarki. Szkoda jednak, że inne dziewczęce utwory nie dotrwały do naszych czasów. Były zapewne równie

---

[21] Zofia Kossak, *Jak pedagog chorował*. Utwór w zbiorach Muzeum Zofii Kossak-Szatkowskiej w Górkach Wielkich.

interesujące. Kolejna po *Pedagogu...* opowieść miała nosić tytuł: *Panny znad koryta Wieprza w Warszawie*.

* * *

Dlaczego rodzina opuściła Kośmin, skoro zdawało się, że Kossakowie na gościnnej ziemi zadomowili się na dobre? Powodem było dość niespokojne i obfite w przeróżne zdarzenia życie Tadeusza Kossaka. Był żołnierzem i gospodarzem, nie został sławny jak jego bliźniaczy brat. Co więcej, jako ziemianin raczej nie odnosił sukcesów. Oto fragment listu Wojciecha Kossaka, który opowiada o bracie: „Jestem trochę dziś zgnębiony listem Tadeusza, taki bezdennie smutny, porównuje nas obu do Księżyca, z którego jedna połowa jasna to ja i moje życie, a druga w wiecznej nocy to on i całe życie"[22]. Z dalszej części wynika, że przygnębiony Tadeusz znów prosił o pieniądze, a Wojciech znów pożyczył. Nie pierwszy i nie ostatni raz.

Powodem opuszczenia Kośmina były jednak nie tylko problemy finansowe. Niespokojny rok 1905 i lata następne przyniosły zaangażowanie polityczne sympatyzującego z Narodową Demokracją i zaprzyjaźnionego z socjalistami Tadeusza. O tym, co działo się wówczas w Kośminie, opowiedział barwnie i ze swadą w opublikowanych w prasie wspomnieniach *Za kratą*, nazywając je w podtytule „tragifarsą polityczną", wprost podając

---

[22] List Wojciecha Kossaka do żony z 18 II 1921 r., w: Wojciech Kossak, *Listy do żony i przyjaciół (1883–1942)*, wybór, opracowanie, wstęp, przypisy, indeksy Kazimierz Olszański, Wydawnictwo Literackie, Kraków 1985, t. II, s. 266.

nazwiska sprzymierzeńców i oponentów i dołączając własną o nich opinię. I tak ówczesny wójt Żyżyna to jego zdaniem „notoryczny złodziej i oszust". Tadeusz Kossak nie zostawił też suchej nitki na jednym z właścicieli ziemskich, który „myślał tylko o swoich olbrzymich lasach, do żadnej zaś pracy ani społecznej, ani tem bardziej politycznej nie miał najmniejszej ochoty"[23]. Autor wspomnień zaliczył siebie do nielicznej, bo zaledwie trzyosobowej inteligencji ziemiańskiej i z dumą opowiedział o swoich dokonaniach. Na manifestację w Rykach przyprowadził z Kośmina pochód idący ze śpiewem, niosący chorągwie narodowe i sztandary PPS-u. Wszyscy znaleźli się na wiecu, gdzie „jedni mówili biało, drudzy czerwono". Ostatecznie Tadeusza zamknięto w więzieniu, a nawet jego wrogów zdumiała wtedy postawa żony, Anny z Kisielnickich, która nieustannie i uparcie zabiegała o jego uwolnienie z pobliskiej fortecy w Dęblinie, a potem Lublinie. Gorliwi żołdacy tymczasem w Kośminie zrywali podłogi i dziurawili ściany w poszukiwaniu kompromitujących materiałów. Uniewinniony w końcu Tadeusz wiedział, że powinien uwolnić się od nadmiernie nim zainteresowanej żandarmerii. Był rok 1909, a w 1910 dzierżawił już majątek na Wołyniu. Pisarka straciła swój pierwszy dom i na zawsze pożegnała czasy dzieciństwa.

Wyjeżdżając, rodzina Kossaków pozostawiła na tej ziemi już na zawsze Stefana i Witolda. Dwór, zabudowania gospodarcze, kręta i grymaśna rzeka Wieprz zostały już tylko w pamięci rodziny.

---

[23] Tadeusz Kossak, *Za kratą. Wspomnienia więźnia stanu z roku 1905–1907. Tragifarsa polityczna*, „Czas" 1929, nr 143–151.

WOŁYŃ: SKOWRÓDKI,
NOWOSIELICA

W pałacowej oranżerii w Antoninach królował paw nazywany „starym hrabią". „Godzinami siadywał samotny na wielkim modrzewiu; wpatrzony w stojący naprzeciwko pałac, nieruchomy i piękny jak najpiękniejsza wizja artystyczna"[24] – wspominała Zofia Kossak. Nie wiadomo, dlaczego pewnego dnia usiadł na parkanie oddzielającym oranżerię od chlewów i zabudowań gospodarskich. Tam dopadły go świnie, chwyciły za ogon „zwieszający się jak snop najcudniejszych kwiatów", ściągnęły w gnojówkę i zagryzły. Zofia Kossak płakała, kiedy zobaczyła leżące w błocie jego piękne, królewskie pióra.

* * *

[24] Zofia Kossak, *Pożoga. Wspomnienia z Wołynia 1917–1919*, Instytut Wydawniczy PAX, Warszawa 1996, s. 14.

Był początek listopada 1917 roku. Stary, osiemdziesięcioletni książę Roman Sanguszko, herbu Pogoń litewska, przebywał w swoim pałacu w Sławucie. Usłyszał krzyki i strzały, więc wyszedł na taras, żeby pertraktować z grupą zrewoltowanych żołnierzy rosyjskich. Chciał ocalić siebie, pałac, bezcenne zbiory sztuki i stajnie arabów. Nikt dostojnego ordynata nawet nie wysłuchał. Wyprowadzony na zewnątrz został bestialsko zamordowany. Wleczono jego ciało w błocie. Pałac płonął, w niebo strzelały snopy iskier, przerażone konie pędziły przed siebie z rozdętymi chrapami. Na dziedzińcu w nieładzie leżały wywleczone z pałacowych wnętrz meble, obrazy i książki, o które nikt się już nie ośmielił upomnieć.

Kilka dni po pogrzebie starego księcia, „wielkiego i potężnego pana", Zofia Kossak zamierzała się modlić wraz z innymi za jego duszę podczas nabożeństwa w Starokonstantynowie. Byli na przedmieściu, gdy „gruzowik" bolszewicki, pędzący naprzeciw, najechał umyślnie wprost na konie, a one, oszalałe ze strachu, rzuciły się z nasypu w dół, więc wszyscy, którzy jechali do kościoła, wpadli „w ohydne podmiejskie błoto", żołnierze pojechali dalej, pokładając się ze śmiechu, kiedy ziemianie z trudem dźwigali z kałuży i siebie, i bryczkę.

Powrócili do domu, „przełykając w milczeniu swą wściekłość"[25].

Kiedy już pozostawi za sobą wydarzenia, jakie rozegrały się na Wołyniu, Zofia Kossak napisze: „mądrzy ludzie dawnych czasów przywiązywali (...) wielką wagę

---

[25] Z. Kossak, Pożoga..., op. cit., s. 51.

do najniklejszych wypadków, zdarzających się w wigilię wielkich dni"[26].

---

[26] Ibidem, s. 51.

Wielkie i dramatyczne przeżycia czekały rodzinę Kossaków, która dołączyła do polskich ziemian gospodarujących na Kresach Wschodnich. Na razie jednak nic nie wskazywało na to, że pisarka zapamięta ludzi, zwierzęta i rodowe pamiątki unicestwione i wdeptane „w plugawe błoto przez rozpasane i ciemne masy". Wręcz przeciwnie, zobaczywszy dobra antonińskie, w których miał się zapisać kolejny rozdział jej życia, podziwiała „obszar i przestrzeń, bezkres równin falujących, oddalenie od świata i wicher stepowy"[27]. Podziwiała też specyficzną wytworność i wysoką, ale odrębną kulturę polskich rodów kresowych. Wydawało się, że nieostrożny paw zjedzony przez świnie będzie tylko smutnym wspomnieniem, a nie ponurym symbolem nadchodzących wypadków. Nie wiedziała jeszcze wówczas, że oto otwiera się rozdział „krwawej a zarazem złotej księgi Kresów"[28].

---

[27] Ibidem, s. 266.
[28] Ibidem, s. 43.

* * *

Tadeusz wydzierżawił Skowródki od hrabiego Józefa Potockiego. Kossakowie przenieśli się więc na Wołyń i odtąd to ziemia kresowa miała być ich ojczyzną, jak się okazało, urokliwą i wymagającą. A zatem ojciec Zofii Kossak nie jest już właścicielem, ale dzierżawcą majątku. Najwyraźniej mimo finansowej pomocy brata nie udało mu się odnieść sukcesu, a nawet zapewnić rodzinie stabilizacji. Prawdopodobnie protekcji Wojciecha zawdzięcza otwierające się przed nim nowe możliwości.

Jeden z obrazów podziwianych przez gości pałacu w Antoninach przedstawiał polowanie *par force*. Jego autorem był brat bliźniak nowego dzierżawcy Skowródek. Może to nie był zwykły przypadek, zwłaszcza że obraz powstał w 1909 roku, a hrabia Potocki już w 1901 roku napisał do znanego malarza list „osobisty i nader uprzejmy" o tym, że nie tylko chciałby gościć go u siebie, lecz także mieć choć „mały obrazek z polowań antonińskich"[29]. Obraz w końcu powstał, a dzień jego zaprezentowania w pałacu hrabiego był, jak napisał Wojciech Kossak, dniem jego ogromnego, rzeczywistego i niekłamanego tryumfu.

W tym samym roku Tadeusz sprzedał Kośmin, by przenieść się do majątku hrabiego Potockiego.

* * *

Dobra ostatniego właściciela Antonin były imponujące, zwane nawet państwem antonińskim. Liczyły aż siedemna-

---

[29] List Wojciecha Kossaka do żony z 18 VIII 1901 r. (Berlin), w: Wojciech Kossak, *Listy do żony i przyjaciół...*, op. cit., t. I, s. 613.

ście folwarków, a przez całą długość majątku biegła kolej żelazna. Obok rezydencji stały stajnie, niemające podobno równych sobie w kraju, trzymano tam bowiem słynne stado koni, były jeszcze oranżeria, psiarnia, hotel dla interesantów, szpital, elektrownia, straż ogniowa, warsztaty samochodowe i polskie gimnazjum. Rzeczywiście, solidny to musiał być majątek, a jego część dzierżawili rodzice pisarki. Skowródki leżały u źródeł Ikwy, a od Starokonstantynowa dzieliło je 15 wiorst. Sama wieś miała podobno złą sławę „jako rojowisko koniokradów i zbiegów z katorgi"[30].

* * *

Kiedy rodzina wyjeżdżała z Kośmina, Zofia miała 21 lat, była więc już „panną na wydaniu". Zapewne zajmowała się nadal tym, czym zajmowały się panienki z jej sfery. W liście do bratowej pisała pod koniec życia, wspominając młodość. „Nałęczów. Znałam kiedyś bardzo dobrze. Ostatni raz byłam tam w 1911 czy 12-tym roku z okazji trzydniowej zabawy (konkurs zaprzęgów, corso, tańce)"[31].

W Skowródkach po raz kolejny spotkała Zygmunta Szatkowskiego. Według rodzinnych opowieści był korepetytorem, a może nawet przyjaźnił się z bratem Zofii, Juliuszem, którego odwiedzał w Kośminie. Był młodszy od niej o siedem lat. Pochodził z rodziny protestanckiej, wcześnie stracił rodziców: Augustyna i Bertę z domu Szulc,

---

[30] Zofia Kossak, *Pożoga*…, op. cit., s. 10.
[31] List Zofii Kossak do Marii Kossak z 28 III 1967 r. Listy Zofii Kossak do Marii Kossak w zbiorach Zakładu Narodowego im. Ossolińskich we Wrocławiu, część listów w zbiorach Muzeum Zofii Kossak-Szatkowskiej w Górkach Wielkich.

którzy zmarli na cholerę. Zaopiekowali się nim państwo Maliszewscy. Kiedy przyjechał na Wołyń po skończeniu warszawskiego gimnazjum, miał dziewiętnaście lat. Zakochał się w urodziwej pannie podobno już dużo wcześniej i nawet jej się oświadczył, ale jego oświadczyny nie zostały potraktowane poważnie. Zapewne był rozczarowany.

* * *

W okolicy „pięknej jak marzenie" minęło parę spokojnych lat, które upływały na zajęciach właściwych dla panien z dobrych domów. Zachowane zdjęcia pokazują urodziwą pannę o ciemnych, gładko zaczesanych włosach, siedzącą na schodach rodzinnego domu i głaszczącą psa, dosiadającą konia, zjeżdżającą na sankach.

Z listów pisanych w tym czasie dowiadujemy się, że znów, tak jak w Kośminie, była blisko natury. Obserwowała ją uważnie i odnotowywała ważne jej zdaniem szczegóły, jak choćby te, które dotyczyły pogody. „Po tygodniowej zimie zrobiło się ciepło, dzięki Bogu, dnie cudne i radość straszna w narodzie, wiosna cudna jakiej najstarsi ludzie nie pamiętają, świat jak jedno pachnące marzenie" – pisała, dodając też informacje o „czasie pod zdechłym i do tego rudym psem, że nosa na dwór wysunąć nie można". Często z bliska przyglądała się rozpogodzonemu lub zamglonemu i płaczącemu deszczem światu, wyjeżdżając, jak mawiała – „na krótki galop »15 minut dla zdrowia« koni, naszego i piesków"[32].

---

[32] List Zofii Kossak do Kazimierza Lutosławskiego z 18 XI 1912 r., w: Danuta Mazanowa, *Listy Zofii Kossak do ks. dra Kazimierza Lutosławskiego*, „Ruch Literacki" R. XXVII, 1986, s. 150.

* * *

Jej przyszłością miało być malarstwo. W Kośminie pobierała już lekcje rysunku, a potem zaplanowano studia malarskie w Szkole Sztuk Pięknych w Warszawie. Nie była chyba specjalnie zachwycona, skoro wspominając o wyjeździe do Warszawy w liście z 10 stycznia 1913 roku do Kazimierza Lutosławskiego, zwierzała się: „chciało mi się jak psu płakać". Pojechała jednak i uczęszczała na lekcje malarstwa w pracowni Karola Tichego, mieszkała w pensjonacie prowadzonym przez ciotkę, Jadwigę Unrugową, tę samą, której córka, również Jadwiga, wyjdzie za mąż za Witkacego. 2 maja 1913 roku pisała: „Z Warszawy wróciłam przed dwoma tygodniami mając »sztuki« wyżej uszu, a właściwie nie sztuki ale samej zażydowszczonej szkoły, kolegów chuliganów okropnie kudłatych, koleżanek o przedziwnych obyczajach i całego tego milieu"[33].

* * *

Nie wiedziała jeszcze, że będzie literatką, nie malarką, chociaż już wówczas zadebiutowała w ziemiańskiej prasie. Nie traktowała jednak tych literackich prób zbyt poważnie. „Wieś i Dwór" i „Wieś Ilustrowana" wydrukowały jej niewielkie opowiadania. Znalazły się też w prasie zdjęcia przedstawiające młodą córkę Tadeusza, a także wykonane przez nią ilustracje. Warto wspomnieć w tym

---

[33] List Zofii Kossak do Kazimierza Lutosławskiego z 2 V 1913 r., w: Danuta Mazanowa, *Listy Zofii Kossak do Kazimierza Lutosławskiego...*, op. cit., s. 156.

miejscu, że fotografią zajmował się jeden z braci Zofii, Zygmunt, którego pasja i wielkie umiejętności pozwoliły uchwycić w kadrze jeszcze wiele ważnych dla rodziny miejsc i wydarzeń. O tym, że jego fotografie już wówczas musiały być dobrze wykonane, świadczy fakt, że „Wieś Ilustrowana" w rubryce poświęconej korespondencji redakcyjnej dopominała się o jego prace. To pewnie dzięki niemu Zofię Kossak możemy oglądać między innymi na zdjęciu razem z Jadwigą Unrug. Obie panny z wdziękiem dosiadają koni, a Zofia wspaniale prezentuje się w długim jasnym kostiumie na tle leśnego krajobrazu. W czasach wołyńskich towarzyszyły jej uwidocznione na fotografiach psy i Kruczek, ukochany koń, którego stracić miała w latach rewolucji.

W czasopismach umieszczono pierwsze opowiadania przyszłej batalistki, a miały one, co dla Zofii Kossak bardzo charakterystyczne, „zwierzęce" tematy. Napisała O wilku mowa, Zdechł kuc, Odzyskany. Ostatni tekst dotyczył zaginięcia jej ulubionego psa Bullego, którego sympatyczna mordka, przez nią naszkicowana, zobrazowała opowieść.

Czy Zofia Kossak była zadowolona ze swojego literackiego debiutu? Z jej późniejszej wypowiedzi wynika, że podchodziła do tych wydarzeń z dystansem i poczuciem humoru. W redakcji zmieniono jej „dumny i oficjalny podpis" Zofia Kossak na Zośka, co ją, jak pisała, „śmiertelnie oburzyło"[34]. Mimo tych perypetii otrzymaliśmy przeróżne historyjki, na przykład o dziesięcioletniej dziewczynce z Nowosielicy, którą oszczędziły wilki, bo otulona była w ojcowski kożuszek, i o Wydurnalu: in-

---

[34] List Zofii Kossak do Józefa Birkenmajera z 23 III 1931 r. Por. przyp. 20.

spektorze obór, który przerażony możliwością spotkania wilków, zobaczywszy potwora: „wilkołaka", jak mniemał, uciekał rozpaczliwie, a nawet „siedem razy wykropił w zdziwione niebo". Potwór okazał się „skowródeckim, bardzo porządnym psem Migdałem, z psiego rautu w leśniczówce wracającym".

Opowiadanie *Odzyskany* zaczyna się dramatycznie: „Bully zginął. Tę okropną wieść przywieźli narciarze skowródeccy, wróciwszy późnym wieczorem z sześciogodzinnej włóczęgi". Pies, o którym czytamy, był niezwykle mądry, o nieokiełznanej indywidualności i z całą pewnością nie był psem przeciętnym. Wymieniając płaczących i żałujących zaginionego psa, Zofia Kossak wspomni najmłodszego przedstawiciela rodziny, Julka, i jego starszą siostrę Zosię (a więc siebie), opowie o zaangażowaniu służby. Są fragmenty świadczące nie tylko o rodzącym się talencie literackim, lecz także o wielkiej miłości do zwierząt. Jest więc rozmowa z psem o przeżyciach „okropnej nocy", niepokoju i „okrutnej desperacji", a potem szczęśliwym zakończeniu:

„– Dobranoc, mój psie najdroższy – powiedziała pani.

– Dobranoc tobie, kochana – odpowiedział pies oczami, w których był cały ogrom miłości i zaufania"[35].

* * *

Juliusz opłakujący psa, który się w końcu odnalazł, był kolejnym synem Tadeusza i Anny, który nie dożył

[35] Zofia Kossak, *Odzyskany*, „Wieś i Dwór", 1913. Maszynopis utworu znajduje się w zbiorach Muzeum Zofii Kossak-Szatkowskiej w Górkach Wielkich.

wieku męskiego. Wojciech Juliusz, urodzony, jak podają dokumenty, we wsi Kośmin 16 grudnia 1901 roku o godzinie dziewiątej wieczorem, zmarł szesnaście lat później na zapalenie wyrostka robaczkowego. Spośród pięciorga dzieci pozostało dwoje: Zygmunt, utalentowany fotograf, i Zofia, która nadal chciała zostać artystką.

* * *

Widocznie pobyt w Warszawie nie zniechęcił na razie Zofii Kossak do malarstwa, choć, jak później napisze, talent zniknął już dawno, skoro postanowiła wyjechać na dalsze studia do Genewy. Towarzyszyła jej Wanda Kossecka. Nie wiemy, jak przebiegała nauka. Po rocznym pobycie w Genewie Zofia Kossak i Wanda Kossecka wyjechały na wakacje do domu. Zostawiły sztalugi, farby i inne malarskie akcesoria, miały przecież niebawem powrócić. Tak się jednak nie stało. Jak wielokrotnie w dalszym życiu pisarki, tak i teraz jej plany zmieniają niespodziewane wydarzenia rozgrywające się we wciąż niespokojnej Europie. Tym razem plany pokrzyżował wybuch pierwszej wojny światowej. Tak skończyła się, nie zacząwszy się nawet na dobre, kariera malarska wnuczki Juliusza Kossaka. Pozostało zaledwie parę jej obrazów, rysunki w komiksowych opowieściach o kośmińskim domu i nieliczne ilustracje w czasopismach. W latach trzydziestych próbowała odpowiedzieć na pytanie: dlaczego, mimo wszystko, zarzuciła malarstwo. Prawdziwy talent widziała w twórczości Juliusza. W pokoleniach wnuków były to już talenty „rozdrobnione, epigoniczne". Dzieci wydawały się genialne, ale potem talent, jej zdaniem, przygasał. Uważała też, że jeśli któreś z wnuków Juliusza mimo to upierało się przy karierze artystycznej, wówczas stawało się „wykolejonym i smutnym typem, jak Jerzy Kossak: pracowity rzemieślnik, niegdyś genialne dziecko o talencie pełnym rozmachu i ognia"[36]. Okoliczności, a może i jej świadoma decyzja spowodowały, że nie była „wykolejonym i smutnym typem" pracującym ze szkodą dla sztuki i ostatecznie nie została malarką.

* * *

Genewa, w której mieszkały Zofia Kossak i jej przyjaciółka Wanda Kossecka, była dla młodych Polek nie tylko miejscem, gdzie poznawały tajniki rysunku i malarstwa. Była jeszcze, o czym wiemy z listów i drukowanych później artykułów Zofii, miejscem, w którym starały się dowiedzieć czegoś nowego o świecie. To tutaj po raz pierwszy zetknęła się z nowoczesną katolicką filozofią i duże wrażenie zrobiła na niej prelekcja pisarza francuskiego Georges'a Goyau – „człowieka wielkiej wiary i wielkiej wiedzy. Dotychczas mój stosunek do wiary był czysto uczuciowy – wyznała pisarka. (...) Wtedy po raz pierwszy owionął mnie wielki dech chrześcijaństwa rzeczywistego. Zobaczyłam, że wiara to nie tylko majowe nabożeństwo lub złota legenda, ale najdoskonalszy system filozoficzny, jaki kiedykolwiek wydał świat"[37].

Prawdopodobnie od tego czasu życie religijne Zofii Kossak nabrało innego wymiaru, ponieważ wcześniej,

---

[36] List Zofii Kossak do Józefa Birkenmajera z 23 III 1931 r. Por. przyp. 20.

[37] Zofia Kossak-Szatkowska, *Nasze drogi*, „Gość Niedzielny" z 17 II 1935 r., nr 7.

w domu rodzinnym, wzrastała w atmosferze religijności tradycyjnej, a nawet, jak napisała Magdalena Samozwaniec, Anna Kossakowa, „pełna cnót wszelakich, miała według opinii rodzinnej tylko jedną wadę – nie była
religijna". Pewnego wieczoru odwiedził ją duch zmarłej
matki, który kazał jej uklęknąć i modlić się. Odtąd Anna
z Kosielnickich Kossakowa była bardzo pobożna. „Ta
historia pasjonowała mnie i Lilkę – dodaje Magdalena.
– Jak to, ciociu – pytałam – i ujrzawszy zmarłą babcię
ciocia nie zemdlała z wrażenia? (...) – Dlaczegóż miałam zemdleć – ze zdziwieniem odparła na moje pytanie.
– Przeciwnie, ucieszyłam się niezmiernie, myśmy się
przecież bardzo kochały"[38].

* * *

Genewa, w której Zofia Kossak zachwyciła się wy-
kładem intelektualisty katolickiego, była też miejscem
jej fascynacji modnym wówczas spirytyzmem. To tutaj
poznała Helenę Smith, a potem w artykule zamieszczonym w 1928 roku w „Tęczy" sporo o niej opowiedziała.
W 1913 roku, dowiedziawszy się, że jest ona „twórczynią
arcyciekawych obrazów religijnych, malowanych w czasie snu", dziwiła się, że Kościół nie uznał ich za cudowne. Dopiero później przekonała się, że „miał po stokroć
słuszność w swej powściągliwości". Razem z przyjaciółką
zauważyły kiedyś w domu Heleny Smith schowany za za-
słoną portret człowieka, który przyszedł we śnie i kazał
się namalować. Nazywał się Cagliostro. Zaskoczone zo-

---

[38] Magdalena Samozwaniec, *Zalotnica niebieska...*, op. cit.,
s. 138–139.

baczyły naokoło głowy słynnego czarownika emblematy masońskie i bluźnierczy krzyż. Zofia Kossak nawet po latach wciąż próbowała odpowiedzieć na pytanie, kim naprawdę była poznana w Genewie kobieta i jak powstały dziwne obrazy. Doszła do wniosku, że może „jest ona po prostu osobnikiem obdarzonym wysoką siłą fluidyczną, lecz pozbawionym kontroli nad nią"[39]. Artykuły na ten temat niebywale ubawiły Wojciecha Kossaka. Czytając je, podobno „kulał się ze śmiechu". Nie przypuszczał, że jego bratanica jest tak naiwna i łatwowierna. „Dobrze, że mnie się nie zjawi w nocy taki »jamioł« i nie każe mi paluchami malować koni"[40] – żartował malarz, dowiedziawszy się, że twórczyni „arcyciekawych obrazów" nie miała nawet pędzla.

* * *

Tymczasem Tadeusz Kossak ponownie popadł w poważne tarapaty finansowe, bo znów chyba niezbyt szczęśliwie administrował powierzonym mu majątkiem. Jak wielokroć i tym razem pomocy szukał u brata. Szczegółów nie znamy, ale wiemy, że w listopadzie 1913 roku popularny już wówczas malarz donosił żonie: „Tadeusza uratowałem od ruiny finansowej. (...) Pierwszy raz widziałem Tadeusza zrozpaczonego i zniechęconego życiem i pracą całego życia doprowadzającą go przez jeden rok klęski do ruiny"[41]. Wojciech, rzecz jasna,

---

[39] Zofia Kossak, *Z jakiego źródła*, „Tęcza" z 7 VII 1928 r.

[40] Magdalena Samozwaniec, *Zalotnica niebieska...*, op. cit., s. 140.

[41] List Wojciecha Kossaka do żony z listopada 1913 r., w: Wojciech Kossak, *Listy do żony i przyjaciół...*, op. cit., t. II, s. 131.

usprawiedliwiał brata, tłumacząc jego niepowodzenia nieprzewidzianymi okolicznościami i utrzymując, że poprzedni rok był bardzo dobry, a i teraz spichrze i stodoły są „pełne najcudowniejszych zbiorów, byle tylko przeczekać". Z listu dowiadujemy się także o szczegółach udzielenia solidnego finansowego zastrzyku. W Krakowie Wojciech poszedł z Tadeuszem do Kronenberga, „powiedział jak jest", i na jedno słowo „tego poczciwego człowieka" i, rzecz jasna, dzięki poręczeniu Wojciecha Bank Handlowy wypłacił piętnaście tysięcy rubli gotówką bezterminowej pożyczki. Na razie brat był uratowany.

* * *

Tymczasem w życiu Zofii Kossak nastąpił czas bardzo istotnych zmian. Miała już dwadzieścia sześć lat, więc pora na zamążpójście była co najmniej stosowna. Wybrała Stefana Szczuckiego, syna lekarza z Antonin. Rodzina gorliwie odradzała to małżeństwo, tłumacząc, że młodych dzieli przepaść społeczna i trudno będzie w dalszym życiu jej nie dostrzec. Pisarka, jak sama wspominała, radziła się różnych osób, pojechała nawet do krewnej, która, tak jak ona, poślubiła kogoś niżej urodzonego. Zdecydowała jednak, że wbrew i na przekór wszystkim wyjdzie za Stefana. „I dostałam za swoje" – miała powiedzieć po latach.

Znamy go z fotografii. Był wąsalem o poważnej, a nawet nieco mrocznej twarzy. Praktykował w sąsiadującej ze Skowródkami Nowosielicy u wuja Kazimierza Romańskiego (męża Zofii – siostry Tadeusza Kossaka). W 1911 roku wuj Kazimierz zmarł, a okoliczności śmierci opisała Magdalena Samozwaniec, dodając przy tym ciekawe informacje na temat tej rodziny. Podobno Zofia Romańska lubiła zajmować się drobiem i choć mąż kupował jej piękne suknie, nie była nigdy damą. Wrzucała cenne kreacje, dostarczane przez rozrzutnego męża, do szafy. Męża zaś, który ją uwielbiał, traktowała podobno z niechęcią i lekką pogardą, a chociaż niezwykle urodziwa, nie dbała o biżuterię i ubrania. Chodziła w zniszczonym szlafroku i oddawała się swojej wielkiej pasji – doglądała mianowicie sztucznej wylęgarni kurcząt. Kazimierz Romański zmarł podobno nagle podczas rodzinnej biesiady, wznosząc toast. Naprzeciwko siedziała Zofia Kossak. Potem jej kuzynka Magdalena potraktuje ten fakt jako dowód na życiowego pecha czy raczej działanie tajemnych sił, bo to właśnie jedyna córka Tadeusza miała urodzić się pod nadzwyczaj złą gwiazdą.

Po niespodziewanej śmierci Kazimierza Romańskiego to przyszły mąż Zofii Kossak, Stefan Szczucki, został zarządcą nowosielickiego klucza. Parę lat później, w roku 1915, Zofia Kossak została jego żoną.

Zamiast malarskiej – niepewnej i niespokojnej – kariery wybrała stateczne życie rodzinne i gdyby nie czekające ją dramatyczne wydarzenia i kolejne zbiegi okoliczności, pewnie świat nigdy nie usłyszałby o Zofii Kossak – artystce.

* * *

Przed młodymi były najpiękniejsze lata – jak potem napisze w *Pożodze…* Spędzili je w domu stojącym niedaleko monumentalnego pałacu w Nowosielicy. „Dom był – jak wspomina Zofia Kossak – „mały i niski, niepretensjonalny ze swoimi dwoma naiwnymi ganeczkami i ławkami popod oknem, że można go było nazwać śmiało chatą". Chata ta była jednak spora, skoro mieściło się tam „pięć słonecznych, widnych pokoi i kuchnia z przyległościami"[42].

Urządzenie wnętrz określiła Zofia Kossak jako „pogodne i proste". W pokojach było dużo kilimów, słońca i kwiatów. Matka Zofii Kossak umiała tkać kilimy, a umiejętność tę zdobyła dzięki Wandzie Kosseckiej, z którą jej córka studiowała malarstwo.

Dom młodych małżonków nie miał okiennic, a drzwi były stale pootwierane, żeby stary stróż, Józef, „miał się gdzie schronić w razie deszczu".

Otoczenie domu zachwycało pisarkę, cieszyła się z ocienionej drogi wiodącej do wybielonej bramy, z parku prowadzącego do niezamieszkanego monumentalnego pałacu, który był „dość stylowym angielskim gotykiem, surowym i poważnym" i miał w sobie „coś klasztornie cichego i zamyślonego"[43]. Zachwycała się drzewami, stawem, rzeczką i stadniną położoną „wśród słońca i czaru barw". Dobra, którymi administrował mąż Zofii Kossak, słynęły z hodowli koni arabskich, a konie były szczególną miłością pisarki. Nic więc dziwnego, że i o nich napisze w swoich wspomnieniach: „Konie, jak drzewa, były piękne, wolne i beztroskie"[44].

* * *

Spokojny i beztroski czas trwał jeszcze, na szczęście, kiedy na świat przyszły dzieci. Pierworodny Julek uro-

---

[42] Zofia Kossak, *Pożoga...*, op. cit., s. 45.
[43] Ibidem, s. 10.
[44] Ibidem, s. 11.

dził się 28 lipca 1916 roku, a Tadeusz 18 sierpnia roku następnego. Niewiele wiemy o tym fakcie, ale kilka razy pisarka opowiada o swoim zachwycie maleńkim dzieckiem. W *Pożodze...* znajdujemy taką wzmiankę: „nikt na świecie nie może uczuć tej radości, która jest udziałem matki: podziwu i zachwytu dla swojego dzieła"[45].

Obaj synowie urodzili się w Nowosielicy, w domu, w którym oprócz domowników mieszkali także służący. Znamy ich imiona. W kuchni królowała już od lat i przez lata jeszcze, choć już w innych domach, niezastąpiona Kasia, była także Helena. Dziećmi zaś zajmowały się Lodzia i Marysia, a stajennymi byli Wołk i Demian Hałuszka.

Zofia Kossak była przede wszystkim żoną, matką i gospodynią, a jednak i wówczas pisała. Helena Mauberg wspomina, że jej ojciec jako student prawa, odbywający praktykę w kancelarii dóbr antonińskich, zwrócił uwagę na jej teksty, a były to przesyłane przez zarządców sprawozdania. Szczególnie ciekawe i barwne stały się od pewnego czasu dotąd nudne i schematyczne sprawozdania młodego pana Szczuckiego. Niespodziewanie „jak pod wpływem różdżki czarodziejskiej, zamigotały łany zbóż, opisy robót były jak z obrazu"[46]. Okazało się, że sprawczynią tej zmiany była jego młoda żona. Czytający je student prawa przyjechał złożyć jej hołd, a nawet miał wówczas powiedzieć: „Pani ma talent, pani musi pisać".

* * *

---

[45] Ibidem, s. 237.

[46] Helena Mauberg, *Pewna historia. Czy Alfred Potocki uratował, czy zdradził Zamek w Łańcucie*, Wydawnictwo DiG, Warszawa 2001, s. 11.

Kresy były i pozostały urokliwe, ale błogość i cisza, którymi zachwycała się Zofia Kossak, okazały się tylko pozorne. Trwała cisza przed burzą, a burza, która miała się wkrótce rozpętać, okaże się żywiołem niszczącym „odwieczne gniazda pełne pamiątek". Mieszkańcy tych gniazd, jak zauważy autorka *Pożogi...*, byli jak ślepcy i nie wiedzieli nic o piorunie, dopóki nie uderzył. I burza rozpętała się na dobre, żeby ostatecznie zmieść z powierzchni kresowej ziemi polskie dwory i pałace, które z tej ruiny nie podniosą się już nigdy. W zgliszcza i ruiny obracały się dwór za dworem i folwark za folwarkiem, a chłopi, których idylliczny i sielankowy wręcz portret znajdziemy na pierwszych kartach wspomnień z Wołynia, stali się groźni i niebezpieczni. Przeczytajmy więc o chamskich i plugawych rękach, dniu sądu, zagładzie i zgubie.

* * *

Ziemia, która była domem Zofii Kossak, stanie się świadkiem coraz tragiczniejszych wydarzeń. Wkrótce przetoczą się przez nią wojska rosyjskie, niemieckie, austriackie; pułki bolszewickie, petlurowcy i bandy zrewolucjonizowanego chłopstwa.

Zanim to jednak nastąpi, pojawią się pierwsze niepokojące symptomy. W marcu 1917 roku przez Starokonstantynów przejdzie pochód wolnościowy pod zrobionym naprędce sztandarem z czerwonej pierzyny. W lipcu i sierpniu mają miejsce coraz częstsze napady i rabunki dokonywane przez dezerterów, więc Stefan Szczucki prosi o pomoc pułk kozaków dońskich i otrzymuje sześciu żołnierzy. „Morowe chłopy", napisze o nich Zofia Kossak, dodając, że jeden z nich chciał usynowić małego Julka i zapewnić mu wielkie bogactwo. Rodzice są jeszcze młodzi, mogą mieć kolejne dzieci – przekonywał – i przepowiadał, że zaczną się dla niech ciężkie czasy, a ona, matka, będzie patrzeć, jak jej syn zostanie niewolnikiem. Wciąż uparcie i bezskutecznie ponawiał swoją prośbę.

Zapowiadane przez Kozaka ciężkie czasy zbliżały się wielkimi krokami. Oto oficer, zbiegły z wojska, podobno były lokaj, okradł Kossaków mieszkających w Skowródkach. Zabrał bezcenne pamiątki rodzinne: staroświeckie brylanty, pierścionki i broszki, „stare weneckie łańcuszki po babkach; dukaty z Matką Boską, wspomnienie ślubów i chrzcin"[47].

Szczuccy, świadomi rosnących zagrożeń, wyprowadzili się do pałacu w Nowosielicy i wtedy Zofia z żalem opuściła swoje pierwsze „mieszkanie zamężne", z taką pieczołowitością urządzane i zagospodarowywane. Próbowała teraz przytulnymi uczynić surowe wnętrza pałacu, który był solidną fortecą, ale wieści o pogromach i zbliżające się bandy chłopów wzbudzały coraz większy niepokój rodziny, więc młodzi małżonkowie wysłali synów z nianiami do Skowródek, sami zaś zdecydowali się czuwać, żeby w razie spodziewanego ataku bronić pałacu.

* * *

Na początku listopada 1917 roku rozeszła się wieść o tragedii sławuckiej. Osiemdziesięcioletni, cieszący się powszechnym szacunkiem ordynat Roman Sanguszko został okrutnie zamordowany. Nikt nie ukarał sprawców,

---

[47] Zofia Kossak, *Pożoga...*, op. cit., s. 28.

nie pomścił księcia. Jakże musieli się bać ci, którzy pozostali przy życiu, widząc, jak ziemia, dotąd gościnna, staje się „męczeńskimi kresami". Nie sposób przywołać wszystkich dramatycznych epizodów, ucieczek, grabieży, profanacji, a nawet zabójstw, których świadkami byli sama pisarka i jej najbliżsi. Dokoła trwało prawdziwe piekło, działy się dantejskie sceny, które Zofia Kossak zapamięta i opisze we wspomnieniach, opowiadając także o swojej rozpaczy i o tym, jak młodzi małżonkowie, przytuleni do siebie, płakali bezsilni wobec nieszczęść i niepewnej przyszłości swojej i swoich synów.

* * *

W listopadzie nadeszła oczekiwana pomoc. Przybył oddział Feliksa Jaworskiego, który, zgodnie z umową zawartą z hrabią Józefem Potockim, miał strzec antonińskich dóbr. Stefan Szczucki prosił o kilku ludzi do obrony Nowosielicy. Wśród jaworczyków był Zygmunt Szatkowski, którego Zofia nazwie we wspomnieniach „chudym ochotnikiem". Żołnierze nie mogli wszystkim zapewnić obrony, więc znów trzeba było uciekać. Zofia z nianią i jednym z żołnierzy odwiozła dzieci do teściów. Furman gorliwie odradzał podróż ciężką karetą po nieprzetartej grudzie, ale matka Julka i Tadzia była uparta. Pojechali, a w drodze słyszeli obelgi i wyzwiska żołnierzy z koszar, którzy rzucali grudami i krzyczeli: „Wysiadajcie, burżuje! Teraz nasza kolej!". Na świecie szalała zamieć – zapamiętała młoda matka, która drżała o bezpieczeństwo synów. Oto fragment jej wspomnień: „z rozpaczą myślałam, co się stanie z moim maleńkim, czteromiesięcznym Tadziuniem, gdy nam każą rzeczywiście wysiąść lub gdy

mocniejsza gruda rozbije szybę karety. (...) A mój najdroższy półtoraroczny bobasek, wyglądający jak obrazek
w obramowaniu białego futerka, uśmiechał się do nich
przez szybę i robił śliczne »pa« rączką"[48].

Dobrze, że zdążyła wówczas uciec, bo jak się okazało, nocą napadnięto na dom. Stefan Szczucki został
aresztowany i odwieziony do Rewolucyjnego Komitetu w Starokonstantynowie. Zofia energicznie zabiegała
o uwolnienie męża, jak kiedyś Anna na Lubelszczyźnie.
Teraz burżujka Szczucka prosiła i przekonywała pięciu
drabów, leniwie gryzących pestki słonecznikowe. Stefana
wypuszczono, ale do pałacu nie było na razie powrotu.
Znaleźli lokum w mieście, u Żyda.

Następnego dnia Zofia Kossak nigdy nie zapomni. Był
to dzień pogromu w Skowródkach, w majątku rodziców.
Na szczęście domownikom udało się uciec bocznym wejściem, ale zniszczono i spalono dwór i jego obejście, wybi-
to zwierzęta, zniszczono maszyny rolnicze z takim upodo-
baniem gromadzone przez Tadeusza Kossaka. „Tego dnia
– napisała jego córka – śmierdzące buty żołnierzy i chłopów przeszły boleśnie po moim sercu, depcząc wszystko,
co wiązało drogą nitkę wspomnień między mną a odległym dniem mego dzieciństwa". Porąbano wtedy stare
gdańskie meble, wśród których wyrosła, „których niezliczone kanty były wygładzone dziecinnymi rękami moich
braci i moimi – czytamy w *Pożodze*... – Pijany sołdat wy-
legiwał się w łóżku mojej matki; brudne dzieci wśród chi-
chotów darły wyblakłe dagerotypy, dawne listy i mnóstwo
innych pamiątek niezmiernie bliskich i drogich"[49].

---

[48] Ibidem, s. 56–57.
[49] Ibidem, s. 64.

Dwaj dawni służący z Kośmina, Jan Rybak i Michał Pietrasiak, znaleźli swojego pana na Wołyniu. Wstrząśnięci byli wypadkami, które tam zobaczyli na własne oczy. Pozostał nawet ich rymowany opis rabunku majątku pt. *Jak chachły grabiły pana Kossaka w Skowródkach.* Oto jego końcowy fragment:

Wtedy połamali te żelazne kraty –
Nie ma kary Boskiej na takie psubraty!
Potem się dostały do środka oknami,
Zaraz się hołota wali zewsząd drzwiami.
Sztabę otworzyły, drzwi pootwierały,
Wpadły jak „tygryszy" i tak rabowały... [50].

* * *

W ten sposób gospodarz Skowródek, Tadeusz Kossak, ostatecznie stracił wszystko. Już wówczas, kiedy zaczęły się wojenne, a potem rewolucyjne niepokoje, postanowił walczyć. Swoje przeżycia opisał później w książce *Wspomnienia wojenne 1918–1920.* Jego zdaniem sytuacja polityczna nie była wesoła, ponieważ z jednej strony zagrażała Polakom bolszewicka dzicz, z drugiej polska lewica. Ojciec Zofii Kossak zaznaczy, że „nie próbuje nawet opisać wrażenia przygnębiającej, bezradnej rozpaczy", niejednokrotnie też winy poszuka w „żydokomunie" i opisze „morze czerni bolszewickiej i chłopskiej, dyszącej nienawiścią do wszystkiego, co polskie". Ale wspomni też staruszka kanonika idącego pod rękę ze starym patriarchą Żydem, któremu kanonik zawdzięczał życie.

---

[50] Ibidem, s. 66.

Tymczasem Polska była w przededniu odzyskania niepodległości.

* * *

Wojciech Kossak we wspomnieniach napisał, że z końcem października zaczął odczuwać jakiś dziwny niepokój o brata bliźniaka. Śnił mu się nawet odarty ze skóry. Zrozumiał, że Tadeusz na dalekim Wołyniu potrzebuje jego pomocy. Tak rzeczywiście było, ponieważ plany wzięcia udziału w walce o odradzającą się Polskę pokrzyżował fakt, że granica była zamknięta. Na szczęście Wojciech, rotmistrz austriacki, przyjmowany z honorami, przyjechał na Wołyń i pomógł bratu wydostać się z Ukrainy w ten sposób, że Tadeusz w przebraniu udawał jego ordynansa. Na wyjazd zdecydował się natychmiast, a Zofia Kossak zauważyła jego zapał i to, że wyraźnie odmłodniał, poczuwszy się znowu żołnierzem.

Zanim jednak Tadeusz i Wojciech opuścili Wołyń, po raz ostatni zobaczyli świetność antonińskiej rezydencji w przededniu ostatecznej i nieodwołalnej zagłady. Wzięli udział w polowaniu „par force z hrabiną Józefową Potocką, jej synami, panem T. Dachowskim, znanym sportsmenem, i gronem oficerów z bawarskiego pułku szwoleżerów, stojącego w Antoninach. Ostatni raz wtedy zachwycałem się ślicznemi Antoninami, pysznemi końmi, ogólną, wysoką kulturą, której Antoniny od tak dawna były ogniskiem i pionierem"[51] – napisał Tadeusz Kossak.

---

[51] Tadeusz Kossak, *Wspomnienia wojenne 1918–1920*, nakładem Krakowskiej Spółki Wydawniczej, Kraków 1925, s. 18.

Pałac został splądrowany i podpalony przez żołnierzy bolszewickich w 1919 roku i dzisiaj odnajdziemy już jedynie resztki dawnej świetności „antonińskiego państwa".

* * *

Tadeusz przeżyje wielkie wzruszenie, zobaczywszy, jak „flagi narodowe barwią śliczny rynek krakowski". Pamiętne dni listopada 1918 roku spędzi już w Warszawie, nie wiedząc o tym, że zostawił najbliższą rodzinę „na pastwę bolszewikom" i że żonę i córkę ujrzy dopiero wiele miesięcy później. Z wieściami o nich, końmi i rynsztunkiem przedrze się przez „morze czerni" brat męża Zofii Kossak, porucznik Stanisław Szczucki, którego przygody podobno można było porównać z przeżyciami bohaterów *Ogniem i mieczem*.

* * *

Tymczasem na Wołyniu Anna Kossakowa i Zofia Szczucka z synami ukrywają się w Starokonstantynowie. Dlaczego nie wyjechały wówczas, kiedy polscy żołnierze opuszczali Antoniny i radzili, aby nie pozostawać dłużej na kresowej ziemi? Takie były plany, mąż Zofii Kossak- -Szczuckiej postanowił wyjechać, więc pakowała dziecięce ubranka i poczuła, że „ostry ból, niemożliwy do zniesienia, ściska za serce i gardło". Przyglądała się śpiącym spokojnie synom. Byli niczym „białe duszki, oddychające równo i cicho jak ptaki". I wówczas, zrozpaczona i zdeterminowana, przekonała Stefana, że nie zabierze dzieci w trudną i niepewną drogę. Mąż pojechał sam, a w przełamaniu jego oporu pomogła matka pisarki Anna, która postanowiła pozostać w Starokonstantynowie wraz córką i wnukami, mimo że mogła znaleźć się z dala od niebezpieczeństw, a jednak „pozostała spokojnie i pogodnie, jakby to było rzeczą naturalną"[52] – napisała Zofia Kossak, która wzruszona jej decyzją, nazwie swoją matkę świętą.

* * *

Tymczasem Zofia z dziećmi i swoją świętą matką wiele miesięcy ukrywała się, próbując byle jakim ubraniem zmylić rewolucjonistów. Kobiety udawały szwaczki i nieraz bliskie były rozpoznania. Zwłaszcza jedna rewizja była dramatyczna. Szukano Tadeusza Kossaka. Znaleziono obraz przedstawiający go w mundurze. Była to akwarela zaprzyjaźnionego z rodziną Strubińskiego, którego podpis widniał w rogu obrazu. Żołnierze przeczytali nazwisko i doszli do wniosku, że to portret Strubińskiego, a nie Kossaka. Nie wiedzieli zapewne, że nie portretowanego, ale artysty nazwisko widnieje na obrazach. Innym razem zabrano jej farby, później zaś wyszło zarządzenie, że artyści mają być zmobilizowani i unarodowieni. „Całe szczęście, że Petlurcy w zimie farby mi zabrali i nikt nie wie, że malowałam kiedyś, dosyć wprawdzie kiepsko, ale malowałam. Byłabym już dzisiaj wziętą »na uczot« i zmuszoną tworzyć ku chwale sowietów"[53] – skomentowała ten epizod Zofia Kossak.

Kobietom udało się aż do lata 1919 roku ukrywać w Starokonstantynowie. Cierpiały tam razem z dziećmi

---

[52] Zofia Kossak, *Pożoga...*, op. cit., s. 179.
[53] Ibidem, s. 249.

niewygody i głód. Chłopcy zachorowali na hiszpankę, która dziesiątkowała mieszkańców wielu krajów. Na szczęście wyzdrowieli, ale i tak rodzina zobaczyła i przeżyła straszne rzeczy, które w oczach i pamięci pozostały na zawsze, tak jak widok chłopca „zarąbanego w błocie przez »towariszczow«" czy wieści o strasznych pogromach dokonywanych na Żydach i wreszcie niepokój, kiedy Zofia Kossak została rozpoznana, ale ponieważ wcześniej jej mąż „z babami nie wojował" i puścił je wolno, teraz i ją zostawiono w spokoju.

W końcu wydostały się w przebraniu chłopek. „Najbystrzejsze oko nie byłoby w nas domyśliło się »bywszych burżujek«" – pisała Zofia Kossak. Kobiety miały spódnice, kaftany, chustki zawiązane na głowie i zasłaniające połowę twarzy, w węzełkach sprytnie przemycały bluzki, szczoteczki do zębów „i inne, tym podobne nieprawomyślne drobiazgi"[54]. Wołyń pozostał za nimi. Kiedy łzy zasłaniały widok, Polacy opuszczający kresowe ziemie „w ciszy serc bijących ślubowali wieczną wiarę i miłość tej ziemi"[55].

Anna Kossakowa i Zofia Kossak-Szczucka po miesiącach rozłąki spotkały swoich mężów.

* * *

Rodzina Szczuckich jesienią 1919 roku znalazła się we Lwowie. Wtedy Zofia próbowała zarobić na życie pisaniem, redakcja „Słowa Polskiego" przyjęła jej tekst do druku i wypłaciła honorarium. Starczyło nawet na

---

[54] Ibidem, s. 259.
[55] Ibidem, s. 266.

wymarzony prezent dla dzieci, ponieważ właśnie zbliżała się Gwiazdka. „Nie mieli dotąd innych zabawek niż te, które im sama zrobiłam, i wyszedłszy na miasto, rozpłaszczali sobie godzinami noski o szyby wystaw sklepowych w niemym zachwyceniu"[56] – zauważyła ich matka, która mogła już teraz kupić konia na biegunach. Znalazł się potem wśród zabawek w góreckim dworze i zachowała się nawet jego fotografia. W tych trudnych i głodnych czasach pomogła stara kantyczka, o której napisała ongiś podczas pobytu w Starokonstantynowie zajętym przez bolszewików. Jak wspomina pisarka, „stara kantyczka naszej kucharki, tak niezmiernie daleka od wszystkiego, co się działo wokoło, dawała słodkie chwile zapomnienia. Spisywałam myśli, które mi czytanie jej nasuwało, ot tak, dla zabicia czasu"[57]. We Lwowie tekst się przydał, a wydrukowany przyniósł niespodziewany dochód. Zofia była szczęśliwa, choć pomylono wtedy jej nazwisko i autorką tekstu uczyniono nie Szczucką, a Szerucką.

Redakcyjne honorarium nie starczyło na długo. Rodzina nadal pozostawała bez środków do życia. Wojciech Kossak pisał o bratowej i jej córce: „Józio Potocki przyjechał ze Starokonstantynowa i przywiózł co do Andzi dobre wiadomości, jadł z nią i Zosią temu cztery dni śniadanie. Zresztą podobno anarchia i stan rozpaczliwy. Czy one biedaczki aby we Lwowie mają co jeść, bo tam głód grozi nie na żarty?"[58].

---

[56] Mirosława Pałaszewska, *Zofia Kossak*, Wydawnictwo Von Borowiecky, Warszawa 1999, s. 60–61.

[57] Ibidem.

[58] List Wojciecha Kossaka do żony z 13 XII 1918 r., w: Wojciech Kossak, *Listy do żony i przyjaciół...*, op. cit., t. II, s. 206.

* * *

We Lwowie Zofia Kossak zaczęła spisywać, jak mówi-ła, krwawą a zarazem złotą księgę Kresów. Powstała *Po-żoga. Wspomnienia z Wołynia* – książka, której wydanie okazało się wielkim i niespodziewanym sukcesem. Sama Zofia Kossak była zaskoczona jej przyjęciem i kiedy w 1956 roku odpowiadała na kwestionariusz Instytutu Badań Literackich PAN, zaznaczyła, że „ta książka była pisana w charakterze wspomnień nie przeznaczonych do druku. Jej wydanie i powodzenie stanowiły dla mnie niespodziankę (...). Powodzenie »Pożogi« zdecydowało o mojej przyszłości literackiej"[59].

Jak powstawała ta ważna książka? Podobno w czasie wydarzeń rozgrywających się na jej oczach Zofia Kossak notowała, spisywała to, co się działo na kresowej ziemi, i swoje na ten temat refleksje. Chowała kartki z zapiska-mi w różnych miejscach, między innymi w krokwiach na strychu. Część musiała zniszczyć, spodziewając się rewi-zji. Potem, kiedy po rewolucyjnej zawierusze spotkała się z mężem, to na jego prośbę zaczęła pisać wspomnienia. Zawsze powtarzała, że właśnie Stefan był inicjatorem po-wstania debiutanckiej książki. Chciał, żeby inni wiedzieli, co się wydarzyło. Zofia spełniła wolę męża, zwłaszcza że była to prośba człowieka nieuleczalnie chorego. Czytała, czuwając przy nim, kolejne fragmenty. Stefan od jakiegoś czasu chorował na tajemniczą chorobę, prawdopodob-nie akromegalię. Próbowano go leczyć, ale bezskutecz-nie. Zdążył jeszcze czas jakiś administrować w Brodach, wcześniej szukał pracy we Lwowie.

---

[59] List Zofii Kossak do Instytutu Badań Literackich PAN..., op. cit.

To on był pierwszym recenzentem *Pożogi...*, która miała ocalić od zapomnienia przeżycia i zdarzenia będące i jego udziałem. Polacy mieszkający w centrum kraju nie mieli o nich pojęcia. Zofia Kossak nawet usłyszała w rozmowie z krewnym, że doskonale zdaje sobie sprawę z tego, co przeżyli. „Ach, moi drodzy – powiedział podobno, wysłuchawszy opowieści o ich losach – nikt tak jak ja was nie rozumie! Wyobraźcie sobie, że w 15 roku Niemcy zabrali mi 8 źrebaków i zapłacili po 200 marek, a cena była wtedy po 500!"[60]. Tymczasem na Wołyniu wydarzyło się coś znacznie gorszego niż utrata spodziewanego zarobku. W dodatku, przebywając we Lwowie, gdzie znów musiała zabiegać o przetrwanie, zdobywać jedzenie, wystawać, jak wspominała, „większą część dnia w »ogonkach« dla otrzymania chleba, soli, mięsa, zapałek", słyszała tylko narzekania. Z przerażeniem przekonała się, że nikt się Polską nie cieszy, a co więcej – męczeńskie Kresy były Polakom obojętne i obce, prawie jak „jakieś kolonie afrykańskie"[61]. Tymczasem wydawcy lwowscy nie byli zainteresowani *Pożogą...*, „nie chcieli nawet ze mną gadać" – wspominała pisarka. Zniechęcał ich obszerny i trudny do odczytania rękopis. Pomogła w końcu protekcja i *Pożoga...* została wydana przez Krakowską Spółkę Wydawniczą w 1922 roku. Książka ujrzała światło dzienne dzięki synowi prezesa, Janowi Starzewskiemu, który starał się właśnie o rękę Magdaleny (późniejszej Samozwaniec). Swój debiut literacki Zofia Kossak zawdzięczała rodzinie Wojciecha Kos-

---

[60] List Zofii Kossak do Józefa Birkenmajera z 23 III 1931 r. Por. przyp. 20.

[61] List Zofii Kossak do hrabiny Marii z Fredrów Szembekowej z 26 XII 1922 r. Korespondencja w zbiorach Biblioteki Narodowej w Warszawie.

saka, który też był autorem okładki *Wspomnień z Wołynia*. Chyba nikt nie spodziewał się aż tak wielkiego sukcesu, a ta sama rodzina, która udzieliła poparcia, z ironią nazywała potem sławną już krewną „Pożogą" albo „Szczuką".

Wybitny literaturoznawca, bibliograf i publicysta, Stanisław Estreicher, napisał przedmowę i podkreślił, że autorka sama doświadczyła wszystkiego, co przekazuje czytelnikowi. Przeżyła prawdziwą tragedię, mimo to jej bardzo plastyczny i wierny realiom opis jest jednocześnie obiektywny. „Nie daje się unieść poczuciu osobistej i narodowej krzywdy, umie się wznieść do wyższego, ludzkiego punktu widzenia"[62]. Co najważniejsze, autor przedmowy zauważył talent literacki Zofii Kossak, w dodatku taki, „jakiego mógłby jej pozazdrościć niejeden pisarz głośny i od lat już wielu uznany"[63]. Zauważył, że książka jest niepospolita, dodając przy tym, że będzie z pewnością „szeroko czytana i omawiana". I tak się stało. „Wszystko szło jak z płatka – wspominała po latach Zofia Kossak. – Społeczeństwo nic rzeczywiście nie wiedziało o dziejach kresów z ostatnich lat, chciało wiedzieć i mój pamiętnik jako pierwszy osiągnął duże powodzenie"[64]. Jarosław Iwaszkiewicz twierdził, że do historii literatury współczesnej przejdą klasyczne fragmenty książki, np. opis parku, stadniny czy też historia pawia zwanego „starym hrabią". „»Pożoga« jest książką na wskroś artystyczną"[65] – pisał. Stanisław Cat-Mackiewicz

---

[62] Stanisław Estreicher, *Przedmowa do pierwszego wydania*, w: Zofia Kossak, *Pożoga...*, op. cit., s. 5.

[63] Ibidem, s. 6.

[64] List Zofii Kossak do Józefa Birkenmajera z 23 III 1931 r. Por. przyp. 20.

[65] Jarosław Iwaszkiewicz, *Niewiasty kresowe*, „Wiadomości Literackie" 1926, nr 5.

uważał, że książkę tę pisały zdrowe, silne, żołnierskie nerwy i prawdziwie dziewczęca jeszcze dusza. Pochwalił też nową książkę, choć z mniejszym niż inni entuzjazmem, Julian Krzyżanowski. Podobała mu się plastyka obrazowania, oryginalny styl, choć raziła zbyt mocno rozbudowana metaforyka i próba naśladowania Stefana Żeromskiego. Inni mówili, że autorka wyszła na pewno ze szkoły Sienkiewicza, zauważyli, jak bogatym się posługuje słownictwem, doceniali jej plastyczne i barwne obrazowanie.

Książką zainteresował się sam Joseph Conrad-Korzeniowski, który chciał ją nawet przetłumaczyć, bo uważał, że „chwyta tak treścią, jak i pisaniem". Docenił także jej wartość dokumentalną i zauważył, że autorka ma „duszę ogromnie ludzką". Pochwalił styl, „w którym odbija się cała jej szczerość i odwaga"[66].

Pożoga... zdobyła wielką popularność i miała do wybuchu drugiej wojny światowej aż sześć wydań, trafiła do podręczników literatury polskiej, tłumaczona była między innymi na języki angielski, francuski, węgierski i japoński.

* * *

Sukces książki zbiegł się w czasie z rodzinną tragedią. W *Pożodze...* Zofia Kossak-Szczucka napisała: „któż wie, ile jeszcze czasu pozostaje mnie i Stefanowi do życia wspólnego? Może już zaledwie parę lat, może nawet parę miesięcy? Gdzieś na zegarze wieczności naznaczona

[66] List Józefa Conrada-Korzeniowskiego do Anieli Zagórskiej z 24 XI 1922 r., w: *Conrad wśród swoich. Listy, dokumenty, wspomnienia*, oprac. Zdzisław Najder, Państwowy Instytut Wydawniczy, Warszawa 1996, s. 314.

już jest chwila, o której nam odejść należy. Nic jej oddalić nie zdoła, zbliża się z każdą sekundą"[67].

Chwila naznaczona na zegarze wieczności nadeszła i Zofia została sama z dwoma kilkuletnimi synami.

* * *

Tymczasem tworzyła się legenda Kresów, zaczynał funkcjonować mit stanicy, której powinno się bronić, do której powinno się powrócić, ale powrotu już nie ma, bo majątku i gromadzonych przez lata dóbr też już nie ma.

Magdalena Samozwaniec opisała wspomnianą już rodzinę Romańskich i kuzynkę, którą ojciec „wychowywał na małą królewnę". Kiedy tylko tupnęła nóżką, zjawiało się wszystko, czego zapragnęła. Miała zabawki, jakich zazdrościły jej córki Wojciecha, domek dla lalek, a w nim „najpiękniejsze lalki świata", takie, które mówiły „papa" i „mama", i chodziły, gdy je nakręcono. Miała swój powóz i małego kucyka. Rozrzutny wujek, ten sam, u którego praktykował Szczucki, i ten sam, który siedząc naprzeciw Zofii Kossak, wzniósł swój ostatni toast, umarł, a wojna i rewolucja spowodowały, jak pisze Magdalena Samozwaniec, że „z majątku trzeba było uciekać z tobołkami na plecach". Ukochana córeczka znalazła się nagle w mieście w bardzo skromnych warunkach, gdy tupnęła nóżką, „najwyżej myszy chowały się do kątów"[68], więc zdziwaczała. Została milczącą starą panną.

Powoli odchodziły w przeszłość dramatyczne wydarzenia, których w centralnej Polsce nie rozumiano, a i sama

---

[67] Zofia Kossak, *Pożoga...*, op. cit., s. 245.
[68] Magdalena Samozwaniec, *Maria i Magdalena...*, op. cit., cz. I s. 31.

Zofia Kossak po jakimś czasie zobaczy je nieco inaczej. We współczesnej powieści *Dzień dzisiejszy...* wspomni jeszcze o kresowiakach, sportretuje starszą, wysoką siwowłosą panią o wyglądzie Marii Antoniny, chodzącą w czarnej zrudziałej sukni i żyjącą nadzieją powrotu. Opowie o tych, którzy pozbawieni majątku, próbują radzić sobie w nowej sytuacji. Okazuje się, że dama, którą „męczyło dysponowanie obiadu kucharzowi"[69], jest teraz ekspedientką, inna żyje z wyrobu artystycznych lalek długorzęsych, piecze andruty. Dawni właściciele ziemscy są rządcami, gajowymi, a jeden z nich prowadzi zakład ogrodniczy.

Pozbawiony majątku i perspektyw Tadeusz Kossak, którego żołnierska przygoda dobiegła kresu, znów może liczyć na pomoc brata. Jego owdowiałej córce los przyniósł rodzinną tragedię i właśnie teraz rozpocznie się nowy rozdział jej życia. Ten, który się skończył, wpisał się w dramatyczną i piękną opowieść o polskich Kresach Wschodnich.

---

[69] Zofia Kossak, *Dzień dzisiejszy. Powiastka współczesna*, nakładem Krakowskiej Spółki Wydawniczej, Kraków 1931, s. 30.

ŚLĄSK CIESZYŃSKI:
GÓRKI WIELKIE

Anna i Tadeusz siedzieli w zakopiańskiej pracowni Wojciecha. Oboje byli przygnębieni. Pokój ogrzewał tylko mały, gazowy piecyk. Anna rozłożyła karty do pasjansa. Pochyliła głowę, Tadeusz przyglądał się jej w zamyśleniu.

Zauważył, że fryzurę stara się ułożyć zawsze tak, żeby zakrywała bliznę, na której spalone włosy już nie odrosły. Kiedy to było? – zastanawiał się. – Dawno. Niedługo po ślubie. Właściwie to jego wina, bo rzucił w salonie niedopałek papierosa na podłogę. Ona spacerowała. Suknia zaczęła się palić, buchnął ogień. Ratował młodą żonę gołymi rękami i oboje byli poparzeni. Jej została spora blizna.

– Czy teraz coś nas może uratować?

Anna nie podniosła głowy, więc powiedział po raz kolejny, że nie tylko oni stracili wszystko. Kiedy znów został żołnierzem, widział nie tylko najbliższą okolicę. Widział pałace pozbawione okien i drzwi, stosy książek polskich, francuskich i angielskich; bez okładek, z powydzieranymi ilustracjami, moknącymi na śniegu lub deszczu. I pewnego dnia zobaczył to, co zostało ze sławnej na całą Europę rezydencji Branickich. Kiedy patrzył na szkielet gmachu, przyszło mu na myśl, że gdyby tak, za czasów Klemensa Branickiego, sławny mag Cagliostro ukazał był ówczesnemu świetnemu towarzystwu, na dnie czary kryształowej, jak będzie wyglądał ów śliczny pałac z początkiem XX wieku, piękne panie zemdlałyby z obrzydzenia, a wytworni panowie uspokajaliby je, tłumacząc, że to tylko niesmaczny żart.

Anna słuchała w milczeniu.

Magdalena z Kossaków wspomina, że po rewolucji bolszewickiej Tadeusz i Anna zamieszkali w zakopiańskiej pracowni Wojciecha. Podobno nie chcąc być dla słabo wówczas zarabiającego brata ciężarem, Tadeusz wraz z żoną postanowili popełnić samobójstwo i tego samego dnia, kiedy decyzja miała zostać zrealizowana, dowiedział się od spotkanego na ulicy właściciela ziemskiego, że może się starać o dzierżawę majątku na Śląsku Cieszyńskim. Nie wiadomo, ile w tej dramatycznej opowieści jest prawdy, ale wiadomo na pewno, że Tadeusz Kossak przeniósł się z rodziną do Górek Wielkich. Jego los znów się odmienił.

* * *

Stary górecki dwór powitał Tadeusza i Annę w roku 1922. Wtedy także odwiedziła ten dom ich córka Zofia. Ostatecznie i ona zdecydowała, że wybiera to miejsce dla siebie i swoich dzieci.

Fascynację Śląskiem Cieszyńskim wyrażała na różne sposoby. Wspominała o murowanych schludnych domkach, piętrowych szkołach, o bogatych gospodarzach jadących do kościoła własną kolasą. Zauważyła też, że „dzieci sąsiada nie zrywają jabłek zwieszających się przez płot"[70]. Zapytana przez Jana Sztaudyngera o to, jak się czuje na Śląsku, chwaliła piękno krajobrazu i mieszkających na tej ziemi ludzi, a rozmówca zauważył, że mówiąc o swojej nowej ojczyźnie, była wyraźnie poruszona, „zapalała się jak lampka"[71].

* * *

Przebywający w Paryżu Wojciech Kossak został poinformowany o radosnych perspektywach roztaczających się przed bliźniaczym bratem i jego rodziną. 5 maja 1924 roku pisał w liście do żony: „W tej chwili dają mi list Tadeusza, pisze mi o świetnej partii Zosi, o wszystkich dobrach Górek. Musimy się tam wybrać koniecznie"[72].

Wybrali się, oczywiście, dołączając tym samym do gości licznie odwiedzających górecki dwór, świetna zaś partia Zosi, o której informowano, to znany już doskonale rodzinie Zygmunt Szatkowski, który odnalazł owdowiałą od niedawna Zofię i ponowił oświadczyny, których kiedyś nikt nie potraktował poważnie. Teraz stało się inaczej.

Zygmunt, urodzony jako protestant, zmienił wyznanie, aby móc wziąć ślub katolicki z Zofią, a pobrali się

---

[70] Zofia Kossak, *Listy ze Śląska*, „Tygodnik Ilustrowany" 1930, nr 16, s. 304.

[71] Jan Sztaudynger, *U Pani Kossak-Szczuckiej*, „Tęcza" 1939, nr 11.

[72] List Wojciecha Kossaka do żony z 5 V 1924 r. (Paryż), w: Wojciech Kossak, *Listy do żony i przyjaciół...*, op. cit., t. II, s. 352.

w pełnej nadziei i obietnic porze roku. Był wiosenny dzień, 14 kwietnia 1925 roku, wtorek po świętach wielkanocnych. Stanęli przed ołtarzem góreckiego kościółka, a świadkami byli ojciec panny młodej i brat jej pierwszego męża, porucznik ułanów Stanisław Szczucki: ten, którego przygody Tadeusz Kossak porównał do wydarzeń z *Ogniem i mieczem*. Pan młody był wtedy w randze porucznika, więc do ślubnej fotografii pozował, oczywiście, w mundurze.

* * *

Drugiego męża Zofii Kossak Wańkowicz zapamiętał jako człowieka postawnego, wysokiego i przystojnego. Sztaudynger z kolei opisał go jako wysmukłego i pięknego oficera.

Taki właśnie był Zygmunt Szatkowski, ceniony przez zwierzchników i chwalony w przechowywanych do dziś dokumentach z czasów, gdy w latach 1926–1928 był słuchaczem Wyższej Szkoły Wojennej. Zanotowano w nich, że wyróżniał się inteligencją, bystrym i trzeźwym umysłem, spokojnym rozumowaniem, że w życiu codziennym jest „równy i spokojny w usposobieniu, w miarę wymagający i bez zastrzeżeń sprawiedliwy". Do tej charakterystyki dodajmy jeszcze i inne określenia, uzupełnione przez rodzinę i znajomych, a nawet służących góreckiego dworu: wymagający, uczciwy, honorowy, dość surowy i zasadniczy, przesadnie wymagający od siebie i innych.

Wciąż pamięta się reprymendę, którą otrzymał kierowca jego służbowego auta, gdy nieco dłużej, niż należało, zasiedział się na pogaduszkach w dworskiej kuchni.

* * *

W rodzinie nadszedł czas na kolejne szczęśliwe zdarzenia. Na świat przyszedł syn. Nosił imię Witold, tak jak brat Zofii, którego przed laty pochłonęła rzeka Wieprz. Urodził się w styczniu 1926 roku. O ósmej rano 15 marca 1928 roku przyszła na świat Anna. Zanim się urodziła w cieszyńskim szpitalu, matka pracowała nad powieścią *Złota wolność*, a po powrocie do domu zazdrosny Witold podobno wołał: „odwieź ją do Cieszyna, wyrzuć ją przez okno!"[73].

W nielicznych zachowanych listach z tego okresu znajdziemy opisy radosnego oczekiwania. Zapracowana, a nawet przepracowana Zofia Szatkowska zrezygnowała na jakiś czas z pisania, ale za to „pogrążała się w otchłani zajęć bardziej przyrodzonych kobietom"[74], szykując razem ze swoją matką wyprawkę dla lada dzień spodziewanego „bączka", na którego czekał też wózek stojący na honorowym miejscu. W listach znalazły się również trafne przeczucia i zapewnienie o tym, że kolejnym dzieckiem, po urodzeniu trzech synów, będzie córka, która „denerwuje się wewnętrznie bez opamiętania"[75]. O dziwo, przed urodzeniem Witolda doświadczona matka też swoje nienarodzone maleństwo już trafnie nazywała synem, w czasach kiedy nikomu nie śniło się nawet o badaniach USG.

---

[73] Anna Szatkowska, *Był dom... wspomnienia*, Wydawnictwo Literackie, Kraków 2006, s. 9.

[74] List Zofii Kossak do Ady Maliszewskiej z 23 XII 1927 r. Korespondencja w zbiorach Muzeum Zofii Kossak-Szatkowskiej w Górkach Wielkich.

[75] Ibidem.

Wychowaniem najmłodszych dzieci, które szczęśliwie przyszły na świat i stały się kolejnymi domownikami starego dworu, zajmowały się Helena Barska i siostra Maria Adamaszek z Dzięgielowa, protestancka zakonnica, z którą rodzina bardzo się zaprzyjaźniła.

* * *

Synowie z pierwszego małżeństwa Julek i Tadzio, byli jednymi z bohaterów baśni *Kłopoty Kacperka góreckiego skrzata*, której akcję ich matka umieściła w dworze i najbliższej okolicy. Kacperek, zrodzony w jej wyobraźni i wkrótce traktowany jak domownik, był dobrym duchem opiekującym się wszystkimi stworzeniami. Dzieci były bezpieczne nie tylko dzięki niemu. Zawsze w pobliżu czuwał Anioł, majestatyczny i niezawodny. Oto jak opisuje „niebieskich stróżów" Zofia Kossak: „Anioł Stróż Julka nazywał się Majala, był mocny, mądry i czujny; Tadziowy zaś był marzycielski i zamyślony, a nazywał się Tanema"[76].

Anioł Julka pozostał w Górkach Wielkich do dziś. Został wyobrażony na nagrobnej płaskorzeźbie.

Juliusz Szczucki, ten sam, którego na Wołyniu chciał kupić stary Kozak, był chłopcem „promiennym" i lubianym. Dziedziczył imię pradziadka, znakomitego malarza, może miał też i odziedziczyć jego talent? Matka twierdziła, że był niezwykle uzdolniony, ale czy i jakim byłby artystą, nie dowiemy się nigdy.

Na fotografiach widzimy chłopaka o płowych włosach, dosiadającego konia, spędzającego czas na zabawach

---

[76] Zofia Kossak, *Kłopoty Kacperka góreckiego skrzata*, Edycja św. Pawła, Częstochowa 2008, s. 15.

z bratem i fornalskimi dziećmi ze wsi. Jedna ze służących zapamiętała, że podczas ostatniej w jego życiu wigilijnej wieczerzy Julek zobaczył swój cień na ścianie. Ludzie mówili, że to zła wróżba, zapowiada śmierć w ciągu nadchodzącego roku. Wróżba miała się spełnić. Nieprzeczuwająca niczego Zofia Kossak z humorem opisywała świąteczne przeżycia w liście do rodziny. „Morowe są chłopy, zwłaszcza starszy, tęgi, trzeźwy pracownik, pierwszy zabijaka w klasie (jako uczeń – drugi), ale już nie dzieci"[77].

Podobno Julek już raz był bliski śmierci. Zofia prosiła o zdrowie dla niego i leżąc krzyżem, błagała, aby Bóg pozwolił się nacieszyć nim jeszcze trzy lata. Nie wiedziała, dlaczego tak właśnie sformułowała swoją prośbę, ale wówczas Julek wyzdrowiał. Trzy lata później historia się powtórzyła. Znów ból głowy, wysoka temperatura i trzydniowa, gwałtowna choroba. Tym razem chłopca nie udało się uratować.

Zrozpaczona matka informowała wydawców czekających na kolejną książkę, że spotkało ją wielkie nieszczęście, straciła syna będącego „uosobieniem zdrowia, energii i radości życia"[78]. Najstarszy syn Zofii Kossak-Szatkowskiej został pochowany na cmentarzu w Górkach Wielkich. W cieniu drzewa stoi wysoki nagrobek, a na nim płaskorzeźba przedstawiająca anioła tulącego do siebie dziecko gestem matczynym, opiekuńczym. U dołu łaciński napis: *Ad maiora natus sum*, a pod spodem

---

[77] List Zofii Kossak do Ady Maliszewskiej z 28 XII 1925 r. Por. przyp. 74.

[78] List Zofii Kossak do Stanisława Maykowskiego z 18 V 1926 r. Korespondencja w zbiorach Muzeum Literatury w Warszawie. Por. przyp. 78.

daty urodzin i śmierci. W tym miejscu trzeba wyjaśnić, że w maju 1926 roku Zofia Kossak pracowała nad pisaną na zamówienie powieścią o św. Stanisławie Kostce. Mówiła, że „święty nie będzie na ołtarz"[79], a przeczytać książkę powinni nawet ci, którzy świętych nie uznają. *Ad maiora natus sum* (Do wyższych rzeczy jestem stworzony) to zawołanie świętego, który umarł młodo.

Życie musiało toczyć się dalej, ale o synu Zofii Kossak nie zapomniano. Przypomina o nim nie tylko nagrobek. Do niedawna w parku obok dworu rosło drzewo, które posadził niedługo przed śmiercią. Wiosną 1926 roku Julek Szczucki zaskoczył ogrodnika Wąsowskiego niecodzienną prośbą. Bawił się jak zwykle z wiejskimi chłopakami, biegał z nimi na bosaka i pewnego dnia przyszedł z małym drzewkiem – dziką wiśnią. Domagał się, żeby ją posadzić. Ogrodnik nie miał czasu, chciał zbagatelizować tę dziwną prośbę, ale chłopak był stanowczy. Mówił, że drzewko będzie żyło, kiedy on umrze. Wąsowski zapamiętał te słowa, bo dziwnie zabrzmiały w ustach beztroskiego, w dodatku zupełnie zdrowego dziesięciolatka. Drzewko posadził, a niedługo potem zrozpaczona Anna Kossakowa, babcia Julka, przyszła zapytać o wiśnię. Julek umierał. Może mówił o posadzonym drzewku, skoro dziedziczka o nim słyszała. Nie wiemy. Wiemy natomiast, że wiśnia przez wiele lat rosła w góreckim parku. Przeżyła małego Julka – dziedzica imienia, a może i talentu malarza Juliusza Kossaka.

Julek pozostał też do dziś w gabinecie matki, gdzie zwiedzający mogą zobaczyć obraz wykonany techniką akwareli (ulubioną techniką Juliusza). Jest to portret Julka trzymającego sowę. Autorką jest Zofia Kossak, która

---

[79] List Zofii Kossak do Stanisława Maykowskiego z 8 VIII 1926 r.

chciała przecież w młodości zostać malarką. Obraz powstał w 1926 roku, w roku śmierci syna. Nie wiemy, czy portretowała go tygodnie, a może miesiące przed jego nagłą śmiercią, czy też obraz powstał później. Może taki właśnie Julek pozostał na zawsze w jej pamięci.

* * *

Tadeusz, młodszy brat Julka, był jego przeciwieństwem. Samotnik i odludek, znacznie trudniej nawiązywał kontakty. Marzył o tym, żeby zostać instruktorem narciarskim. Jeździł też na motorze, szaleńczo i ryzykownie. Matka i ojczym nie byli tym zachwyceni. Nie tylko tym. Syn Zofii Kossak, Tadeusz Szczucki, w żadnej szkole długo nie zagrzał miejsca, źle się uczył, niewłaściwie zachowywał, więc wyrzucano go i w końcu trzeba było zatrudnić Floriana Berka – domowego nauczyciela, dzięki któremu Tadzio nareszcie zdał maturę. Zygmunt Szatkowski był wobec niego surowy, nawet może zbyt surowy. Tak po latach mówiła Anna, jego siostra, która słyszała nieraz burzliwe dyskusje, kiedy rozmowa dotyczyła niesfornego młodzieńca. Wreszcie okazało się, że Tadzio znalazł swoje miejsce w życiu, bo zrozumiał, że chce zostać artystą. Spośród niewielu pamiątek, które po nim pozostały, najcenniejsze są rzeźby. Pozostał model postaci dziewczyny, a także fotografie przedstawiające inne jego prace. Dzięki nim wiemy, że wyrzeźbił głowę swojej przyrodniej siostry Anny (podobno nawet koniecznie chciał ją wyrzeźbić nagą, ale się nie zgodziła) i domowego nauczyciela. Na odwrocie napisał, że jest to jego pierwsza poważna praca, która mu się „zasadniczo nie udała". Narzekał, jak każdy prawie artysta, że nie udało mu się uniknąć błędów, na przykład „złapać na glinę światła".

* * *

Dzieci były w góreckim dworze niewątpliwie szczęśliwe, otoczone miłością i opieką zarówno rodziców, jak i wszystkich pozostałych domowników. Maria Adamaszek czytała w liście z 20 czerwca 1929 roku: „Anulka jeździ wózkiem, (...) opalona już jak mała cyganeczka, dziwi się ciągle i powtarza: o o o. Najwięcej interesują ją konie i psy. Nazywa je jednako: hau hau. Witold gania jak szalony, wyjada rzodkiewki z inspekt, podlewa wszystko, co się da, swoje nogi zwłaszcza, kopie zawzięcie i jest bardzo wiosennymi robotami przejęty"[80]. Kilka miesięcy później Zofia Kossak donosiła, że dzieci są „strasznie miłe i kochane", a Anulka jest „wyjątkowo rozumna na swój wiek"[81]. Ma świetną pamięć i śpiewa mnóstwo piosenek i kolęd. Z kolei Witold sam się nauczył czytać.

Czasem matka, jak wiele matek, chciała towarzystwu zaprezentować rozliczne umiejętności i talenty swoich dzieci, a były to, zdaniem najmłodszej Anny, nieznośne momenty. Wanda Kossecka, przyjaciółka Zofii, została też, zgodnie z tradycją, uraczona występem dzieci i zapytana o to, czy Anna powinna kształcić głos i intensywnie zacząć ćwiczyć. Musiała chyba powiedzieć, że jest jeszcze

---

[80] List Zofii Kossak do Marii Adamaszek z 20 IV 1929 r. Korespondencja w zbiorach Muzeum Zofii Kossak-Szatkowskiej w Górkach Wielkich.

[81] List Zofii Kossak do Marii Adamaszek z 9 I 1930 r. Por. przyp. 80.

na to za mała, i matka, ku radości najmłodszej latorośli, nie wracała już do tego tematu. Nadal jednak dzieci musiały „występować". Recytowały długie wiersze, zwłaszcza utwory Mickiewicza i Słowackiego, które pozostały w ich pamięci na zawsze.

* * *

Dziwnym trafem zachował się list przedwojenny, skreślony niewprawną jeszcze ręką prawdopodobnie czteroletniej Anny. Pisze do ojca, który przebywa z Witoldem w Katowicach. Do ojca zwraca się pieszczotliwie „tatusiu". Dziecko rozpoczyna swoją epistołę od rozbrajającego i arcyważnego stwierdzenia: „Nie wiem, czy napiszę prosto bo nie ma linijuszka". Dalej następują kolejne istotne informacje, jak ta na przykład, że nie było lekcji, bo Hesi zabili po czeskiej stronie szwagra i pojechała na pogrzeb, i że Mamusia przywiozła z Katowic kanara i pantofle. „Kanar się czubi z kanarzycą, a pantofle są za małe" – komunikuje mała Anna. Dalej jednak ręką matki zostało zapisane proponowane rozwiązanie („Pantofle się wyśle pocztą i wymieni")[82]. Anna chce jeszcze wiedzieć koniecznie, co porabia Witold i czy tęskni za patefonem.

Nie tylko kanarki, o których napisała mała Anna, ale także złote rybki, czasem małe zajączki uratowane spod kosiarki i, oczywiście, psy mieszkały w domu razem z ludźmi. Zajmowały się nimi dzieci. Były przyzwyczaja-

---

[82] List Anny Szatkowskiej bez daty; data (1932 r.) uzupełniona przez Zygmunta Szatkowskiego prawdopodobnie podczas opracowywania archiwum pisarki.

ne do obowiązków, bo ich opiekunka Hela wymagała od nich punktualności oraz porządku i pilnowała ustalonego rytmu dnia. Tak więc rano i wieczór mówili pacierze i śpiewali *Kiedy ranne* i *Wszystkie nasze dzienne sprawy*, sami ścielili łóżka, ścierali kurze i oczywiście musieli się uczyć. Nie chodzili do szkoły, przygotowywani przez domowego nauczyciela zdawali w niej tylko egzaminy, za to razem z wiejskimi dziećmi uczestniczyli w lekcjach religii poprzedzających uroczystość Pierwszej Komunii Świętej.

* * *

Najmłodsze dzieci raczej nie miały wielu wspólnych spraw z dorosłymi. Spotykano się przy stole, gdzie trzeba się było, jak przystało na dobry dom, zachowywać grzecznie. Nie tylko przy stole obserwował dzieci państwa Szatkowskich Aleksander Kamiński. Był wychowawcą, praktykiem, więc można dać wiarę jego słowom i spostrzeżeniom. Docenił zachowanie Witolda i Anny, nazywając rodzeństwo uroczą parą i chwaląc „opanowaną swobodę, niepopisującą się bystrość, życzliwość dla ludzi, zwierząt, roślin, nawet dla mebli!". Zauważył ważne szczegóły, pozytywnie oceniając postawę ich rodziców, którzy, jak to określił, nie „spieszczali" ich imion, a przy stole dzieci występowały „w roli współtowarzyszy rodziców"[83].

Oczywiście, uczono ich dobrych manier i różnych zasad. „Myśmy byli dość niezależni" – opowiadała po

[83] Aleksander Kamiński, *Wspomnienie o pani Zofii*, w: *Zwyczajna świętość. Wspomnienia o Zofii Kossak*, wstęp, opracowanie, wybór tekstów Krystyna Heska-Kwaśniewicz, Macierz Ziemi Cieszyńskiej, Katowice–Cieszyn 1997, s. 105.

latach córka Zofii Kossak i jako przykład podawała zdarzenie dotyczące Heli, ich opiekunki, która zmuszała dzieci do wczesnego kończenia dnia, kiedy one nadal miały ochotę na łażenie po drzewach, konstruowanie nowych łuków i zabawy w Indian. Podczas takiej zabawy została przywiązana do drzewa i omalże nie oskalpowana. Obyło się wprawdzie bez kossakowskiego „cropidupum punctatum", ale za to była solidna reprymenda, udzielona przez babcię.

Dzieci wzrastały w dość swobodnej atmosferze, bywało, że bawiły się z dziećmi pasącymi krowy, od nich uczyły się, jak puszczać latawce i robić fajki z dzikiego bzu. Nieraz znajdowały sobie dość oryginalne zajęcia. Dwa razy w roku odbywała się fascynująca wyprawa nad Brennicę, pobliską rzekę. Na wozie wieziono ogromne balie z prześcieradłami, obrusami, ścierkami i ręcznikami. Wszystko to zostało wcześniej namoczone, wyprane na tarkach, a potem płukane w rzece. Drewniane cebrzyki świetnie pływały, nic więc dziwnego, że dzieci, ku rozpaczy opiekunki Heli, doskonale tę właściwość potrafiły wykorzystać. Wchodziły do nich i już nie było balii ani cebrzyków, były okręty na wzburzonym morzu.

Najmłodsi mieszkańcy zamku w Grodźcu, leżącego nieopodal Górek, byli wychowywani dużo surowiej niż dzieci Zofii Kossak. Habichtowie, właściciele zamku, zatrudnili surową guwernantkę Melę, która między innymi kontrolowała lektury podopiecznych. Gdy bez niej przyjeżdżali do Górek, mieli upragnioną swobodę, jeździli na rowerze i wdrapywali się na drzewa, a kiedyś nawet znaleźli w książkach Anny i Witolda zdania, które im wycięto.

* * *

Ceniony przez zwierzchników i pracowity Zygmunt Szatkowski uczył się i zdobywał kolejne stopnie wojskowe. Malowniczo i imponująco prezentował się w pelerynie i kapeluszu z piórem, kiedy służył w Pułku Strzelców Podhalańskich w Bielsku-Białej. W 1930 roku otrzymał stopień kapitana, ale wkrótce kilka miesięcy pozostawał „w stanie nieczynnym" z bardzo prozaicznego powodu: pośliznął się w góreckiej oborze, i to tak nieszczęśliwie, że złamał nogę. W 1932 roku pracował już w sztabie dywizji w Katowicach, więc Zofia Kossak zamieszkała razem z nim w tym mieście, nie bardzo jeszcze odległym od Górek. Kolejna przeprowadzka małżonków spowoduje już jednak znaczne oddalenie rodziny. Na kilka lat przed wybuchem wojny Szatkowski zostaje wezwany do Sztabu Głównego w Warszawie. Zofia też przeprowadzi się do stolicy.

Trzy lata przed wybuchem drugiej wojny światowej do Zygmunta Szatkowskiego należało się już zwracać „panie majorze", a jego żonę tytułowano „panią majorową". Awansował i realizował swoje życiowe i zawodowe plany, mając obok niezwykłą kobietę. Mówiono o niej, że jest pełna wdzięku, a wielu urzekały jej prostota, dobroć, umiejętność uważnego i życzliwego słuchania. Jak napisał Jan Sztaudynger, cechowały ją „kunszt niemyślenia o sobie i kunszt oddania się całkowicie rozmowie"[84], poza tym takt i poczucie humoru.

* * *

Troszczyła się o zdrowie męża i pisała w liście do rodziny: „ostatnie kilka dni spędziłam w śmiertelnych

[84] Jan Sztaudynger, *U Pani Kossak-Szczuckiej...*, op. cit.

transach o Zygmusia"[85]. Niespokojna była, czy aby się nie przeziębił, nie zabierając z domu futra, a przecież nastały syberyjskie mrozy. Niewątpliwie dumna była z jego wojskowej kariery. W artykule z 1938 roku zamieszczonym w „Polsce Zbrojnej" przypomniała, że pochodzi z żołnierskiej rodziny. Zapewniła przy tym z mocą: „Gdybym się urodziła mężczyzną, na pewno byłabym żołnierzem"[86]. Kuzynka Zofii, subtelna i wrażliwa Maria Pawlikowska-Jasnorzewska, nie mogła jej zapomnieć i tych słów, i wypowiadanych często opinii, jakoby wojna była piękna, budująca charaktery i konieczna.

* * *

Annie i Witoldowi matki stale brakowało, była w domu od święta, bo często podróżowała, zbierając materiały do kolejnych książek, albo przebywała z mężem w warszawskim lub katowickim mieszkaniu, a kiedy przyjeżdżała do Górek, załatwiała sprawy związane z majątkiem lub pisała. Po wojnie Anna rozmawiała o tym z matką. „Nie mogłam inaczej postąpić" – powiedziała wówczas pisarka. Dzieci zdawały sobie sprawę z tego, że matka jest osobą wyjątkową i utalentowaną, że jest też duszą rodziny. Przyjazd mamy do Górek był więc wielkim świętem, a ponieważ była znaną pisarką, wiele osób kradło czas, który mogłaby spędzić z rodziną. Czekało już na nią wielu interesantów i wielbicieli jej twórczości.

---

[85] List Zofii Kossak do Ady Maliszewskiej z 23 XII 1927 r. Por. przyp. 74.

[86] Zofia Kossak, *Ja i sprawy wojskowe*, „Polska Zbrojna" 1938, nr 42.

Dzieciom przywoziła słodycze i książki, które wcześniej przeczytała i uznała za odpowiednie.

Wyprawy narciarskie i rowerowe, a także górskie wędrówki były prawdziwą namiętnością aktywnej i wysportowanej pisarki, więc wyruszała w drogę razem z najmłodszymi mieszkańcami góreckiego dworu. Przy okazji, jak wspomina jej córka, uczyła ich odpowiedzialności za siebie i otoczenie, znoszenia pogodnie i cierpliwie przeciwności. Wiadomo było, że nie tolerowała nieuprzejmego traktowania ludzi, braku szacunku dla przyrody i dokuczania zwierzętom.

* * *

Cenne były chwile spędzone z matką pisarką, takie jak na przykład ta zapamiętana przez Annę. Oto pewnego razu postanowili odpchlić psy. Dzieci je trzymały, a matka mydliła mydłem Styx. Ubrana „po domowemu", w fartuchu, czerwona i spocona z wysiłku, zobaczyła idącą wprost w jej kierunku (sień w góreckim dworku była na przestrzał) nobliwą delegację z hołdem dla pisarki. Szybko wyszła, żeby się przebrać, a delegacja dziwiła się, bo jeśli już spodziewała się zastać ją przy pracy, to na pewno raczej przy biurku.

* * *

W Górkach Wielkich najlepiej jej się pisało i wiele utworów powstało właśnie tutaj: w domu i ogrodzie. Dom zaś był niewątpliwie magiczny – zabytkowy dwór zbudowany przez Marklowskich w XVIII wieku. Obszerny, surowy, nawet może nieco ponury, bez przesadnych wygód; lodowaty w zimie, przyjemnie chłodny w lato.

Dywany, barwne kilimy wiszące na ścianach, obrazy i rodzinne pamiątki czyniły go mimo surowości i obszerności budynku dość przytulnym. Dla mieszkańców Górek dwór był potężnym „zómkiem". „Wchodziło się do środka – mówili – a tam było pięknie jak w kościele"[87].

Dla gości, którzy dwór szlachecki kojarzyli raczej z niewysokim budynkiem o białych ścianach z obowiązkowym gankiem i kolumienkami, był czymś zdumiewającym, choć niepozbawionym uroku. Melchior Wańkowicz odwiedził Zofię Kossak w latach trzydziestych i relacjonował: „Aż wreszcie wjeżdżamy... w kasztel ochronny? W resztki bastionu? W mury poforteczne?"[88]. Maria Dąbrowska zachwycała się różami w ogrodzie, pięknie wyglądającymi na tle „sinawych gór, takich jak tła Leonarda"[89]. Jan Sztaudynger zapamiętał wysoki, żółty dom, „jakby niedopasowany do ogrodu, trochę dumny, trochę wyniosły, spatynowany wiekiem i z lekka, umiarkowanie niesamowity"[90]. Rzeczywiście. Ten dom był niesamowity, tajemniczy i majestatyczny. I taki pozostał.

* * *

Gospodynią domu była Anna Kossakowa – osoba raczej milcząca, nieco zamknięta w sobie i w świecie swoich gospodarskich obowiązków, pełna spokoju i powagi,

---

[87] Wywiad z mieszkanką Górek Wielkich Karoliną Siwiak z 3 VII 2003 r.

[88] Melchior Wańkowicz, W *Górkach Wielkich*, w: *Zwyczajna świętość*..., op. cit., s. 19.

[89] Maria Dąbrowska, *Dzienniki*, t. I, Czytelnik, Warszawa 1988, s. 259.

[90] Jan Sztaudynger, *U Pani Kossak-Szczuckiej*..., op. cit.

przygaszona może i dlatego, że jej mąż był towarzyski, niestały i niegospodarny. Jeżeli zaś Tadeusz Kossak podobny był nie tylko zewnętrznie do swojego bliźniaczego brata Wojciecha, to musiał być, tak jak on, szlachcicem o dużej fantazji, szerokim geście, mężczyzną nieobojętnym na kobiece wdzięki. Zachowały się opowieści o tym, jak powracał z towarzyskich wypraw czy spotkań, a im hojniej obdarowywał wówczas żonę prezentami, tym bardziej jej oczy stawały się smutne. Cierpiała i z innych powodów. Chorowała ciężko na kamienie żółciowe, choć raczej się nie skarżyła.

Anna zarządzała domem, codziennie rano całowała wnuki na dzień dobry i przynosiła jabłka, a zimą także znienawidzony tran, i tak stały rytuał rozpoczynał dzień. Po obiedzie otwierała specjalnym kluczem „słodką szufladę" w swoim biurku, z której dzieci mogły wybrać po trzy cukierki. Wieczorem siadała z wnukami w salonie przy lampie i czasem opowiadała o swoim życiu.

Codziennie też schodziła do kuchni, gdzie „dysponowała obiad". Potem wracała do innych zajęć, a przed samym obiadem wracała, by sprawdzić, jak wykonano jej polecenia. W kuchni królowała „stara Kasia", malownicza postać przepasana fartuchem[91]. Od pięćdziesięciu lat służyła u Kossaków, z Kośmina pojechała z rodziną do Skowródek na Wołyniu, a kolejne lata spędziła w Górkach; tu zmarła i została pochowana. Była podobno doskonałą kucharką, znała przepisy rodziny Kossaków, jak na przykład ten na wielkanocne baby, zaczynający się od słów: „wziąć kopę jaj, żółtka utrzeć z cukrem, białka wyrzucić". Kiedy zaś baby rosły w kuchni pod ławą, otulone

---

[91] Anna Szatkowska, *Był dom...*, op. cit., s. 13.

poduszkami i pierzyną w czerwoną kratkę, pilnowała, żeby nikt nie mówił zbyt głośno, albo, broń Boże, nie trzasnął drzwiami. Do małej Anny Szatkowskiej mówiła: „jesteś chuda jak zajączek", prowadziła do chłodnej, pachnącej jabłkami spiżarni i nabierała dla niej chochlą świeże mleko.

* * *

Obszerna sień, z której, jak pisał Wańkowicz, „uderzało chłodem i zapachem zboża, ziół, suszonych owoców i grzybów"[92], zamykane belką masywne drzwi, pełen skarbów obszerny strych; wszystkie te miejsca zostały uwiecznione w literaturze. W domu mieszkał wspomniany już Kacperek, a jego baśniowa obecność wydawała się bardzo realistyczna. Dzieci od najmłodszych lat o nim słyszały, ciocia Marychna, żona Zygmunta Kossaka, zapewniała, że kiedy szła na strych nakarmić kocięta, Kacperek oświetlał jej drogę; dorośli i dzieci zostawiali skrzatowi świąteczne przysmaki, a jeden z żołnierzy zakwaterowanych w domu rano zameldował zdenerwowany, że nie zamierza w nim pozostać, ponieważ „coś" całą noc ściąga z niego kołdrę. Dzieci wiedziały, że przestraszył się Kacperka.

Poczynania skrzata nie były jedynymi dziwnymi zdarzeniami w tym domu. Pewnego razu, podczas świąt, odwiedziła domowników i gości Jadwiga Kunicka, partnerka do brydża i do rozmowy, którą zwykła prowadzić żywo i dowcipnie. Nie byłoby w tym nic dziwnego, gdyby nie fakt, że od jakiegoś czasu już nie żyła. Wcześniej zawsze

---

[92] Melchior Wańkowicz, *W Górkach Wielkich…*, op. cit., s. 20.

Boże Narodzenie spędzała w Górkach. Tak było i tym razem. Przyszła w środku nocy do pokoju, w którym umieszczono goszczących we dworze panów. Ubrana była w jedwabny kwiecisty szlafrok i przeszła wolno i majestatycznie przez środek pokoju, powtarzając: „Tyle osób, tyle osób, nie ma już dla mnie miejsca..."[93]. Doszła do okna i zniknęła.

* * *

Ozdobą góreckiej posiadłości były niewątpliwie ogród i sad. Zajmowała się nimi Anna Kossakowa. Sprowadzała nowe sadzonki, doglądała upraw, nadzorując pracę Wąsowskiego, ogrodnika sprowadzonego do Górek przez Wojciecha Kossaka. Jedna z mieszkanek wsi opowiadała, że kiedy jeszcze byli dziećmi, zostali obdarowani pomidorami hodowanymi w majątku. „Cóż z tego, kiedy myśmy nigdy czegoś takiego nie jedli, nie wiedzieliśmy nawet, co z tym zrobić, a wstyd było pytać"[94], więc używali ich jako amunicji w czasie zabawy.

Anna Kossakowa była podobno bardzo surowa, jeśli ktoś zniszczył rośliny, owoce lub kwiaty. Jeden z pomocników ogrodnika opowiadał, że pracujący w sadzie robotnicy przywiązali kiedyś nawet do gałęzi jabłka, które ktoś nieopatrznie zerwał, ponieważ obawiali się reakcji dziedziczki. Może i była surowa i wymagająca, ale efekty jej starań były widoczne. Park górecki, którego pozosta-

---

[93] Anna Szatkowska, *Był dom...*, op. cit., s. 29.

[94] Wywiad z Joanną Klimas, mieszkanką Cieszyna, przeprowadzony w kwietniu 2002 r.

łość możemy dziś oglądać, to jej dzieło. Lubiła przebywać w swoim ogrodzie, z założonymi w tył rękami samotnie spacerowała wokół sadzawki.

Zimą tkała kilimy. Zachowało się kilka fotografii, na których widać zawieszone na ścianach góreckiego dworu wzorzyste tkaniny zdobiące już wcześniej wołyński dom Kossaków. Ich kolorów możemy się jedynie domyślać. W Górkach powstawały kolejne tkaniny. Wszystko odbywało się zgodnie z ustalonym rytuałem. Anna przędła wełnę, którą potem zabierały góreckie gaździnki, aby ją zafarbować. Z niej powstawał kolejny kwiecisty kilim, wyczarowywany dzięki zręcznym rękom babci Anny. Warsztat tkacki zajmował ważne miejsce w jej sypialni. Wiele godzin spędzała w swojej samotni, a zainteresowane jej pracą wnuki mogły się przyglądać, pod warunkiem, że nie dotkną niczego, by nie poplątać nici układających się w nowy wzór.

* * *

Fotografie góreckiego domu, których doskonała jakość zdumiewa współczesnych, stały się teraz tapetami zdobiącymi ściany częściowo odbudowanego dworu. Zdjęcia wykonał tajemniczy brat Zofii Kossak – Zygmunt. Pamiętamy go z czasów, kiedy na Wołyniu umieszczano jego fotografie w czasopismach. Zachowało się też zdjęcie, które przedstawia go w dojrzałym już wieku. Spogląda z niego przystojny mężczyzna w mundurze, a na odwrocie znajdziemy odręczny napis: „Mój mąż Zygmunt Kossak w dniu ślubu. Maria Kossak". To właśnie jemu zawdzięcza rodzina osobę bardzo lubianą, ciocię Marychnę, którą do familii Kossaków wprowadził jako swoją żonę. O cioci Marychnie słychać same super-latywy; o Zygmuncie – niewiele. Podobno zaangażował się w jakieś dziwne interesy, stracił sporo pieniędzy, był w więzieniu, a może i popełnił samobójstwo. Zmarł w 1938 roku. Magdalena Samozwaniec pisze, że był to niezbyt udany typ, o którym rodzina niechętnie wspo-minała.

Po jego śmierci Annie i Tadeuszowi pozostało już tyl-ko jedno dziecko – córka Zofia. Była coraz bardziej zna-ną i nagradzaną literatką, więc dom w Górkach często gościł odwiedzających ją pisarzy i innych artystów.

* * *

Gości było sporo, zawsze mile witanych, chociaż nieraz dezorganizowali życie rodzinne i literackie plany gospodyni. Zofia Kossak wspominała w liście do Ma-rii Dąbrowskiej z 21 sierpnia 1928 roku: „Zazdroszczę Pani spokoju sam na sam z pracą. Do nas w tym miesiącu zjechał istny tłum gości, z których każdy z osobna miły, pożądany i niekrępujący, a wszyscy razem pochłaniają czas"[95].

Adresatka listu także tutaj przyjeżdżała, często bo-wiem bywała w pobliskim Jaworzu. Zamieściła w *Dzien-nikach* informacje o swoich spotkaniach z Kossakami. Poznali się w lipcu 1928 roku. Maria Dąbrowska, któ-ra zauważyła, że Zofia jest sympatyczna, a mówiąc, za-bawnie mruży oczy, jakby śniła, zanotowała: „w piątek

---

[95] List Zofii Kossak do Marii Dąbrowskiej z 21 VIII 1928 r., w: Mirosława Pałaszewska, *Listy Zofii Kossak do Marii Dąbrowskiej*, „Ruch Literacki" R. XXXV, 1994, z. 5–6, s. 539.

niespodziewanie przyjechał (...) z wizytą p. Kossak z Górek z córką, autorką »Pożogi«. (...) Zapraszali nas na następny piątek do owych Górek". Pisarka z zaproszenia najwyraźniej skorzystała, bo już parę dni później zachwycała się dworem i jego mieszkańcami: „Kossakowie wskrzeszają szlacheckie tradycje z XVI wieku: orzą, sieją, chodzą na wojnę i piszą. Przechowali w bardzo pięknej czystości piękne i dodatnie cechy szlachty polskiej"[96].

W Górkach Wielkich często bywał Gustaw Morcinek, mieszkający w niedalekim Skoczowie. Bywali i jego goście, na przykład Jan Sztaudynger, który swój pobyt uczynił tematem reportażu *U Pani Kossak-Szczuckiej*. Urokowi gospodarzy starego domu nie oparł się zaprzyjaźniony z pisarką i jej rodziną Melchior Wańkowicz, który docenił przede wszystkim atmosferę i nastrój domu przeniesiony przez rozbitków z dawnych szlacheckich siedzib. Ten nastrój przyszedł, jego zdaniem, z dalekiego Wołynia „z sumiastym wąsem Pana Majora, z dobrym, pańskim uśmiechem starszej pani z Lubelszczyzny"[97].

Wymieniając gości nowej Kossakowskiej siedziby, nie można nie wspomnieć o tyleż genialnym, ile oryginalnym i kontrowersyjnym Witkacym, któremu poświęcimy nieco więcej miejsca. Jest ku temu ważnym powód, ponieważ Witkacy nadal, dzięki swoim obrazom, obecny jest w Górkach Wielkich. Był podobno dumny, że jego żona pochodzi z „tych" Kossaków. Odwiedzał więc nieraz albo sam, albo z żoną, rodzinę w Górkach Wielkich. Ci, którzy pamiętają wizyty Witkacego i Jadwigi, mówią, że miała

---

[96] Maria Dąbrowska, *Dzienniki*, op. cit., t. I, s. 259.
[97] Melchior Wańkowicz, *W Górkach Wielkich...*, op. cit., s. 20.

bardzo arystokratyczne maniery, podobno brzydziła się wręcz dotknąć rzeczy, które, jej zdaniem, nie były sterylnie czyste, i dlatego nosiła rękawiczki. Dzieci zaś wciągały dorosłych domowników i gości w swoje oryginalne zabawy. Goście Kossaków musieli na przykład wypalić z nimi fajkę pokoju. Można sobie tylko wyobrazić, z jakim obrzydzeniem Jadwiga z Unrugów brała do ust „fajkę" zrobioną domowym sposobem. W marcu 1931 roku Witkacy po raz kolejny odwiedził Śląsk Cieszyński. Zamierzał jeździć na nartach. Okoliczności jednak nie sprzyjały jego planom, bo halny spowodował zmianę pogody i śnieg stopniał. Gość góreckiego domu nudził się, więc pojechał do sąsiedniego Skoczowa, kupił zwykły papier i namalował portrety domowników. Określił je jako „bardziej charakterystyczne", a więc mniej udziwnione. Portret Zofii Kossak podpisał jako Maciej Witkasiewicz i opatrzył adnotacją, z której wynika, że nie pił dwadzieścia dni.

Później dzieci Zofii Kossak, które często bawiły się na strychu, zauważyły, że są tam zrolowane papiery, a na nich dziwne obrazy, niektóre z nich nieskończone. Nie zostały wyrzucone, ale przeczekiwały na strychu nieudane próby namalowania Zofii Kossak. Dziś, kiedy mamy okazję w góreckim muzeum przyjrzeć się eksponowanym obrazom Witkacego, musimy docenić geniusz artysty, który sportretował między innymi matkę Zofii Kossak, Annę o smutnych oczach, i jej ojca, sumiastego szlachcica Tadeusza Kossaka.

Do Górek Wielkich przyjeżdżali, oczywiście, krewni z Krakowa. Bracia „byli tak do siebie podobni, że trudno było rozróżnić – wspomina dawna służąca dworu. – Dopiero, kiedy się podeszło bliżej i przemówił nasz pan, wiedziałyśmy, który jest który"[98]. Kiedyś Wojciech ubrał się tak samo jak gospodarz domu, usiadł przy stole, a kucharka pomyliła go z Tadeuszem. Bardzo ich takie sytuacje bawiły. Nie byli jednak ubawieni, kiedy okazało się, że z samochodu, którym przyjechali malarz i jego rodzina, ktoś ukradł owczą czy niedźwiedzią skórę wyścielającą siedzenia. Zaczęto poszukiwania. Złodziej porzucił ją przy ogrodzeniu, a służący, którzy pomagali szukać, dostali za to po parę złotych.

Przyjeżdżały też kuzynki Zofii Kossak, a mąż pisarki wspominał po latach Lilkę i mówił, że bardzo ją polubił. Była, jego zdaniem, przeciwieństwem Madzi: inteligentna, zdolna, towarzyska, choć kiedy ogarniał ją melancholijny nastrój, w ogóle się nie odzywała, tylko słuchała w milczeniu. W zwiewnych strojach przypominała motyla. W Górkach pozostała wspomniana już akwarela, na której siebie umieściła w szklanej kuli czy też bańce mydlanej leżącej na dnie stawu lub potoku.

* * *

Barwną, a jednocześnie dość tajemniczą postacią tworzącą atmosferę dworu w Górkach Wielkich był ojciec Zofii Kossak. Melchior Wańkowicz charakteryzował go jako „imponującego polonusa". Maria Wardas opisywała człowieka silnie zbudowanego, z lekka siwiejącego, chodzącego w bryczesach i oficerskich butach. Aleksander Kamiński wspominał, że w pamięci mieszkańców Górek pozostał jako „postać barwna, może nawet bujna, szerokiego

---

[98] Wywiad z Joanną Klimas, mieszkanką Cieszyna, przeprowadzony w kwietniu 2002 r.

gestu". To był polski dziedzic, szlachcic Sarmata, dość hałaśliwy, niesłychanie żywotny, wybuchający głośnym śmiechem i gwałtownym gniewem. Jego wnuczka Anna napisała we wspomnieniach, że był pełen temperamentu i uroku, przy czym „niestały, towarzyski, pełen projektów, lecz niegospodarny". Grywał ze swoim zięciem w szachy albo brydża, ale nie lubił przegrywać. Na fotografiach widzimy go, kiedy jeździ konno, dogląda dojenia krów, gra w szachy, siedzi na sofie w towarzystwie żony.

W Górkach opowiadano, że pan major, niedostępny, surowy i dostojny, ubrany był zawsze starannie i nie wychodził z domu bez krawata. Co ważne, widziano go często, jak rankiem szedł myć się do pobliskiej rzeki Brennicy. Najwyraźniej żołnierskie życie na dobre go zahartowało, choć w Górkach wiódł już jednak przede wszystkim życie ziemiańskie. Czasem tylko jeździł na polowania i wtedy, jak kiedyś, stawał „pod bronią". Pan major po raz kolejny, tak jak w poprzednich majątkach, zaplanował z rozmachem ryzykowne eksperymenty hodowlane i wprowadził nieznaną na tych terenach rasę krów. Z humorem i nieco frywolnie pisał z Nowego Jorku jego brat Wojciech: „Chisholm tak samo zwariowany co do swoich krów jak Tadeusz, klepie je po nieprzyzwoitych miejscach i kocha się zmysłowo"[99].

* * *

Wertując listy i tom wspomnień Wojciecha Kossaka, znajdziemy sporo życzliwych wzmianek na temat brata.

---

[99] List Wojciecha Kossaka do żony z [8] V [1927 r.] (New York), w: Wojciech Kossak, *Listy do żony i przyjaciół…*, op. cit., t. II, s. 400.

Nazywa go Tadziem, Tadzinkiem, Tadeuszem. Donosi o jego żołnierskich wyczynach i zabawnych sytuacjach wynikających z ich wzajemnego podobieństwa. Zachowało się ciekawe zdjęcie: bracia stoją na ganku góreckiego dworu. Są jednakowo ubrani, podobni do siebie jak dwie krople wody. Nie tylko ubierali się jednakowo, ale równocześnie nawet farbowali włosy, a Wojciech z samego Nowego Jorku pisał 31 grudnia 1920 roku: „Z Tadzinkiem będzie bieda, bo on pewnie znowu całkiem siwy, a ja tu mam taką pyszną farbę niedrogą, że aże radość"[100]. W końcu bracia zrezygnowali z poprawiania własnego wyglądu, a inicjatorem tej zmiany był Wojciech. Uprzedzał rodzinę czekającą na jego powrót z Paryża w kwietniu 1924 roku: „Przygotujcie się, że wrócę siwy całkiem, bo mi się już to farbowanie sprzykrzyło i zawsze podle wygląda. Piszę do Tadeusza, żeby się dostroił do tegoż diapazonu"[101]. Tadeusz dostosował się do tegoż diapazonu i znów byli podobni jak dwie krople wody, a Wojciech, jak pisała Magdalena Samozwaniec, razu pewnego nawet „wziął siebie za Tadeusza"[102] i po sutej libacji, schodząc po schodach Hotelu Europejskiego w Warszawie, chciał witać się ze swoim odbiciem w wielkim lustrze stojącym naprzeciwko. Co więcej, odwiedzającego Kossakówkę Tadeusza wróble myliły z gospodarzem i kiedy wychodził na ganek, „oblatywały go chmarą", tak jak zwykły to czynić, gdy z domu wychodził Wojciech.

---

[100] List Wojciecha Kossaka do żony z 31 XII 1920 r. (New York), w: Wojciech Kossak, *Listy do żony i przyjaciół...*, op. cit., t. II, s. 260.

[101] List Wojciecha Kossaka do żony z 27 IV 1924 r. (Paryż), w: Wojciech Kossak, *Listy do żony i przyjaciół...*, op. cit., t. II, s. 349.

[102] Magdalena Samozwaniec, *Zalotnica niebieska...*, op. cit., s. 20.

* * *

Malarz został powiadomiony o wielkich dobrach, które jego brat gospodarujący w Górkach mógłby zdobyć na własność, ale brakuje mu pieniędzy. Jak zwykle pomógł i w liście z 27 marca 1930 roku pisał do żony: „Strasznie się ucieszyłem, że Górki Tadeusza. I pomyśl sobie, co za wieczny wyrzut, gdybyśmy im nie byli pomogli, wystawiam sobie, jacy muszą być szczęśliwi"[103]. Według dokumentów akt kupna sporządzono 15 lutego 1930 roku.

Gospodarstwo góreckie było, zdaniem Tadeusza, powodem do dumy. Być może usłyszał wiele pochwał podczas wizyty ministra rolnictwa na Śląsku Cieszyńskim w 1925 roku. Nie mamy jednak pewności, gdyż to sam Tadeusz Kossak jest autorem prawie entuzjastycznego artykułu relacjonującego to zdarzenie. Minister rano 30 marca zwiedził folwark Górki Wielkie, „przy czem specjalnie zainteresował się miejscową oborą, bo rzeczywiście w tutejszych warunkach podgórskich na doskonałych pastwiskach, wysoko położonych, hodowla dobrych krów górskiej rasy jest zupełnie racjonalną"[104].

* * *

Radość z nabycia góreckich dóbr na własność nie trwała długo, a Wojciech Kossak miał przez całe lata

---

[103] List Wojciecha Kossaka do żony z 27 III 1930 r. (Burlingame), w: Wojciech Kossak, *Listy do żony i przyjaciół...*, op. cit., t. II, s. 481.

[104] Tadeusz Kossak, *Pobyt p. Ministra Rolnictwa na Śląsku Cieszyńskim*, „Polonia", kwiecień 1925 r.

ponosić konsekwencje wielkodusznego gestu wobec brata. W grudniu 1931 roku wiedział już, że jego pomoc była daremna. Tadeusz długu prawdopodobnie nigdy nie odda, a on sam nieustannie musiał będzie „stawić czoło (…) całej gromadzie wierzycieli (…) brata". Będzie próbował, jak pisze, wydobyć się z tego kłopotu, w jaki go wpakowało braterskie uczucie. Cóż było robić, podpisał weksle, a o pożyczkę błagał nawet jedną ze swoich bliskich przyjaciółek, do żony zaś napisał: „Boże, Boże, co nam te Górki narobiły. Ale będziemy się grzebać, Maniusiu, i da Pan Bóg wygrzebiemy"[105]. Wojciech nie miał pretensji do brata. Współczuł mu nawet, bo i jego samego katastrofa Górek zgnębiła zupełnie. W dodatku od brata bliźniaka otrzymywał dramatyczne listy, a w nich „jeden wyraz zgnębienia i upadku na duchu". Między wierszami doszukiwał się nawet pragnienia śmierci jako jedynego wybawienia z nieszczęsnego położenia. Czym prędzej więc zatelegrafował: *sursum corda*.

Co roku przyjeżdżali do Górek Rusini, żeby pomagać w polu. Wieczorami pięknie śpiewali. W 1933 roku trwał kryzys i Tadeusz już nie mógł ich zatrudnić. Śpiewy ucichły.

* * *

Nie wiemy, czy tzw. postępowanie konkursowe, które trwało wiele lat, wynikało z niegospodarności, „szerokiego gestu" i ryzykownych eksperymentów hodowla-

---

[105] List Wojciecha Kossaka do żony z 6 IV 1933 r. (Warszawa), w: Wojciech Kossak, *Listy do żony i przyjaciół…*, op. cit., t. II, s. 565.

nych Tadeusza Kossaka, czy też zawinił kryzys gospodarczy państwa i górecki gospodarz był wobec niego bezsilny. W cieszyńskim archiwum znajdziemy skomplikowaną i niepełną dokumentację, z której wynika, że dwa lata po przejęciu Górek właściciel zgłosił wniosek o „otwarcie konkursu", czyli, innymi słowy, rozpoczęła się długotrwała procedura związana z licytacją zadłużonego majątku. Wiele wskazuje na to, że sytuacja znów wymknęła się panu majorowi spod kontroli. Bardzo delikatnie i oględnie napisał o tym na przykład Aleksander Kamiński, który jako sąsiad góreckiego dworu wiedział, co mówiono we wsi na temat jego właściciela. Nie mówiono, niestety, najlepiej i wręcz w jego przymiotach charakteru widziano przyczynę „nieznośnego zadłużenia majątku" i „katastrofy materialnej, która zawisła nad rodziną". Pan major, zadłużony i pozbawiony perspektyw, nie chciał płacić robotnikom, nic więc dziwnego, że byli i tacy, którzy go krytykowali i dopominali się o swoje. Anonimowy nadawca listu skierowanego do lokalnej gazety opisywał w 1957 roku dawne czasy, zaznaczając, że Tadeusz Kossak okradał robotników, nie płacąc im „najlichszych nawet zarobków", a kiedy głośno upominali się o pieniądze, „zostali okrzyczani żydokomuną z groźbą sprowadzenia policji"[106]. Nie wiemy, ile w tym anonimie prawdy, ale wiemy na pewno, że sytuacja finansowa stawała się z roku na rok coraz gorsza. W listach Zofii Kossak, dokumentach i wspomnieniach znajdują się określenia: katastrofa, krach, fatalne położenie finansowe,

[106] Anonimowy list z 17 III 1958 r. do redakcji „Głosu Ziemi Cieszyńskiej" w Cieszynie i CKW PZPR w Katowicach i Ludwika Brożka. Kopia listu znajduje się w archiwum Ludwika Brożka w Centrum Wiedzy o Regionie w Cieszynie.

upadłość majątku, nieprzewidziana katastrofa gospodarcza, kompletna i długotrwała ruina rolnictwa.

* * *

Zajęła się bardzo energicznie ratowaniem majątku. Aleksander Kamiński zapamiętał, że pisarka zdecydowała się „wziąć sprawy góreckie we własne ręce". Rozpoczęła od wędrówek po urzędach, aby uchylić bezpośrednie niebezpieczeństwo licytacji i eksmisji, a podobno, kiedy sytuacja gospodarstwa była już tak zła, że brakowało na bilet kolejowy ze Skoczowa do Katowic, Zofia Kossak odbywała tę drogę na rowerze. Wiadomo na pewno, że dość daleką trasę pokonywała w ten sposób, ale nie wiadomo, jaki był tego powód i czy rodzina aż tak zubożała, że nie stać ją było na bilet.

W powieści współczesnej *Dzień dzisiejszy...* napisała o szlachcicu zmagającym się z kryzysem gospodarczym. Próbuje, tak jak ona, za wszelką cenę „nie dopuścić do protestu", a w jego kalendarzyku czerwonym atramentem zaznaczone są terminy, weksle prolongowane, weksle do inkasa, a to wszystko jest jego nieustanną zmorą, choć kalendarzyk z daleka wygląda „jak nieustająca niedziela"[107].

Gustaw Morcinek, sąsiad ze Skoczowa, napisał 30 maja 1932 roku: „P. Kossak-Szczucka znajduje się obecnie w bardzo krytycznem położeniu finansowem i to jest może po części powodem, że obniżyła lot, bo musi pisać »od wiersza«, żeby coś zarobić"[108].

---

[107] Zofia Kossak, *Dzień dzisiejszy...*, op. cit., s. 85.
[108] List Gustawa Morcinka do Alfreda Jesionowskiego z 30 V 1932 r., w: *Gustawa Morcinka listy do Alfreda Jesionowskiego z lat 1932–1935*, Katowice 1973, s. 14.

Kiedy pisarkę odwiedził Melchior Wańkowicz, zauważył, że coś niedobrego się dzieje, choć nie mówiła, że przeżywa poważne kłopoty. Oto jego dyskretny opis: „Ogromna fioletowa chmura wypłynęła gdzieś na skraju łańcucha gór na niebo. (...) Autorka pobiegła okiem za moim spojrzeniem. (...) Uśmiechnęła się: – Byle przetrwać..."[109].

Niedawno cała rodzina cieszyła się z nowego samochodu, a najwcześniejsze wspomnienia Anny Szatkowskiej to między innymi ciemnozielony ford z otwieranym dachem. Teraz zaś Wańkowicz usłyszał: „Co tam mówić o aucie. Już zwróciliśmy numer. Ja teraz marzę o dobrym rowerze. Jestem ruchliwa. Wie pan, taki z wolnym kołem..."[110].

* * *

Na ratunek przybył zaprzyjaźniony z nią wojewoda Michał Grażyński. Oto Związek Harcerstwa Polskiego „oświadczył gotowość nabycia od Masy Konkursowej wszelkich inwentarzy żywych i martwych, zapasów płodów rolnych, tudzież dokonanych odsiewów"[111]. W imieniu ZHP występował sam Michał Grażyński. Zgodnie z przewidywaniami likwidacja masy konkursowej miała być przeprowadzona w pierwszych dniach maja 1935 roku. Tadeusz stracił majątek, ale jak napisała Zofia Kossak w liście do Marii Dąbrow-

---

[109] Melchior Wańkowicz, *W Górkach Wielkich...*, op. cit., s. 21–22.
[110] Ibidem, s. 21.
[111] *Akta w sprawie postępowania konkursowego do majątku dłużnika Tadeusza Kossaka*. Akta w zbiorach Oddziału Terenowego Wojewódzkiego Archiwum Państwowego w Cieszynie.

skiej, udało się „utrzymać dom i ogród"[112]. Poza tym zostały spłacone długi, a w Górkach wybudowano słynne ośrodki harcerskie na Buczu. Zofia Kossak, która z nimi sąsiadowała, była zafascynowana tym ruchem. Jej pierwsze kontakty z harcerstwem były, jak przyznaje Kamiński, „kontaktami z przypadku, uwarunkowanymi przejmowaniem przez Związek Harcerstwa Polskiego części majątku ojcowskiego". Pisarka, obserwując pracę instruktorów i zachowanie młodzieży, „w znacznym stopniu zidentyfikowała się z tym ruchem oraz zbliżyła emocjonalnie do grupy ludzi realizujących harcerstwo"[113].

Z pewnością utrata majątku stanowiła bolesne przeżycie dla rodziny, dla której zwłaszcza hodowla koni była zawsze prawdziwym żywiołem. Przeprowadzona kilkakrotnie inwentaryzacja majątku świadczy o tym, że znaczną część inwentarza żywego stanowiły konie, którym nadawano charakterystyczne imiona, na przykład: Kasztanka, Gidron, Greta, Lora, Marta, Deresz, Alraune, Franek, Bucefał, Maryna, Janek i Emilia.

* * *

Tadeusz Kossak umarł przed wojną, przeżywszy 78 lat. Chorował na arteriosklerozę. Nie dożył nawet zakończenia postępowania konkursowego swojego majątku. Zmarł w lipcu 1935 roku i spoczął na miejsco-

---

[112] List Zofii Kossak do Marii Dąbrowskiej z 13 II 1932 r., w: Mirosława Pałaszewska, *Listy Zofii Kossak do Marii Dąbrowskiej...*, op. cit., s. 547.

[113] Aleksander Kamiński, *Wspomnienie o pani Zofii*, w: *Zwyczajna świętość...*, op. cit., s. 107.

wym cmentarzu. Niektórzy górczanie wspominają jeszcze pogrzeb „pana majora". Zjechali członkowie rodziny i przyjaciele, oczywiście przyjechali Kossakowie z Krakowa. Anna Szatkowska, wówczas siedmioletnia, pamięta ten dzień, mnóstwo ludzi na cmentarzu i moment, kiedy trumnę zaczęto spuszczać do grobu. Nagle zrozumiała, co się dzieje, i zawołała rozpaczliwie: „Dziadziu! Dziadziu!". Ojciec wziął ją na ręce i stamtąd zabrał.

Odwiedzający ten cmentarz mieszkańcy Górek i przyjezdni mogą odczytać napis na monumentalnym głazie:

D.O.M.
Tadeusz Kossak
Major WP.

Według łacińskich słów, których pierwsze litery wyryto w skale, majora powierzono Bogu Najlepszemu i Największemu. Głaz ten został umieszczony na grobie w 1960 roku. Jak się okazało, zamontowanie pomnika nie było łatwe. Córka Tadeusza chciała, żeby nagrobek był prosty, bezpretensjonalny, ale potężny. Okazało się, że „skromny kawałek skały, tak jak go wyłupano w kamieniołomie, (...) ważył przeszło 2 tony". Firma dostarczyła go do wrót cmentarza. Zofia Kossak pisała: „Ile emocji, trudu, sposobów zanim się go wciągnęło pod górkę i omijając szczęśliwie inne groby, postawiło na miejscu. No, ale teraz już stoi"[114].

Stoi do dziś.

[114] List Zofii Kossak do Marii Kossak z 27 X 1960 r., w: Franciszek Rosset, *Górki Wielkie w listach Z. Kossak-Szatkowskiej do rodziny (1957–1968)*, „Watra". Rocznik Beskidzki, Bielsko-Biała 1992, s. 92.

* * *

Okres dwudziestolecia międzywojennego był niewątpliwie dla Zofii Kossak czasem sprzyjającym pracy twórczej. Większość uznanych przez krytykę powieści powstała właśnie w tym okresie. Są wśród nich książki poświęcone Śląskowi: *Nieznany kraj, Wielcy i mali*; utwory dla dzieci i młodzieży: *Kłopoty Kacperka góreckiego skrzata, Topsy i Lupus, Bursztyny, Gród nad jeziorem, Warna, Puszkarz Orbano, Legnickie pole*; opowieści hagiograficzne: *Szaleńcy boży*, a przede wszystkim wielkie powieści historyczne: *Złota wolność, Trembowla, Beatum scelus* i trylogia, która przyniosła jej światowy rozgłos: *Krzyżowcy, Król trędowaty, Bez oręża*. Pod względem liczby przekładów znacznie wyprzedziła wielu twórców. Są więc tłumaczenia na języki: angielski, czeski, chorwacki, duński, fiński, francuski, hiszpański, holenderski, japoński, niemiecki, norweski, portugalski, słowacki, szwedzki, włoski. Doceniono jej pracę, przyznając w 1936 roku Złoty Wawrzyn PAL za wybitną działalność literacką. Została też odznaczona Złotym Krzyżem Zasługi, Krzyżem Kawalerskim Polonia Restituta oraz hiszpańskim Krzyżem Zasługi Zakonu Rycerskiego św. Łazarza I klasy.

* * *

W góreckim parku przy kamiennym stoliku i na wiklinowym fotelu w salonie starego dworu powstawały książki ocenione przez krytyków i czytelników jako oryginalne, interesujące, niezwykłe, ale także chybione, nieudane, a nawet grafomańskie. Charakteryzując warsztat pracy Zofii Kossak-Szatkowskiej, trzeba nadmienić, że pisała często odręcznie, w brulionie. Jej pismo jednak było bardzo nieczytelne, dlatego część tekstów pisała na maszynie, odkąd otrzymała ją w prezencie od stryja. Pisała o tym w liście do Marii Dąbrowskiej z 1931 roku. Siostrze Marii Adamaszek, opiekunce dzieci, zwierzyła się: „Ja sama tak bazgrzę, że nieraz dziwię się, że ludzie mogą mnie przeczytać. To z powodu, że tak dużo piszę"[115].

* * *

Wnuczka Juliusza miała i tę zaletę, że pracowała w skupieniu w warunkach, które skupieniu raczej nie sprzyjały. Dzieci wdrapywały się na kolana i domagały, aby matka namalowała pociągi, goście wzywali do rozpoczętej właśnie partii brydża lub wzięcia udziału w ożywionej dyskusji, psy szalały, chcąc zwrócić i na siebie uwagę, a Zofia Szatkowska pozornie tylko uczestniczyła w życiu domu. Myślami była gdzie indziej. Na bitewnych polach, gdzie o wielką sprawę walczyli krzyżowcy, w drodze do Kodnia, gdzie Sapieha chciał umieścić skradziony samemu papieżowi obraz Madonny, albo na śląskiej ziemi, gdzie dokonywały się rzeczy wielkie i piękne, choć mało znane. Z rozmachem więc kreśliła kolejne, trudno czytelne zdania w opasłych brulionach i tak właśnie powstawały jej najlepsze dzieła. Od pracy odrywała się, jak wspominają jej znajomi, bez cienia zniecierpliwienia, gotowa uczestniczyć we wszystkich sprawach i problemach, z jakimi się do niej zwracano.

* * *

---

[115] List Zofii Kossak do Marii Adamaszek z 3 VI 1929 r. Por. przyp. 80.

Niejednokrotnie rezygnowała z propozycji wydawców lub organizatorów spotkań z pisarzami, a swoją odmowę usprawiedliwiała zbyt licznymi obowiązkami domowymi. „Pomijając bardzo terminową pracę, którą kończę, maleńki a liczny drobiazg dziecinny uniemożliwia mi wszelki dalszy wyjazd z domu"[116] – pisała do organizatorów wieczoru literackiego w Bydgoszczy w październiku 1928 roku. Co więcej, uważała, że wieczór literacki z jej udziałem nie udałby się na pewno, i tłumaczyła, że nie wymawia wyraźnie „r".

Zawsze powtarzała, że talent to dar, a praca literacka winna być służbą. Pisarstwo historyczne określała jako żmudną robotę, która wymaga drobiazgowych i uciążliwych nieraz poszukiwań, penetrowania źródeł, ścisłości i uczciwości. Nie ma miejsca na natchnienie. Gdyby autor na nie czekał, niewiele zdążyłby napisać. „Cóż to jest natchnienie? – pytała w jednym z listów. – Szczęśliwe momenta, w których talent bierze górę nad właściwym każdemu człowiekowi lenistwem i przynagla do działania"[117].

Każdy tekst wymagał wielu godzin pracy, więc zirytowana napisała w liście do Stanisława Maykowskiego, który zaproponował zredagowanie kolejnego fragmentu do okolicznościowej jednodniówki (okazało się, że zostało niewiele czasu na napisanie tekstu): „Jakim czołem – zapytuję patetycznie, ha! jakim czołem mógł

---

[116] List Zofii Kossak do Witolda Bełzy z 18 XI 1928 r. Korespondencja w zbiorach Wojewódzkiej Biblioteki Publicznej w Bydgoszczy.

[117] List Zofii Kossak do Zdzisławy Dec-Skarżyńskiej z 4 II 1967 r. Korespondencja w zbiorach Muzeum Zofii Kossak-Szatkowskiej w Górkach Wielkich.

Pan je podpisać własną ręką, zielonym atramentem, wiedząc, że muszę odmówić (...). Do stu buczków, nie jestem ostatecznie maszyną do pisania. Kiedy ja mam to zrobić?! Powie Pan: wielka rzecz, cztery opowiadania po parę stron... Akurat! A studia?! (...) ja do każdego muszę przeczytać furę literatury, przygotować się jak do matury, samo pisanie to głupstwo"[118].

Prawie każda jej nowa praca wymagała prawdziwych studiów historycznych. Opowiadała o tym wielokrotnie, dodając, że pomagał jej mąż, który nie tylko tłumaczył część dokumentów, ale i szkicował ogromne mapy, rozkładał na podłodze i wyznaczał na nich kierunki marszu drużyn rycerskich, położenie grodów i wiele innych szczegółów.

* * *

Wykorzystywała nie tylko mapy i dokumenty, wiele miejsc chciała zobaczyć na własne oczy, żeby je później móc opisać. Mówiono, że w *Krzyżowcach* zgadzały się wszystkie opisane skrupulatnie przez autorkę szczegóły topograficzne. Zgadzały się pewnie również dzięki temu, że wiele z nich widziała sama, wybrała się bowiem w długą podróż do Ziemi Świętej, zanim napisała tę ważną, o ile nie najważniejszą powieść. Robiła tak zresztą bardzo często – wyruszała do Medyki, na Górny Śląsk, Opolszczyznę, żeby zobaczyć na własne oczy, żeby spenetrować archiwa, a dopiero potem zabrać się do pisania. Zafascynowana

[118] List Zofii Kossak do Stanisława Maykowskiego z 1 X 1928 r. Por. przyp. 78. Zofia Kossak pisze o „Jednodniówce" poświęconej dziesiątej rocznicy walki o Lwów.

harcerstwem brała udział w międzynarodowych zlo-
tach skautów, a potem powstały opisujące je książki dla
młodzieży pt. *Szukajcie przyjaciół* i *Laska Jakubowa*
– ta druga była też reportażem z podróży przez nazi-
stowskie Niemcy.

* * *

Wyjazd do Ziemi Świętej zaowocował nie tylko „wra-
żeniami z pielgrzymki" zatytułowanymi *Pątniczym szlakiem*, ale przede wszystkim „epopeją krucjat", która
przyniosła pisarce prawdziwy rozgłos. Warto w tym miejscu zwrócić uwagę na to, jak podróżowała, jakie refleksje
towarzyszyły obserwowaniu przez nią ludzi i miejsc i jak
zbierała materiały do swoich powieści.

Pielgrzymka do Egiptu i Ziemi Świętej, której or-
ganizatorem był częstochowski biskup Teodor Kubina,
zrobiła na pisarce wielkie wrażenie. Oto miała okazję
zobaczyć egipskie piramidy, które ją chyba nieco rozcza-
rowały, uśmiech Sfinksa: „bezmyślny i wzniosły, obojęt-
ny, przeraźliwie bezosobowy"; Kair, w którym na szczęście „w miesięcznym blasku zacierał się wschodni brud
i nędza"[119], a została sama baśń; lekką, białą kolumnadę
resztek świątyni Afrodyty w Grecji i przede wszystkim
Ziemię Świętą.

Opisała swoje przeżycia, których i dzisiaj, po latach,
doświadczają współcześni turyści i pielgrzymi. Oto bowiem raziły ją natrętne, kolorowe reklamy obok pira-
mid, jarmark i targowisko, którego atmosfera niejeden

---

[119] Zofia Kossak, *Pątniczym szlakiem. Wrażenia z pielgrzymki*,
Instytut Wydawniczy PAX, Warszawa 1959, s. 52.

raz uniemożliwiała odtworzenie w wyobraźni dawnych czasów, drażnili „ludzie chciwi na bakszysz". Niechętnie patrzyła, jak kobiety, zamiast oryginalnych dzbanów, noszą teraz „szpetne kwadratowe blaszanki od benzyny z wielkim napisem »Mobiloil«. Tak to cywilizacja wypycha i zabija piękno"[120] – narzekała. Zauważyła banalność ozdób w miejscach, które chciałaby oglądać w pierwotnym kształcie. Widząc skałę Golgoty przykrytą blachą i marmurem, zapyta: „kto śmiał?". Kiedy zbliżała się wraz z innymi do Grobu Chrystusa, nazwała swój stan psychiczny niemożliwy do określenia, szła „w rozdwojeniu zupełnym", odczuwała uniesienie i rozczarowanie, bo u wezgłowia mnich grecki stojący na straży patrzył spode łba i nakazywał pośpiech. A jednak udawało jej się zauważyć urok miejsca, w którym Bóg stał się dzieckiem ludzkim, kiedy w Betlejem uczestnicy pielgrzymki stali „ciasno ramię przy ramieniu i zda się, jakby dźwigali cały ciężar świata pogrążonego w wielkim Adwencie"[121]. Wspomniała beskidzką kolędę *Oj Maluśki* na Polu Pasterzy, gdzie nie było śladu pasterzy, ale były za to butelki pozostawione przez turystów.

Wielkie wrażenie zrobiły na niej Lithostrotos, salka wieczernika, kamienie, „nieme świadki, które widziały łamanie chleba, umywanie nóg i Judasza, który pytał: »Zali to ja, Panie«" i zwierzała się, że „wizje tamtych zdarzeń tamują dech w piersi". Na Górze Oliwnej oglądała drzewa podobne do tamtych, sprzed wieków, bo ich korzeń jest ciągle ten sam. Zobaczywszy Drogę Krzyżową, powiedziała: „trzeba iść kręcącą się bezskładnie

---

[120] Ibidem, s. 186–187.
[121] Ibidem, s. 132.

w nawrotach pozornie niewytłumaczonych, klękając na ostrym, niechlujnym bruku, trzeba się modlić wśród przyglądającej się natrętnie arabskiej gawiedzi, przeciskać przez ciasne uliczki (...), trzeba płakać nad pohańbieniem tej świętej drogi"[122].

* * *

Wyobraźnia podsuwała jej różne obrazy. Już wówczas zobaczyła krzyżowców, rycerzy zwycięskich i pokonanych, a niektóre obrazy zapowiadają sceny, które z rozmachem godnym Kossakówny namaluje w powieściach. Oto przeniosła się do XIV wieku, kiedy to galery, którymi przypłynęli joannici na Rodos, uderzyły twardo dziobem o stopnie portowe. Zachrzęściły stalowe kroki, powiały czarne płaszcze naznaczone białym krzyżem. „Wysiedli ci jedyni z kolejnych władców, co zawładnęli wyspą, a nie wyspa nimi"[123]. W Jerozolimie znalazła się w czasach wojen krzyżowych i zobaczyła rycerzy: „Nadchodzą. Krwawa ich droga usiana trupem, cudami i męstwem. (...) Krew płynie strugą, (...) wloką się na kolanach do Grobu zwycięzcy. Staplani we krwi, kolczugą zaczepiają wyprute jelita wrogów. (...) Suną barbarzyńscy i wyniośli, potworni i wniebowzięci"[124]. Zobaczywszy zaś „złowieszcze siodło Hattim, gdzie się skończyła epopeja Franków", być może zaplanowała już niektóre sceny nowej powieści i zdecydowała, że będzie to opowieść o klęsce krzyżowców, którzy w wyniku samowoli

---

[122] Ibidem, s. 91.
[123] Ibidem, s. 24.
[124] Ibidem, s. 108.

i egoizmu zdemoralizowanych książąt nie zdołali obronić Grobu Świętego.

* * *

Podróżując, Zofia Kossak obserwowała nie tylko miejsca, lecz także ludzi, a zwłaszcza innych pielgrzymów. Dostrzegała różne typy ludzkie, twarze gorące, inteligentne, pełne zapału, życzliwe, ale i tępe, przygasłe, wiecznie urażone. Opisała ich uciążliwe narzekanie na wszystko, co polskie, które w chwili powrotu zmieniło się w radość, kiedy na granicy nareszcie zobaczyli granatowe mundury policji polskiej. Wspomniała o tym, jak na statku pielgrzymi „kraczą złowieszczo", widząc już całą pielgrzymkę na dnie morza, bo statek jest skromny, starego typu i licho utrzymany, więc krytykują z minami zawodowych marynarzy. Ich zdaniem, jeżeli uda się przebyć szczęśliwie Morze Śródziemne, to tylko po to, by zginąć marnie na Czarnym.

Ona sama nie znalazła się w grupie malkontentów, ale tę grupę opisała.

Na koniec tak scharakteryzowała Ziemię Świętą: „Judea zabrała dla siebie wszystek ból i mękę, Galilea radość Dobrej Nowiny i czułość Dobrego Pasterza. Judea – to Ukrzyżowanie. Galilea – to Góra Ośmiu Błogosławieństw"[125]. Opuszczając tę ziemię, była, jak inni, wzruszona i zachowała w pamięci nie tylko wielkie i podniosłe uczucia, lecz także drobiazgi, takie jak smak kawy arabskiej: gorącej, gęstej i pachnącej, jako ostatnie wrażenie wyniesione z Tyberiady.

---

[125] Ibidem, s. 165.

* * *

Kolejne książki przynosiły Zofii Kossak coraz większą popularność. Wkrótce okazało się, że nie tylko w kraju, ale i za granicą. Wojciech Kossak, przebywając w 1923 roku w Paryżu, odnotował w listach do rodziny, że *Pożoga...* ma powodzenie i mówi się o niej wiele. Gdy przybył do Ameryki, przedstawił się, mówiąc, że jego nazwisko jest znane w Polsce. Usłyszał wtedy, że „w ich *Almanachu* jest wprawdzie Kossak, ale to jest *a girl. Sophie*".

Dodajmy jeszcze, że w rodzinie niejednokrotnie dyskutowano na temat książek Zofii Kossak i to nie zawsze życzliwie. Znów oddajmy głos stryjowi Wojciechowi, który pisał z Warszawy 7 listopada 1935 roku: „Nasza Maria mile połechtana wawrzynem złotym, tylko uważa, że Szczuka powinna była dostać także"[126] (M. Pawlikowska-Jasnorzewska dostała w 1935 roku Złoty Wawrzyn PAL-u, a Zofia Kossak rok później).

W 1931 roku Maria pisała z żalem: „Mnie wzięli za Zofię Kossak-Szczucką, potem za Madzię – ale o mnie nie wiedzieli"[127]. Maria uważała, że Zofia i jej twórczość miały zawsze wpływ na ludzi niezbyt mądrych, ona sama zwracała się do elitarnego czytelnika. Nic też dziwnego, że w chwili szczerości w liście do męża napisała zgryźliwie: „Pończochy jedwabne są bardzo poetyczne, skarpetki zaś z tej samej rodziny pochodzą, trochę się tylko róż-

---

[126] List Wojciecha Kossaka do żony z 7 XI 1935 r., w: Wojciech Kossak, *Listy do żony i przyjaciół...*, op. cit., t. II, s. 625.

[127] List Marii Pawlikowskiej do Ireny Weissowej z czerwca 1931 r., w: Maria z Kossaków Jasnorzewska, *Listy do przyjaciół i korespondencja z mężem (1928–1945)*, opracował i wydał Kazimierz Olszański, Wydawnictwo Kossakiana, Kraków 1998, s. 5.

nią, jak Zosia Szczuka ode mnie (ja jedwab, ona bawełna, trochę przepocona)"[128].

W listach Wojciecha Kossaka znajdziemy nieraz złośliwości pod adresem Zofii Kossak. „Lotek na wieczorze wczoraj spotkał »Pożogę«, bardzo była tykająco familijna" – pisał z przekąsem z Warszawy 12 stycznia 1936 roku. Nie odwiedzali się chyba specjalnie często, bo 22 lutego 1938 roku informuje: „Byłem wczoraj na bridżu u Szatkowskich z Jadwigą. Dałem się zmiękczyć, paskudna ona i niesympatyczna ta Zofia, ale ostatecznie do blasku tego niezwykłego rodu się przyczynia także... pal sześć. On, odprowadzając mnie na schody, głęboko wzruszony mi dziękował, a ona zaraz dziś przysłała dwa tomy »Bez oręża«"[129].

Pretensje rodziny dotyczyły pieniędzy pożyczanych przez Wojciecha Tadeuszowi „na wieczne nieoddanie", a także – a może przede wszystkim – przedwojennej popularności.

* * *

„Ciągle czekam na coś godnego jej wielkich zdolności, a cóż to jest? Prestidigitatorstwo, wytrząsanie z rękawa kolorowych piórek i dmuchanie na nie, żeby wiatr je poniósł, gdzie chce"[130] – odpowiedziała Zofia Kossak zapytana o twórczość swojej kuzynki, Marii z Kossaków

---

[128] List Marii Pawlikowskiej do męża z dnia 22 IV 1942 r., w: Maria z Kossaków Jasnorzewska, *Listy do przyjaciół i korespondencja z mężem...*, op. cit., s. 326.

[129] List Wojciecha Kossaka do żony z 22 II 1938 r., w: Wojciech Kossak, *Listy do żony i przyjaciół...*, op. cit., t. II, s. 668.

[130] List Zofii Kossak do Stanisława Maykowskiego z 8 VII 1926 r. Por. przyp. 78.

Pawlikowskiej. Dodała, że ma ona olbrzymi talent, malarski i literacki, a zdanie to powtórzyła w prywatnym liście już po jej śmierci. Uważała jednak, że poetka ten talent marnuje, może dlatego, że ma życie „bardzo puste", więc jeździ, bawi się, jest w „nieustannym pseudoruchu, byle to czemś wypełnić". Najwyraźniej Zofia Kossak zgodziła się z krytyczną recenzją, która wyszła spod pióra Ostapa Ortwina. Nie oszczędził on autorki poetyckich miniatur i napisał, że jej wiersze, a raczej „pieściwe poezyjki to cacka i błyskotliwe świecidełka". Rozzłoszczona Pawlikowska odpowiedziała: „Ortwin, Ostap mnie w spokoju". Na pewno to samo pomyślała o znanej już wówczas kuzynce.

* * *

Zofii Kossak nie spodobały się wiersze Lilki, nie zrozumiała też utworu Jana Sztaudyngera *Matka Boska na nartach* i nazwała go „akatolicką parodią".

Oczywiście, znajdziemy i pozytywne opinie o twórczości kolegów po piórze. „Zacna niewiasta" – pisała w liście do Zegadłowicza o Marii Dąbrowskiej, zachwycając się jej twórczością. Od razu doceniła *Noce i dnie*. „»Uśmiech dzieciństwa« przeczytałam, przeżyłam, wzięłam w serce – pisała w 1928 roku, odnajdując w nim swoje wrażenia i przeżycia. – Nie będę mówić ile łez kosztował mnie »Janek«. Pani wie dlaczego"[131] – zwierzyła się. Opowiadanie Marii Dąbrowskiej z 1914 roku

---

[131] List Zofii Kossak do Marii Dąbrowskiej z 12 VIII 1928 r., w: Mirosława Pałaszewska, *Listy Zofii Kossak do Marii Dąbrowskiej...*, op. cit.

zaczyna się od znamiennego zdania: „Janek był najcudowniejszym chłopakiem na świecie". Tak samo matka myślała o pierworodnym Julku. I tak samo jak on nagle zachorował. Miał czterdzieści stopni gorączki. Wydawało się, że to zwykłe przeziębienie. Cztery dni później gorączka powróciła. Okazało się, że nie ma już ratunku. Janek umierał na dyfteryt. Rodzice byli przerażeni. Janek rozpaczliwie walczył o życie. Zapewniał matkę, że nie umrze. „Około siódmej wieczorem kazał sobie przynieść do łóżka małą roczną siostrę (...). Było to jego ostatnie życzenie. (...) Około dziesiątej Janek zaczął się dusić. (...) Matkę odciągnęli. (...) Janek skonał sam"[132].

Krótki utwór opisuje szczegóły śmierci chłopca. Zofia Kossak nigdy nie opowiedziała tak dokładnie o ostatnich godzinach życia pierworodnego Julka Szczuckiego, ale może przeczytany w utworze Dąbrowskiej opis bardzo przypominał to, co wydarzyło się w góreckim dworze.

Nie tylko *Uśmiech dzieciństwa* doceniła pisarka. Zachwycił ją też *Marcin Kozera*. „Pani, to jest wspaniała rzecz! – gratulowała autorce. – Mocna, zwarta, mądra, głęboka. To powinno być rozszerzane, reklamowane, znane wszędzie we wszystkich ośrodkach polskich za granicą"[133].

Zofia Kossak dostrzegała nie tylko uznanych literatów. Umożliwiła debiut znanemu później pisarzowi ze Śląska – Gustawowi Morcinkowi, który mieszkał w sąsiadującym z Górkami Skoczowie. Doszła do wniosku, że jego utwory są wartościowe, więc w Księgarni Świętego Wojciecha

---

[132] Maria Dąbrowska, *Uśmiech dzieciństwa. Wspomnienia*, Towarzystwo Wydawnicze, Warszawa 1934.

[133] List Zofii Kossak do Marii Dąbrowskiej z 12 VIII 1928 r., w: Mirosława Pałaszewska, *Listy Zofii Kossak do Marii Dąbrowskiej...*, op. cit., s. 538.

zapewniła mu możliwość wydania opowiadań, a sama napisała do nich „sążnistą przedmowę". Stała się, jak mówił pisarz, „matką chrzestną" jego twórczości.

* * *

O swojej twórczości mówiła różnie. *Wielkich i małych* nazwała utworem fatalnie chybionym, cieszyła ją popularność *Kłopotów Kacperka*, ale uważała, że jest niesłusznie większa w Anglii, gdzie książka „święci tryumfy", niż w Polsce, gdzie nieśpiesznie rozchodziło się pierwsze wydanie. Spodziewała się, że *Krzyżowcy* to powieść, która może odnieść sukces, nazywała pracę nad nią poważną robotą literacką. Mówiła, że ceni najbardziej te książki, z którymi wiążą się jej osobiste przeżycia.

Z pewnością intensywne, choć nieodnotowane w zachowanych listach przeżycia musiały towarzyszyć przygotowywaniu materiałów do *Beatum scelus*. Powieść opowiada o losach wizerunku Matki Bożej Kodeńskiej. Wizerunek ten towarzyszył Zofii Kossak do końca życia, a w pokoju, gdzie umieszczono jej trumnę, nad głową zmarłej pisarki znajdował się ten szczególny obraz. To właśnie powstałe jeszcze w dwudziestoleciu międzywojennym *Beatum scelus* doczekało się powojennej drugiej wersji i nadal zdobywa czytelników jako *Błogosławiona wina*.

* * *

W jednym z brulionów z trudem (bo pismo Zofii Kossak stawało się z biegiem czasu coraz mniej wyraźne) można odszyfrować zdanie: „Każdy człowiek jest powołany do świętości, ale mazgaj, lękliwiec, próżniak ma małe szanse. Zmarnuje łaskę. Na szlaku wielu takich, co odpadli". W innym miejscu Zofia Kossak zapewniała, że każdy chrześcijanin powołany jest do świętości, a zagadnienie to zajmowało ją stale, więc w utworach o charakterze hagiograficznym w nowoczesny sposób portretowała „bożych szaleńców". Tego rodzaju twórczość uważała za szczególnie ważną. Pisała do Anny Sadowskiej: „Nie ma chyba gorszej rzeczy, jeśli chodzi o słowo pisane, niż kiepska »literatura pobożna« (jeden z nowoczesnych świętych powiedział, że religię zabija retoryka i pobożna prasa)". Adresatkę zachęcała do lektury innej literatury: spokojnej, mądrej, wspaniałej, świetnie udokumentowanej, „podchodzącej do zagadnienia wiary od strony człowieka niewierzącego". Znając jej sceptycyzm religijny, zapewniała, że dzięki dobrym książkom „znajdzie się pod bramą Damaszku"[134].

* * *

Wiemy już, że nie zawsze była pobłażliwa dla swoich dzieł, a jak była oceniana przez innych? *Krzyżowcy* to, zdaniem krytyków, najwybitniejsza polska powieść historyczna, szczytowy punkt twórczości Zofii Kossak, osiągnięcie na miarę europejską. Uważana była za pisarkę katolicką, choć to właśnie nowa powieść miała się okazać książką kontrowersyjną. Negatywnie ocenił ją nie kto inny, tylko katolicki krytyk literacki Józef Święcicki,

---

[134] List Zofii Kossak do Anny Sadowskiej z 24 III 1959 r. Kopia listu w zbiorach Muzeum Zofii Kossak-Szatkowskiej w Górkach Wielkich. Listy w zbiorach Biblioteki Narodowej w Warszawie.

i zarzucał, że czytelnik wynosi złe wrażenie z lektury. Pesymistyczna wymowa wynika stąd, że autorka „przerzuciła ośrodek win i upadków z szatana na człowieka"[135].

Ignacy Fik stwierdził, że cykl powieści o wyprawach krzyżowych związany jest ze światopoglądem katolickim, chociaż właśnie krytycy katoliccy widzą w nim więcej luteranizmu. Konrad Górski uważał, że *Krzyżowcy* to książka zbyt trudna dla nieprzygotowanego czytelnika. Tych książek w ogóle nie należy umieszczać w inwentarzu bibliotek parafialnych. Napisano nawet w „Homo Dei", że recenzje były zbyt pobłażliwe dla powieści, „która już narobiła i w dalszym ciągu wiele złego narobi wśród młodzieży". Ostrzegano więc biblioteki parafialne przed *Krzyżowcami*, mówiąc o wielkim niedociągnięciu etyczno-religijnym. Uważano, że „książka p. Kossak jest kłamliwa psychologicznie". Tytułowi krzyżowcy to zbóje, rozpustniki, grabieżcy, zabobonni głupcy. Jeden z krytyków zżymał się nawet, że grzeszą, ale się nie spowiadają. Zygmunt Jakimiak pisał: „autorka z przedziwnym zamiłowaniem, ze zrozumiałą u kobiety małostkowością, czy też drobiazgowością, opisuje gusła i zabobony. Skąd je zna – zastanawiał się – czy przypadkiem nie z przedwojennych Kresów Wschodnich?"[136].

---

[135] Józef Marian Święcicki, *Pesymizm Szczuckiej w „Krzyżowcach"*, „Przegląd Powszechny" 1937, nr 6; *Postawa duchowa Szczuckiej w „Krzyżowcach"*, „Przegląd Powszechny" 1937, nr 5.

[136] W zbiorach Muzeum Zofii Kossak-Szatkowskiej przechowywana jest teczka z recenzjami *Krzyżowców*, a także notatki zatytułowane: *Wszystko dobre, co jest Polską*. Są to odpowiedzi Zofii Kossak na pytania dotyczące jej twórczości zadane przez Tadeusza Szafrańskiego. Pisarka w jednym z punktów relacjonuje „wojnę o *Krzyżowców*" i pisze m.in.: „ukazanie się tej książki było pewnego rodzaju skandalem".

Spory krytyków nie spowodowały na szczęście ani wycofania książki, ani spadku jej popularności. Trylogia (a więc i kolejne części epopei krzyżowej) okazała się wielkim sukcesem. Jedna z czytelniczek pisała: „Wkrótce po wyjściu »Króla trędowatego« spędzałam święta, jeśli się nie mylę, wielkanocne, u przyjaciół. Pan domu, starszy jegomość, wychowany w Rosji, prosił, bym przeczytała mu głośno Pani książkę. Zaczęłam po dość wczesnym śniadaniu, skończyłam, z małymi przerwami, wieczorem. Były to moje najpiękniejsze święta, choć książkę tę przedtem czytałam parę razy"[137].

Po latach napisano, że wyprawy krzyżowe to temat delikatny, kontrowersyjny, przez jednych bezkrytycznie gloryfikowany, przez innych oceniany negatywnie, a Zofia Kossak dała książkę prawdziwą i odważną.

* * *

Na pewno książka ta budziła sporo emocji. Zofia Kossak opowiedziała o jednym ze spotkań, niezwykle dla niej ważnym. Trwała, według określenia pisarki, „bitwa o »Krzyżowców«". Bała się oficjalnie pójść na odczyt na temat swojej powieści. Od czasu ukazania się książki otrzymywała sporo krytycznych, nawet napastliwych listów, znała opinie recenzentów. Nic więc dziwnego, że obawiała się wykładu, który zapowiedziano w jednej z sal Romy. Głos miał zabrać znawca przedmiotu, historyk, prof. Oskar Halecki. Otrzymała wprawdzie oficjalne zaproszenie dla siebie i męża, przycupnęła jednak

---

[137] List czytelniczki w zbiorach Muzeum Zofii Kossak-Szatkowskiej w Górkach Wielkich.

w ostatnim rzędzie, a ponieważ obok stanęła starsza pani, przesunęła się, aby i dla niej znalazło się miejsce. Paniusia – bo tak o niej mówiła potem pisarka – nie szczędziła słów potępienia dla autorki *Krzyżowców*, nie wiedząc, że właśnie do niej mówi o tym, że autorka jest wariatką, która ośmieliła się napisać „taką" książkę i teraz na pewno z mównicy usłyszą wszyscy podobną opinię. Na to liczyła paniusia, dlatego przyszła. Tymczasem wszyscy obecni ze zdumieniem przekonali się, że naukowiec rzetelnie, logicznie i z przekonaniem broni *Krzyżowców*, utrzymując, że taka właśnie była historyczna prawda. Co więcej, dopatrzył się kompromisowych i wymijających rozwiązań, bez których krzyżowcy mogliby być przedstawieni w jeszcze gorszym świetle, chociaż byłoby to tylko i wyłącznie uczciwe przedstawienie prawdy. Rzeczywistość była przecież, jak sama zaznaczyła w zakończeniu, gorsza od tej, którą ukazała w powieści. Zofia Kossak czuła wielką wdzięczność dla prelegenta, ale starsza pani była oburzona, o czym informowała autorkę, szepcząc jej gorączkowo: „On jej broni, proszę pani! Taką bezecną książkę napisała, a on jej broni". Na koniec brawami nagrodzono prelegenta i zaczęto wywoływać autorkę.

* * *

„Dobra literatura to ta, która ukazuje nieskończoność i wielkość wszechświata, sens życia, celowość życia, która pobudza do walki ze złem, do przeciwstawiania się złu, która głosi wiarę w zwycięstwo dobra, żąda heroicznej, aktywnej postawy"[138] – stwierdziła Zofia Kossak w 1939

---

[138] Zofia Kossak, *Służba pisarza*, „Albertinum" 1939, nr 1.

roku. Posłannictwo, służba, obowiązek – takie określenia powtarzała często. Krytycy pozwalali sobie na uszczypliwe docinki o tym, że zaprzęgła się w jarzmo politycznych korzyści. Oddawała swoje pióro sprawie polskości Śląska, właściwego wychowania młodego pokolenia i wielu innym. Pisała o pruskim obuchu, który grozi piastowskiej ziemi opolskiej, i o czujnej straży polskości na zapomnianej ziemi, i o tym, że cudzego nie chcemy, ale musimy bronić, co nasze. Echa jej zaangażowania były różne. Jeden z proniemieckich czytelników zarzucał jej, że opowiada hocki-klocki, a niemieckie władze okazywały wyraźną niechęć. Echa zdecydowanie tendencyjnego opowiadania pt. *Przywódcy* dotarły poza Śląsk. Wojciech Kossak pisał: „Ninka mi mówiła, że Szczucka zraziła do siebie wielu tą napaścią na Korfantego, a płaszczeniem się przed Grażyńskim. Ja tego nie czytałem, ale podobno to bardzo niesmaczne"[139].

* * *

Wypowiadała się na wiele różnych tematów, w swoich poglądach była najczęściej jednoznaczna i zasadnicza. Oprócz wystąpień o charakterze publicystycznym, wygłaszanych odczytów i prelekcji warto sięgnąć do jej zapomnianej już powieści współczesnej *Dzień dzisiejszy*. Lektura tej książki pozwala nam dowiedzieć się więcej o życiu, w którym uczestniczyła, a uczestnicząc – oceniała. Oceniwszy zaś, próbowała zmienić, naprawić. W powieści podzieliła bohaterów na postacie wyraźnie

---

[139] List Wojciecha Kossaka do żony z 24 IV 1933 r. (Warszawa), w: Wojciech Kossak, *Listy do żony i przyjaciół…*, op. cit., t. II, s. 568.

pozytywne i negatywne, posłużyła się schematem i w rezultacie książki tej nie można zaliczyć do udanych, ale ważny jest prowadzony w niej dyskurs i dość oczywiste wyrażanie własnych opinii. Gorliwie uczestniczyła w życiu społecznym, była bardzo jednoznaczna i dosłowna w głoszeniu swoich poglądów, a taka postawa, rzecz jasna, zawsze jej przysparzała i gorliwych obrońców, i równie zaciekłych oponentów.

Z niechęcią myślały o wyznawanych przez nią poglądach jej kuzynki, uważając ją za ortodoksyjną agitatorkę, czemu szczerze dała wyraz w czasie wojny Maria Pawlikowska-Jasnorzewska, ale może i ona pomyślała z troską o współczesnej kobiecie, pisząc *La précieuse*:

Widzę cię, w futro wtuloną,
wahającą się nad małą kałużą
z chińskim pieskiem pod pachą, z parasolem i z różą.
I jakżeż ty zrobisz krok w nieskończoność?[140].

Główna bohaterka powieści Zofii Kossak, Alina, jest na wskroś nowoczesna, pasjami lubi wróżby i kabały, jest zafascynowana seansami spirytystycznymi, „sprawami mediumicznymi i astralnymi". Lubi sporty, bo taki jest nakaz mody, a na pierwszym miejscu stawia taniec. Zakochany w niej Poręba ma, jej zdaniem, przestarzałe poglądy, niepokój jego budzi sytuacja, w której poznaje dwie pary rozwodzących się znajomych będących w trakcie „wymieniania się" żonami i znających intymne szczegóły dotyczące współmałżonków, „jakby oba wieloletnie

---

[140] Maria Pawlikowska-Jasnorzewska, *La précieuse*, w: eadem, *Poezje*, Wydawnictwo Lubelskie, Lublin 1986, s. 87.

łoża małżeńskie stały obok". Miał wrażenie, że słyszy ich myśli: „jest włochaty, poci się okropnie, chrapie, dobrze wygląda w sukni, ale w łóżku – beznadziejnie"[141].

Poręba jest nienowoczesny również i dlatego, że chce mieć dzieci. Alina, zaskoczona i zniesmaczona, oświadcza, że nie wyobraża sobie ciąży, która zdeformuje jej sylwetkę. Myśli podobnie, jak chętnie wypowiadająca się w towarzystwie majorowa Zawilska, która wygłosiła w klubie kobiecym referat dotyczący kampanii Boya przeciw 41 paragrafowi. Paragraf ten przewidywał kary za przerywanie ciąży i był uważany w nowoczesnym towarzystwie za barbarzyński przeżytek. „Kto może kobiecie nakazać rodzić, skoro ona nie chce?" – pyta ładna brunetka słuchająca wywodów majorowej i narzeka, że trzeba byłoby poświęcić cały rok życia: nie tańczyć, nie pływać, nie grać w tenisa. „Czyż to możliwe? (…) Dziś żadna tego nie chce"[142].

Aliny nie można sobie wyobrazić na tle staroświeckich mebli i niskich pokoi w ziemiańskim domu, w którym mieszka Poręba. Nowoczesna kobieta preferuje nowoczesny styl, który jest, jak wyraźnie sugeruje autorka powieści, zimny i bezosobowy. W jej saloniku są meble z giętych rur niklowych w kształcie skrzynkowego rusztowania, o barwnych pasach w miejsce oparcia i poduszek, „snobizm wyrafinowanej nieszczerej prostoty". Alina po śmierci męża nie rozpacza, a „do złagodzenia bólu walnie przyczynił się fakt, że dostała gotowe czarne suknie, niespodziewanie dobrze skrojone i eleganckie"[143]. Kobiety jej pokroju, takie, które nadużywają szminki,

---

[141] Zofia Kossak, *Dzień dzisiejszy…*, op. cit., s. 42.
[142] Ibidem, s. 149.
[143] Ibidem, s. 264.

głoszą swoje poglądy słowem i zachowaniem, wyraźnie nie zyskują aprobaty Zofii Kossak.

* * *

W powieści pokaże też odchodzący w przeszłość świat ziemian zajmujących się ratowaniem zadłużonych majątków, namiętnie grających w brydża, i starego ekonoma, który narzeka, że żona jego nosiła całe życie perkale, barchany i wełny, zaś córka nie uznaje innych materiałów jak żorżety i jedwabie, i „marzy o tem, by zostać gwiazdą filmową". Zofia Kossak opisuje też Zakopane jako modny kurort, narciarzy, przystojnych i „osznurowanych" oficerów Sztabu Generalnego. W hotelu Bristol na prowincji bohaterowie spotkają dwie zawodowe jawnogrzesznice i miejscowe „filary", czyli naczelnika poczty, kierownika spółdzielni, poborcę podatkowego. Opisując społeczeństwo, w krzywym zwierciadle pokaże wizytę w Ozorowie prezydenta, którego witają dzieci szkolne, dwaj prałaci w fioletach, rabin w lisiej czapie i atłasowym chałacie.

* * *

Świat Żydów obecnych w polskim społeczeństwie jest przez nią nie tylko opisywany. Jest też autorką publicystycznych wypowiedzi, które do dzisiaj wzbudzają wiele kontrowersji, rodzą dyskusje i prowokują sądy w sposób skrajnie różny oceniające te same zdania i słowa, które wypowiedziała przed wojną. Mówiła więc i pisała o problemie żydowskim, który musi być rozwiązany. Utrzymywała, że „Żydzi są dla nas istotnym i strasznym niebezpieczeństwem rosnącym z każdym dniem. Obsiedli nas jak jemioła próchniejące drzewo"[144]. Kiedy jednak była świadkiem przedwojennych antyżydowskich wypowiedzi i zachowań, na przykład w Warszawie podczas kongresu ku czci Piotra Skargi, krytycznie napisała o młodzieńczej bezwzględności i karygodnym gorącym oklaskiwaniu antysemickiej przemowy, gdzie otwarcie nazwano Żydów wrzodem, który trzeba wyciąć. Pełna obaw związanych z rosnącą agresją wobec Żydów apelowała „o znalezienie rozwiązania, przy którym uratowana byłaby nasza duchowa integralność narodowa, lecz uszanowany bliźni"[145].

Jej wypowiedzi, zwłaszcza o strasznym niebezpieczeństwie, jemiole i próchniejącym drzewie, cytowane są dzisiaj często. Carla Tonini, autorka książki *Zofia Kossak – antysemitka, która ratowała Żydów*, mówi, że pisarka dała wyraz swoim rasistowskim poglądom, była i pozostała antysemitką, chociaż, podobnie jak wielu innych katolików, „odeszła od antysemityzmu rasowego i wróciła do tradycyjnego katolickiego antyjudaizmu"[146].

Władysław Bartoszewski, który znał Zofię Kossak, powiedział: „Ona nigdy nie była antysemitką. Ona była żarliwą katoliczką, fundamentalną, bo tacy wtedy byli w Polsce katolicy przedsoborowi. Pochodziła z liberalnej, artystycznej rodziny Kossaków"[147].

---

[144] Zofia Kossak, *Najpilniejsza sprawa*, „Prosto z mostu" 1936, nr 42.

[145] Ibidem.

[146] *Antysemitka, która ratowała Żydów. Z Carlą Tonini rozmawia Piotr Zychowicz*, „Rzeczpospolita" z 25 X 2008 r.

[147] Wypowiedź Władysława Bartoszewskiego podczas spotkania poświęconego Zofii Kossak w 2008 r. zacytowana m.in. w artykułach: *124. rocznica urodzin Zofii Kossak-Szczuckiej*, „Rzeczpospolita" z 10 VIII 2013 r.; *45 lat temu zmarła Zofia Kossak-Szczucka*, Forum Żydów Polskich 10 IV 2003 r.

W tym miejscu warto zauważyć, że w podobny sposób na temat Żydów wypowiadał się nie tylko ojciec Zofii, lecz także Wojciech, jego brat, który pisał na przykład w liście do żony z 13 marca 1924 roku: „W tej chwili dostałem list od Tadeusza, martwi się ciągle tą spółką Lilki i Madzi z tymi skamandrytami. I ja także, co prawda, ale co na to poradzić, a one niech piszą same bez żydowskiej kolaboracji (to znaczy Madzia, bo Lilek za mądry i za utalentowany na to), a zapomną o tym"[148]. Chodziło oczywiście o literackie sympatie jego córek związanych z pisarzami pochodzenia żydowskiego.

Władysław Bartoszewski pytany o postawę pisarki, nazywaną antysemityzmem, dodaje jeszcze: „nieprawdziwe są także głosy łączące Zofię Kossak-Szczucką ze środowiskami przedwojennej endecji czy wręcz ONR-u. Jej mąż był polskim oficerem, przed wojną obracała się w kręgach, które nie miały nic wspólnego z zaciekłą prawicą"[149]. Autorka *Dnia dzisiejszego* wyraźnie krytycznie wypowiedziała się w niej o „endeku zawziętym", niejakim Kozińskim, który wszędzie widział masonów, ogłosił bezwzględny bojkot Żydów, był „zażartym antysemitą, niecofającym się w słowach przed pochwalaniem pogromów. Spod ogólnej tej nienawiści wyjmował (...) jednego jedynego Icka Mordkę", z którym robił interesy[150].

Dyskusje na ten temat nie milkną, a każda ze stron, wykorzystując słowa Zofii Kossak, znajduje zawsze ar-

---

[148] List Wojciecha Kossaka do żony z 13 III 1924 r. (Paryż), w: Wojciech Kossak, *Listy do żony i przyjaciół...*, op. cit., t. II, s. 344.

[149] Wypowiedź Władysława Bartoszewskiego podczas spotkania poświęconego Zofii Kossak w 2008 r. Por. przyp. 147.

[150] Z. Kossak, *Dzień dzisiejszy...*, op. cit., s. 51.

gumenty, które mogą udowodnić jej racje, zatem wydaje się, że w tym momencie najważniejsze jest nie tyle to, jakie poglądy głosiła, ale to, jak zostaną one zinterpretowane.

Dodajmy jeszcze, że w kilku jej przedwojennych utworach sportretowani zostali Żydzi należący do świata, który opisywała, nie wiedząc, że niebawem w tak dramatycznych okolicznościach świat ten odejdzie w przeszłość.

WARSZAWA

– Wstawajcie, ubierzcie się ciepło – mówiła babcia
Anna Kossakowa. Była mroźna zimowa noc 1938 roku.
Najmłodsi mieszkańcy góreckiego domu zapamiętali ją,
bo zobaczyli wówczas fascynujące zjawisko: zorzę po-
larną. Anna opisała ją potem jako światłość podobną do
ogromnej purpurowofioletowej kurtyny. Widok to był
piękny, ale i groźny. Ludzie mówili, że zapowiadał nieszczęśliwe zdarzenia.

* * *

Parę miesięcy później znów nocą widzieli światło.
Tym razem nie było mrozu, przeciwnie, noce były ciepłe
i ciche, pełne fantastycznych cieni. Świecił księżyc, a na
horyzoncie wrześniowi uciekinierzy widzieli odległe wsie
w płomieniach wojennych pożarów.

* * *

*Przyjechał kolejny transport z Warszawy. Wśród więź-
niarek była Zofia Kossak. Razem z innymi kobietami
patrzyła na unoszącą się nad kominem czerwoną łunę.
„Kobiety nie wiedziały jeszcze, że to krematorium, lecz
uczyniło im się czegoś straszno, jak gdyby zobaczyły
uchylone wrota piekła"*[151].

[151] Zofia Kossak, *Z otchłani. Wspomnienia z lagru*, nakładem
Drukarni św. Wojciecha pod Zarządem Państwowym w Poznaniu,
Częstochowa – Poznań 1947, s. 17.

Lato 1938 roku zgromadziło po raz ostatni całą rodzinę w Górkach. Z tamtych czasów zachowała się fotografia uwieczniająca ich przed dworem na tle kwitnącego ogrodu babci Anny, która jako jedyna ubrana jest w ciemny strój. Ostatnie szczęśliwe, przedwojenne lato skupiło też na pobliskim harcerskim Buczu bohaterów *Kamieni na szaniec* Aleksandra Kamińskiego i tam właśnie, na tarasie istniejącego do dziś, ale niszczejącego budynku, „opalali się leniwie w piekących, letnich promieniach słońca"[152]. Beztroski czas dobiegał końca.

Po wakacjach Anna miała pojechać do Warszawy i dołączyć do Witolda, który był już uczniem gimnazjum. Tadzio miał wyjechać do Krakowa, żeby tam kontynuować studia rzeźbiarskie. Wszystko zostało zaplanowane.

---

[152] Aleksander Kamiński, *Kamienie na szaniec*, Wydawnictwo Nasza Księgarnia, Warszawa 1999, s. 63.

* * *

W 1938 roku Zofia Kossak w artykule *Chrześcijańskie posłannictwo Polski* napisała: „Nikt już chyba dziś
nie wierzy, by między hitleryzmem i bolszewizmem ist-
niała rzeczywista rozbieżność. Posiała je ta sama ręka,
zrodziły pożądliwość i pycha. Są między nimi różnice
i antagonizmy. Ideologia pozostała ta sama"[153]. Obie ideo-
logie niosły realne zagrożenie.

Wkrótce nawet optymistycznie patrząca w przyszłość
pisarka już otwarcie mówiła o swoich obawach. Z listu
do Józefa Birkenmajera z 11 sierpnia 1939 roku dowiadujemy się o wydarzeniach, które miały miejsce w życiu
rodziny w przededniu wybuchu wojny. Wygłosiwszy cykl
odczytów na Podolu, pisarka w drugiej połowie sierpnia
powróciła do Górek, tymczasem mąż wyjechał służbowo
na trzy tygodnie do Paryża. „Oczywiście, (...) płaczę, iż
nie mogę pojechać z nim razem. Taka okazja! Ale trudno.
Wobec sytuacji politycznej nie sposób zostawić familii na
niepewne losy możliwej wojny i ewakuacji"[154].

Taką możliwość przewidywał też mąż Zofii, z natury
pesymista, który w tym wypadku jednak słusznie przypuszczał, że jeśli wybuchnie wojna z Hitlerem, Polska
nie ma żadnych szans. Nie zjednywała mu ta ponura wizja przyszłości zwolenników w wojsku i nawet podobno
z tego powodu nie otrzymał spodziewanego awansu.

---

[153] Zofia Kossak, *Chrześcijańskie posłannictwo Polski*, prelekcja
wygłoszona przez pisarkę w 1938 r. w Warszawie na IV Studium
Katolickim, opublikowana m.in. w Wydawnictwach Polskiej Misji
Katolickiej 1943, nr 6, przedruk z „Kultury" nr 40 z 2 X 1938 r.
[154] List Zofii Kossak do Józefa Birkenmajera z 11 VIII 1939 r.
Por. przyp. 20.

Tymczasem planowana wyprawa do Zakopanego doszła do skutku. Anna i Witold nigdy nie byli w tym kurorcie, który Kossak opisała w pierwszych rozdziałach *Dnia dzisiejszego*, portretując beztroskich wczasowiczów obserwujących „ikarowe loty", czyli skoki narciarskie, a także wymieniając m.in. Bronisława Czecha i Kornela Makuszyńskiego.

Na Świnicy spotkali góralkę śpieszącą powiadomić męża o ogłoszonej powszechnej mobilizacji. Przeczuwane zagrożenie stało się faktem. Zofia Kossak z dziećmi pośpiesznie wróciła do Górek, a jej córka Anna wspominała, że oto na dworcu w Zakopanem po raz pierwszy widziała ludzi, którym udzieliła się wszechobecna panika, i zobaczyła obraz oblężonego pociągu, obraz, który potem jeszcze wiele razy będzie się powtarzał.

* * *

Pośpiech i zdenerwowanie udzieliły się wszystkim, kiedy w Górkach pakowano dobytek do skrzyń i kufrów. Wyjeżdżając ze Śląska, pisarka zadbała o to, aby wśród zabieranych wówczas najpotrzebniejszych rzeczy znalazła się przynajmniej część gromadzonego skrupulatnie przed wojną pisarskiego archiwum. Oczywiście, wśród przedmiotów, które należało ocalić, znalazły się także rodzinne pamiątki. Córka Zofii Kossak we wspomnieniach *Był dom* opowiada, że spakowano między innymi pamiątki cudem uratowane z Wołynia: srebrne półmiski, które przed laty babcia Anna Kossakowa sprytnie ukryła przed bolszewikami, przybijając je pod blatem stołu.

Zofia Kossak razem z matką i dziećmi pożegnała Górki i wyjechała do Warszawy. Kufry wysłano furmanką na dworzec do Skoczowa. Należało je potem odebrać i rozpakować w warszawskim mieszkaniu.

Zygmunt Szatkowski, który tymczasem powrócił z Francji, śpieszył się, żeby przekazać raport w ministerstwie, a powróciwszy wieczorem, mówił o tym, że wojna z pewnością niedługo wybuchnie. Rano, wychodząc do pracy, pożegnał się z żoną i dziećmi. Być może przeczuwał, że wojna rozdzieli ich na długie lata.

Wkrótce okazało się, że na Dworcu Wschodnim są już kufry, które przywieziono z Górek. Nie było czasu, żeby je odebrać, więc spłonęły podczas bombardowania i to, co udało się ocalić z bolszewickiej pożogi, nie przetrwało już kolejnej dziejowej burzy.

Zygmunt Szatkowski zatelefonował w nocy z drugiego na trzeciego września, zawiadomił żonę o planowanej ewakuacji Sztabu Głównego i poradził, żeby jak najprędzej uciekała z Warszawy. Postanowili, że razem z matką i dziećmi schroni się w Suchej u krewnych. Znów nastąpiło pośpieszne pakowanie, tym razem najpotrzebniejszych rzeczy, i dołączyli do wrześniowych uciekinierów. Tadeusz zdecydował się pozostać i wziąć udział w obronie Warszawy. Zaczęły się pierwsze naloty, a to, co stanie się później, córka Zofii Kossak nazwie nieopisanym zamętem. Zapamięta bombardowane drogi, pożary, strach, ale także spokój i opanowanie Zofii Kossak w najtrudniejszych nawet sytuacjach – nawet wówczas gdy, jak napisze po latach, „zabrakło już ojczyzny pod stopami".

Zmęczeni, brudni, często głodni, zmuszeni byli prosić o gościnę, której im nieraz ze współczuciem udzielano, kiedy, tak jak wielu innych, uciekali na wschód. Znaleźli się też we wspaniałej posiadłości i zapukali do drzwi pałacu. Lokaj w liberii poinformował, że jaśnie pani nie wpuści ich na noc, ponieważ obawia się, że porysują parkiety. Pozwala im jedynie poprosić ogrodnika o jabłka.

Szczęśliwie przeprawiwszy się przez Bug, zasnęli pokotem na podłodze w pięknym pałacu w Dolsku, pod ogromnym drapieżnym ptakiem o rozpostartych do lotu skrzydłach, jednym z myśliwskich trofeów. Nie wiadomo, czy będzie chronił, czy raczej przerażał najmłodszych uciekinierów. Nie ochronił, bo następnej nocy dorośli, zebrani na piętrze u gospodarzy domu, o drugiej nad ranem usłyszeli w radiu przerażającą wiadomość, że armia radziecka wkroczyła na terytorium Polski. Zofia Kossak wiele lat później tak opisała ten dzień: „Świat się kończy, zapada, gdy cofają się nazad w ręce tego samego nieprzyjaciela, przed którym pierzchli. (...) Zabrakło już ojczyzny pod stopami"[155].

Dla męża kuzynki, Witkacego, ta okoliczność była spełnieniem Apokalipsy i dniem, w którym uznał, że dłużej już żyć nie można. Zofia zaś postanowiła ratować to, co się da, i chronić tych, których można jakoś ocalić. Rankiem zaczęła się coraz bardziej rozpaczliwa ucieczka czy raczej powrót. Stojące na dziedzińcu pojazdy: bryczki, wozy, kolasy, tarasowały sobie nawzajem drogę. „Woźnice klną, konie stają dęba, ludzie się nawołują... (...). Nigdy tego nie zapomnę"[156] – napisze córka Zofii Kossak. Wkrótce nastąpi moment, w którym zrozumieją z rozpaczą, że „nie ma już dla nich wolnej ziemi". Oto bowiem nad Wieprzem, tą samą rzeką, nad którą stał dwór

[155] Zofia Kossak, *Rok polski. Obyczaj i wiara*, Instytut Wydawniczy PAX, Warszawa 1997, s. 96.
[156] Anna Szatkowska, *Był dom...*, op. cit., s. 66.

w Kośminie i w której utonął Witold, mając za sobą Sowietów, zobaczą na przeciwległym brzegu niemiecką swastykę.

Zgodnie z sugestią Zygmunta Szatkowskiego będą kierować się w stronę Suchej. Wreszcie znów znaleźli się w majątku niegościnnej hrabiny, która obawiała się o swoje cenne parkiety. Teraz już pałac jest obrabowany, a podłogi pokryte słomą, śmieciami i odpadkami. Z radia dowiedzieli się, że Warszawa skapitulowała. Dni, do tej pory słoneczne i ciepłe, są już od jakiegoś czasu deszczowe i chłodne. Zziębnięci, dotarli wreszcie na początku października do rodziny Glinków. Zofia Kossak tu zostawiła bezpieczną na razie rodzinę, a sama wróciła do Warszawy. Tam zastała ciężko chorego Tadeusza, który zapadł na czerwonkę, a potem zapalenie stawów. Przewieziony do Suchej, powoli odzyskiwał zdrowie. Młodsza siostra Anna opiekowała się nim i zauważyła, że był cierpliwy, choć bardzo cierpiał. Cierpiała także babcia Anna, której coraz bardziej dokuczały kamienie żółciowe, ale nie można już było zdobyć brunatnych kropli Waaning Tilly Oil, które pomagały jej w Górkach.

Przebywający w majątku Glinków Niemcy zainteresowali się, dlaczego mieszka tam aż tyle dzieci (oprócz najbliższej rodziny Zofii Kossak schronili się tam i inni uciekinierzy), natomiast nie ma mężczyzn. Powiedziano im, że jedni są w niewoli, o innych słuch zaginął. Jeden ze stacjonujących tam żołnierzy przedstawił się jako siostrzeniec Hitlera i zdobył informacje o pułkowniku Janie Szustrze.

Wiadomo było, co dzieje się z innym żołnierzem, Zygmuntem Szatkowskim, który nie uciekał razem ze Sztabem Głównym, ale wziął udział w bitwie pod Tomaszowem Lubelskim. Wzięty do niewoli, czas jakiś spędził w tymczasowym obozie jenieckim pod Krakowem. Udało mu się przekazać wiadomość na Kossakówkę. Powiadomiona o miejscu jego pobytu żona wyruszyła z Warszawy na rowerze. Towarzyszyła jej służąca Helenka. Wiozły ciepłą odzież, żywność. Było zimno i deszczowo. Wreszcie dotarły do Krakowa, tuż przed godziną policyjną, i zatrzymały się na Kossakówce, a następnego dnia wcześnie rano poszły na teren obozu. Nie zastały tam nikogo. Poprzedniego dnia bowiem jeńcy zostali wywiezieni do Niemiec.

Z ciepłej piżamy, szarej w ciemnozielone pasy, którą miał otrzymać mąż Zofii Kossak, krawcowa uszyje jego córce kostium, który ją choć trochę ogrzeje w okupacyjne chłodne dni.

* * *

Dziwnym trafem zachowała się kartka z początku wojny wysłana przez Zofię Kossak 5 marca 1940 roku na Węgry do zaprzyjaźnionej rodziny Kunickich. Informowała w niej o losach najbliższych jej osób, a więc o tym, że mąż jest w oflagu, i prosiła przy okazji o przysłanie mu paczki żywnościowej. Pisała też, że stale niedomagająca matka, Witold i Anna przebywają na razie w Suchej u wujostwa Glinków, „gdzie jest im dobrze i niegłodno”. O sobie napisała krótko: „ja przeważnie siedzę w Warszawie, gdzie mam dużo roboty, gdy mnie bieda nadto przyciśnie, uciekam na parę dni do Suchej”. Pamiętała też o Górkach, gdzie jak dotąd po staremu: ogrodnik funkcjonuje, Hela gotuje obecnym lokatorom i pilnuje domu. Stróżują też wierne psy: Lopek, Baca i Kuc.

Tymczasem, jak dowiadujemy się dzięki kartce wysłanej do Kunickich, Mistrz, czyli domowy nauczyciel Florian Berek, ożenił się, a teraz odnalazł dawnych chlebodawców „i po dawnemu uczy całą tę trzódkę", a więc dzieci Zofii i Zygmunta Szatkowskich.

* * *

Od początku swojego pobytu w Warszawie Zofia Kossak działała w konspiracji. Musiała się ukrywać również ze względu na tematykę przedwojennych utworów dotyczących polskości Śląska. Jan Dobraczyński wspomina, że tłumaczyła: teraz nie należy myśleć o sobie i snuć literackich planów. „Jeśli przeżyjemy, będziemy potem pisali" – mówiła. Przybrała konspiracyjne pseudonimy: „Ciotka", „Weronika", „Pani Zofia", używała konspiracyjnych nazwisk: Śliwińska, Sokołowska, Sikorska. Nie znaczy to, że nie napisała niczego poza ulotkami i odezwami. Nie znaczy też, jak zauważył Władysław Bartoszewski, że nie tęskniła do tego rodzaju pracy literackiej, jaką wykonywała przed wojną.

* * *

Zimą 1941 roku napisała powieść dla młodzieży pt. *Orlęta*, która opowiadała o akcjach małego sabotażu i innych poczynaniach młodych konspiratorów okupowanej Warszawy, o pierwszych aresztowaniach i prześladowaniach. Opowie o nich także Aleksander Kamiński, a jego książka znajdzie spore grono odbiorców, podczas gdy powieść Zofii Kossak przeczyta i jakiś czas przechowa w skrytce podłogowej Władysław Bartoszewski. Maszynopis i kopie powieści *Orlęta* nie doczekały wydania, spłonęły latem 1944 roku.

Wspomnieć także trzeba o jedynej zachowanej do dziś literackiej odpowiedzi na piekło okupacji, jaką jest *Gość Oczekiwany*, zwłaszcza że ma on współcześnie dość niezwykłe losy. Jest to dramat, który powstał podczas wojny i został wystawiony konspiracyjnie w Warszawie w 1942 roku. Prosty schemat fabularny ludowej opowieści o przychodzącym do domów Chrystusie został odtworzony po to, aby w usta bohaterów włożyć wypowiedzi aktualne w każdym miejscu i w każdym czasie, a zwłaszcza wówczas kiedy wszechobecna była ludzka krzywda i wydawało się, że panoszące się zło jest bezkarne. „Jezus nie zapomni" – powiedział jeden z bohaterów i zdanie to, które z pewnością było źródłem jej spokoju i nadziei, chciała właśnie teraz przypomnieć.

* * *

Oficjalnie książki Zofii Kossak-Szatkowskiej były na indeksie. W końcu wszystkie znalazły się na co roku uzupełnianej liście książek zakazanych, opracowywanej przez Główny Oddział Propagandy Generalnej Guberni. Nie znaczy to jednak, że straciła czytelników. Wręcz przeciwnie. Góreckie archiwum pisarskie przechowuje dowody, że książki Zofii Kossak, wojennej konspiratorki i publicystki, żyły własnym życiem.

Oto fragment listu aktorki Haliny Gryglaszewskiej, który mówi o fascynacji baśnią o Kacperku. Skrzat był podczas wojny mądrym doradcą, „towarzyszem i przyjacielem grupy nędznych, brudnych, bezdomnych

dzieci mokotowskiego »Pekinu«", którymi się opiekowała. Wynika z niego, że czytała im *Kłopoty Kacperka
góreckiego skrzata*, a on rozpalał ich dziecięcą wyobraź-
nię, pomagając stworzyć świat piękniejszy i bezpiecz-
niejszy od tego, który był wokoło. Dobry i życzliwy
skrzat „na pewno poszedł z tymi pięknymi chłopcami-
-złodziejaszkami i dziewczętami, które wcześnie poznawały życie, w walki Powstania. Zaginęła moja książeczka w Warszawie, ale Kacperek i ze mną wędrował"[157]
– czytamy w liście.

Niezapomniane słowa znajdziemy też w innym
powojennym liście. Autor dziękuje za *Krzyżowców*.
„W ciemnej doli wojennej w warszawskim wygnaniu
czytaliśmy te dzieje w chłodnej mrozem izbie – i żar pu-
styń syryjskich rozgrzewał nam dłonie, a serca się krze-
piły nadzieją zwycięstwa". To była ostatnia lektura syna
nadawcy listu – lekarza, który zginął w Oświęcimiu.
„Odszedł w zaświaty zapatrzony w te zorze – z wiarą
w sercu w tryumf świętej sprawy"[158] – napisał osierocony ojciec.

I jeszcze jedna wzmianka o przedwojennych powieściach. Oto bliski konspiracyjny współpracownik Zofii
Kossak, Władysław Bartoszewski, otrzymał od niej *Krzyżowców* z dedykacją: „Gdy pisałam tę książkę, wydawało
mi się, że czasów na większą miarę być nie może, tymczasem oto są, żyjemy w nich, bierzemy udział w najwięk-

---

[157] List Haliny Gryglaszewskiej do Zofii Kossak z 1961 r. Korespondencja w zbiorach Muzeum Zofii Kossak-Szatkowskiej w Górkach Wielkich.

[158] List Henryka Sczerbowskiego do Zofii Kossak z 1957 r.
Korespondencja w zbiorach Muzeum Zofii Kossak-Szatkowskiej
w Górkach Wielkich.

szej krucjacie"[159]. Książka też spłonęła podczas wojny, ale dedykację zapamiętał.

* * *

Zasług Zofii Kossak wymienić można wiele. Redagowała podziemną prasę, odezwy i broszury. Z jej publicystycznymi wypowiedziami czytelnicy spotykali się na łamach wielu pism, między innymi „Polska żyje", „Biuletynu Informacyjnego", „Prawdy", która była centralnym organem prasowym Frontu Odrodzenia Polski. FOP zaś był tajną organizacją społeczno-katolicką, której ideologiem była autorka *Krzyżowców*. Ona także współpracowała z Delegaturą Rządu RP na Kraj i jej pismem „Rzeczpospolita Polska". Działała jeszcze w Społecznej Organizacji Samoobrony (SOS), przewodniczyła organizacji Unia Kobiet, a za pomoc Żydom została pośmiertnie uhonorowana medalem Sprawiedliwy wśród Narodów Świata, ponieważ to ona właśnie była autorką głośnej odezwy *Protest* i współzałożycielką Żegoty.

Zofia Kossak była również inicjatorką ofiarowania przez społeczeństwo Warszawy 1. Polskiej Brygadzie Spadochronowej w Szkocji sztandaru, którego została (razem z Marią Kann) matką chrzestną. Organizowała wysyłanie paczek na Pawiak, do obozów koncentracyjnych, opiekę nad rodzinami zamordowanych działaczy podziemia, a konspiracyjną komórkę, którą kierowała, popularnie nazywano Ochronką Ciotki lub Wydziałem Zdychulców. Zdobywała pieniądze, ubranie, jedzenie

---

[159] Władysław Bartoszewski, *Środowisko naturalne, korzenie*, spisał Michał Komar, Świat Książki, Warszawa 2010, s. 169.

dla ludzi wynędzniałych, którym trzeba było natychmiast pomóc, nie pytając o poglądy i sympatie polityczne. Ci, którzy z nią współpracowali, zgodnie powtarzają, że interesował ją przede wszystkim człowiek, nie organizacja czy partia, i że działała ponad podziałami. Mówiono o jej powściągliwym, a nawet niechętnym stosunku do działań o charakterze politycznym i o gotowości współpracy z każdym człowiekiem dobrej woli.

Do tej współpracy zachęcała, a nawet czasem w pewnym sensie przymuszała, bo nie sposób jej było odmówić. Bywało i tak, że znajomi, widząc ją, pośpiesznie przechodzili na drugą stronę ulicy, bojąc się, że znów z uśmiechem poprosi o przechowanie małego Żyda, zapewniając, że jest zdecydowanie w aryjskim typie.

* * *

„Sprawy konspiracji traktowała »Ciotka« niezwykle serio"[160] – zaznacza Władysław Bartoszewski, który jednocześnie dodaje, że jej stosunek do zasad i reguł konspiracji był wręcz niefrasobliwy. Czasem nawet rzucała się w oczy. Podczas pierwszego spotkania zauważył nie tylko jej ciepłe, życzliwe spojrzenie, uderzająco skromne ubranie, mysioszary płaszcz, ale także niefachowo utlenione włosy, które ostatecznie zyskały niezwykłą barwę między żółcią a jasną zielenią. W dodatku wybrała sobie oryginalny pseudonim: Zofia Sikorska, który w końcu zgodziła się zmienić, zresztą i tak nie pamiętała najczęściej, na jakie nazwisko ma dokumenty. Zdarzyło się jej podejść

---

[160] Władysław Bartoszewski, *Z Zofią Kossak w podziemiu*, w: *Zwyczajna świętość...*, op. cit., s. 38.

na ulicy do Grota-Roweckiego, a znała go sprzed wojny jako kolegę męża, i powiedzieć: „Panie Stefanie, jakże się cieszę, że pana widzę!"[161]. Poszukiwana przez gestapo, pojechała na pogrzeb Wojciecha Kossaka do Krakowa, innym razem po żydowskie dziecko; przyjmowała zaproszenia na wieczorki autorskie, osobiście kolportowała prasę. Władysław Bartoszewski tak opisuje konspiracyjne spotkania w mieszkaniu „Ciotki": „W ciasnocie trudno się było poruszać, wokół mieszkały stare kobiety, pobożne i życzliwe, ale (...) nadmiernie ciekawe; domyślały się na pewno, że Zofia Sikorska (pod takim nazwiskiem zameldowana była wówczas) nie jest zwyczajną pensjonariuszką schroniska"[162].

Jan Karski zapamiętał, że zwykła mówić: „Jeśli Bóg zechce, abym została aresztowana, żaden pseudonim ani ukrycie mi nie pomogą"[163]. Jej prawdomówność dziwiła i nawet śmieszyła rasowych konspiratorów, którzy pytali, jak poradzi sobie w sytuacji, kiedy będzie musiała kłamać, skoro kłamstwa nie uznaje. Jan Karski, doceniający jej postawę i bezgraniczne poświęcenie, dodawał: „Jej naiwność nie miała granic".

Nie znaczy to, że współpracownicy ją lekceważyli. Wręcz przeciwnie. Byli pełni podziwu dla jej charyzmy, dla stanowczości i przepraszającego uśmiechu, którym kwitowała uwagi i dobre rady nakazujące jej zlecanie innym niebezpiecznych zadań, ale i tak robiła swoje.

---

[161] Władysław Bartoszewski, *Środowisko naturalne, korzenie...*, op. cit., s. 168.
[162] Władysław Bartoszewski, *Z Zofią Kossak w podziemiu...*, op. cit., s. 34.
[163] Jan Karski, *Tajne państwo. Opowieść o polskim podziemiu*, Wydawnictwo Książkowe „Twój Styl", Warszawa 1999, s. 223.

Była kobietą niezwykłą, „bożym szaleńcem". Mówili o niej: świetlana postać, najszlachetniejszy płomień, natchnienie Polski podziemnej, najdzielniejsza z dzielnych, bohaterska „Weronika", nieustraszona „Ciotka", osoba życzliwa, pełna wdzięku i uśmiechu, o żywych, rozświetlonych oczach, wspaniała kobieta o miłym sposobie bycia, przyciągająca ludzi młodych dzięki swej promieniującej naturze, prostocie, niezachwianej wierze i pogodzie ducha. „Wielu z nas kazała nazywać się po prostu Ciotką i faktycznie przyjmowaliśmy i odczuwali ją jako członka bliskiej rodziny"[164] – mówił Władysław Bartoszewski.

* * *

Aleksander Kamiński, druh Kamyk, którego poznała jeszcze w Górkach Wielkich, opowiadał, że spotkawszy go na ulicy, zadała proste pytanie:

„Czy macie gdzie mieszkać?". I dodała: „Mam duże mieszkanie". Przebywał tam kilka miesięcy[165].

„Nie przypominała osoby z wyższych sfer" – pisał Aleksander Kamiński, który obserwował i jej poranną krzątaninę, aby każdemu z przygarniętych współmieszkańców zapewnić choć skromne śniadanie, i jej codzienne wychodzenie z domu. Wkładała góralski kożuszek przepasany rzemiennym paskiem. Na głowie miała chustkę,

---

[164] Władysław Bartoszewski, *Jaka pozostała w mojej pamięci*, w: *Zofia Kossak w Polsce Podziemnej. Wybrane pisma dotyczące lat 1939–1944*, wybór i opracowanie Stefan Jończyk, Mirosława Pałaszewska, Instytut Wydawniczy PAX, Warszawa 1999, s. 6.

[165] Aleksander Kamiński, *Wspomnienie o Pani Zofii...*, op. cit., s. 110.

na nogach narciarskie buty, ciepłe pończochy i grubą wełnianą spódnicę.

Słynny emisariusz Jan Karski mówił o niej, że była najszlachetniejszym płomieniem, natchnieniem Polski Podziemnej, a nawet wyznał: „kochałem ją, nie byłem zakochany, ale ją kochałem i podziwiałem"[166]. Władysław Bartoszewski powtórzy to zdanie i doda: „gdybym nie spotkał Zofii Kossak, nie byłbym tym samym człowiekiem"[167].

* * *

Próbując osłabić ogrom zła, narażała siebie, a często i swoją rodzinę, na wielkie niebezpieczeństwo. Annie i Witoldowi zlecano coraz poważniejsze zadania konspiracyjne, babcia Anna pilnowała skrytki w podłodze i godzinami samotna i niespokojna czekała na powrót córki. Nocna wizyta funkcjonariuszy gestapo w styczniu 1941 roku spowodowała, że rodzina musiała się rozproszyć i staranniej ukryć przed Niemcami. Córka Zofii Kossak zapamiętała oślepiające światło, które ją obudziło, głos matki, mówiącej, żeby leżała spokojnie. Zrozumiała, co się dzieje, kiedy zobaczyła, że matka, razem z innymi kobietami, stoi w holu pod ścianą, są pilnowane przez żołnierza, bite w twarz aż do omdlenia. Ciocia Ninka, żona Witkacego, leży, ponieważ ma złamaną nogę, i ukrywa

---

[166] Władysław Bartoszewski, *Jan Karski*, w: Władysław Bartoszewski, *Środowisko naturalne, korzenie...*, op. cit., s. 199; Jan Karski, *Tajne państwo...*, op. cit., s. 223.

[167] Władysław Bartoszewski, wypowiedź podczas promocji książki Zofii Kossak *Wspomnienia z Kornwalii* w Krakowie 20 XI 2007 r.

kompromitujące materiały. Zofia Kossak nie została wówczas rozpoznana, ale wie, że trzeba natychmiast uciekać. Ma rację, bo gestapowcy wrócą o siódmej rano, ale zastaną tylko Witkacową, której panieńskie nazwisko Unrug wyda im się nazwiskiem niemieckim, więc zostawią ją w spokoju.

* * *

Odtąd rodzina będzie dużo rzadziej się widywać, oprócz Anny Kossakowej, która do końca już zostanie pod opieką Zofii. Pisarka i jej matka będą się ukrywać jako pensjonariuszki domu dla emerytek przy ul. Radnej. Anna Kossakowa, stale samotna, otrzymała suczkę, która ma jej samotność osłodzić. Nazwana zostaje Fopcią, a jej imię ma związek z nazwą organizacji – Frontem Odrodzenia Polski, którym kierowała Zofia Kossak.

Tadeusz Szczucki pojechał do Krakowa, Witold na Lubelszczyznę, córka Zofii Kossak jako Anna Sokołowska ze Lwowa zaczęła naukę u sióstr w Szymanowie. Później wspominać będzie o chłodzie, czasem nawet głodzie, ale także o wielkiej dobroci sióstr zakonnych, z którymi zresztą do końca życia Zofia Kossak utrzymywała przyjacielskie kontakty. W korespondencji znajdują się też podziękowania za pomoc finansową udzieloną im po wojnie.

Większość z nich nie znała prawdziwych nazwisk swoich podopiecznych, więc Anna musiała nieraz zagryzać wargi, żeby nie protestować, kiedy siostra Elżbieta czytała na głos *Krzyżowców* i przerywała lekturę, żeby wyrazić swój stanowczy brak akceptacji dla niektórych poglądów autorki i sposobu przedstawienia przez nią faktów historycznych. Kiedy Anna po wojnie będzie już opuszczać Szymanów, siostra przybiegnie, żeby ją przeprosić, bo właśnie przed chwilą dowiedziała się, że krytykowała książkę jej matki.

* * *

Wśród nieustannego zagrożenia, terroru i łapanek udało się rodzinie spędzić niezapomniane lato w Zielonce. Zofia Kossak wynajęła dom na wsi i stworzyła dla swojej coraz bardziej zmęczonej i schorowanej matki pozory normalnego, prawie beztroskiego życia. Odwiedzający Zielonkę konspiratorzy starali się nie pamiętać o ponurej wojennej rzeczywistości, uczestniczyli w radosnych piknikach, a nawet, zapominając o ostrożności, fotografowali zebrane towarzystwo. Zirytowana gospodyni pewnego dnia skrytykowała bawiącą się młodzież, niepomną na to, co dzieje się w ojczyźnie, i stanowczo domagała się, żeby lokatorzy opuścili jej dom. Wówczas Zofia Kossak wyjawiła jej prawdę o sobie i działających w konspiracji młodych ludziach, nieustannie narażających własne życie. Obie były wzruszone do łez, a gospodyni odtąd była niezwykle pomocna i życzliwa.

* * *

Władysław Bartoszewski opisał scenę, której był świadkiem. Pewnego dnia Zofia Kossak rozmawiała z człowiekiem, który szukał kontaktów z konspiracją. Usłyszała prawie dwugodzinną krytykę wszystkich władz podziemnych i ich poczynań. Bardzo prędko przestała odpowiadać na jego zarzuty, stała się dziwnie milcząca, z wyrazem twarzy, jakiego nigdy u niej nie widywał. Był to wyraz „niespotykanej twardości, a jednocześnie dumy i mocy". Potem, po jego wyjściu, powiedziała: „jakie to bolesne, gdy człowiek kieruje się pychą i uważa się za katolika"[168].

Karski mówił o niej „papieżyca", bo była zawsze bardzo zasadnicza i wymagała najwyższej powagi w traktowaniu spraw wiary, a także patriotyzmu, obowiązków wobec Boga i ojczyzny. Pytała więc: „Jesteś katolikiem? Jakim?", i pisała o istnieniu ludzi jawnie wyznających wiarę, nienawidzących niektórych bliźnich równie mocno, jak miłujących Boga, i głoszących: „Jesteś katolikiem, więc bij Żyda!"[169], i o przypadkach współudziału w bestialstwie Niemców. Wiedziała o wydarzeniach w Jedwabnem. W „Prawdzie" napisała o „przerażającym fakcie", kiedy to Niemcy wymordowali Żydów, a tylko garstce udało się uciec, więc kilku wiejskich wyrostków odnalazło ich kryjówkę, a ograbiwszy ich doszczętnie, wydali żandarmom, Niemcy zaś zabili wszystkich. Zofia Kossak napiętnowała też księdza, który w jednej z miejscowości diecezji sandomierskiej polecił chłopom „zawiadomić posterunek policji, iż po wsi pęta się Żydówka zbiegła z getta. Policja zabiła Żydówkę jak psa"[170]. Ksiądz, zdaniem relacjonującej wypadki pisarki, jest winien śmierci niewinnej kobiety.

---

[168] Władysław Bartoszewski, *Środowisko naturalne, korzenie...*, op. cit., s. 163.

[169] Zofia Kossak, *Jesteś katolikiem... Jakim?...*, w: *Zofia Kossak w Polsce Podziemnej...*, op. cit., s. 240.

[170] Zofia Kossak, *Pod pręgierzem*, „Prawda" 1942, cyt. za: Władysław Bartoszewski, *Środowisko naturalne, korzenie...*, op. cit., s. 175.

Zofia Kossak zwróciła też uwagę na uważających się za wierzących, a marzących o zemście, chcących tym samym wyręczyć sprawiedliwość bożą. Krytycznie napisała o dewotce, która trzy czwarte czasu spędza w kościele, odmawia coraz to nowe nowenny, niezliczone dziesiątki różańca i uważa się za doskonałość.

* * *

Zabierała głos w wielu sprawach, bo, jak sama to określała, była „etatową maszyną do pisania", a wymogi konspiracyjne zabraniały, rzecz jasna, podpisywania tekstów, które zawdzięczamy autorce *Krzyżowców*. Współcześnie, dzięki pracy Mirosławy Pałaszewskiej, dysponujemy sporym spis tytułów jej artykułów oraz wypowiedzi okupacyjnych i dzięki temu wiemy, jakie tematy podejmowała. Apelowała „o nowe oblicze wiary", twierdziła, że rozpętanie piekła na Ziemi jest wynikiem odejścia od Boga. Teraz trzeba wymagać bohaterstwa i świętości. „Być krzyżowcem to dziś święty obowiązek każdego katolika"[171] – przekonywała. Co więcej, wiedząc o tym, co dzieje się na Pawiaku, w Oświęcimiu i tylu innych miejscach, nie ukrywała, że trzeba przygotować się na cierpienie, które przeznaczył Bóg i którego wymaga ojczyzna. Uważała, że jest ono darem i „siłą stwarzającą nieskończone możliwości"[172].

Dla „Prawdy Młodych" napisała między innymi artykuł o tym, jak rodzice powinni traktować młodych ludzi,

---

[171] Zofia Kossak, *O nowe oblicze katolicyzmu*, „Prawda", III, 1943.

[172] Zofia Kossak, *Strzeżonego Pan Bóg strzeże*, „Prawda", VII, 1942.

chcących się zaangażować w działalność konspiracyjną. Nie można ich izolować, przekonywała, bo „czasy dzisiejsze są nie tylko niewypowiedzianie straszne, są one również niewypowiedzianie piękne i pouczające"[173]. W „Prawdzie" zamieściła filozoficzne rozważania o życiu i śmierci. Przybrały one formę dialogów, a jeden z rozmówców, Paweł, wyraźnie reprezentował jej poglądy i mówił: „widziałem tyle agonii, wiem, jaka to sroga walka, jak ciężko rozstać się z ciałem, a ciału z duszą, lecz u f a m, ufam bezgranicznie, że Bóg użyczy mi tyle siły, ile jej będzie na ten moment potrzeba"[174].

Wiele tekstów poświęciła agitacji na rzecz ludzi głodnych, opuszczonych i zapomnianych. Domagała się aktywnej postawy Polaków i apelowała: „Przez miłość Chrystusa Pana, na zbawienie duszy waszej prosimy – pomóżcie!!!"[175]. Pisała również o piekle obozów koncentracyjnych, o zadaniach polskich kobiet, ostrzegała, że okupanci chcą zniszczyć polski dom i polską rodzinę. Warto też wspomnieć o popularnym do dziś *Dekalogu Polaka*. Na Boże Narodzenie 1940 roku jako dodatek do pisma „Polska Żyje" ukazał się kalendarzyk, a w nim wspomniany *Dekalog...* Były to „przykazania dla uciemiężonego narodu", które dotarły do Londynu i czytano je w żołnierskich świetlicach. Część publicystycznych wypowiedzi tłumaczono na języki obce, na przykład na angielski.

Jej zaangażowanie społeczne niekoniecznie zjednywało jej tylko i wyłącznie zwolenników. Bardzo krytycz-

---

[173] Zofia Kossak, *Prawa i obowiązki młodzieży*, „Prawda", VII, 1942, w: *Zofia Kossak w Polsce Podziemnej...*, op. cit., s. 198.

[174] *Zofia Kossak w Polsce Podziemnej...*, op. cit., s. 293.

[175] Zofia Kossak, „...*byłem głodny...*", ulotka konspiracyjna z 1943 r., w: *Zofia Kossak w Polsce Podziemnej...*, op. cit., s. 274.

ne zdania na jej temat napisała przebywająca w Anglii kuzynka – Maria Pawlikowska-Jasnorzewska. „Widzę już pyskującą (...) Zofiję, ciotkę – matkę – dziennikarkę, z papierosem w zwiędłej gębie, krzykliwie podnieconą, dyszącą nienawiścią jak podburzony chłop"[176].

* * *

Zofia Kossak była inicjatorką przemycania na Pawiak konsekrowanych komunikantów. Otrzymała na to specjalną zgodę. W jej ostatnim domu znajdziemy notatki zaczynające się od słów: „Ekipa, do której należałam, ruszała od św. Krzyża. Świt. Niemcy jeszcze śpią. Trzy kobiety (zwykle kobiety) przyjmują komunię św. Czekają. Ksiądz daje znak z zakrystii. Zakamarki. Tam wyróżniona odbiera na klęczkach puderniczkę i chowa ją w zanadrze".

Na Pawiak przenosiła konsekrowane komunikanty Myszka Krysiakowa, wachmaisterka więzienna. Pisząc o niej, Zofia Kossak dodała: bohaterska, cudowna dusza. Bywało, że skazańcy spokojnie szli na śmierć, a przyjęta wbrew zakazowi komunia dodawała sił, „bywało, że tą szczęśliwą byłam ja – zanotowała Zofia Kossak i dodała: – Ile siły i pogody. Człowiek się nie bał. Był wolny od strachu"[177]. Miała nadzieję, że wspomnienie tamtych chwil i podjętej wówczas inicjatywy powróci i przesłoni wszystko inne w godzinie śmierci.

---

[176] List Marii Pawlikowskiej-Jasnorzewskiej do męża z 1942 r., w: Maria z Kossaków Jasnorzewska, *Listy do przyjaciół i korespondencja z mężem...*, op. cit., s. 136.

[177] Notatki: maszynopis z odręcznymi poprawkami dokonanymi długopisem przez Zofię Kossak w zbiorach Muzeum Zofii Kossak--Szatkowskiej w Górkach Wielkich.

Pudernicę z podwójnym dnem specjalnie na prośbę Zofii Kossak wykonał jubiler należący do konspiracji i to w niej właśnie, a także w medalionie przemycano komunikanty. Po wojnie pisarka złożyła pudernicę i medalion na Jasnej Górze jako wotum. Do dziś znajdują się w skarbcu.

* * *

Z religijnymi przekonaniami miało także związek wydarzenie opisane po latach w opowiadaniu *Naglące wołanie*. Chociaż bohaterka tamtej historii ma na imię Weronika, wiadomo na pewno, że pisarka mówi o sobie i obrazie, który z niewyjaśnionych powodów zwrócił jej uwagę. Wczesną wiosną 1941 roku znajdował się w warszawskim sklepie z dewocjonaliami. Przechodząca tamtędy Zofia Kossak miała wrażenie, że ktoś ją nagle zawołał. Obraz nie był z pewnością nadzwyczaj udanym dziełem sztuki, wręcz przeciwnie: „był ciemny ze starości, malowany nieudolnie. Ponad głową Jasnogórskiej dwa aniołki niezgrabne (...). Dzieciątko było sztywne, rysunek twarzy Bożej Rodzicielki wadliwy. Rzucało się w oczy, że malarz nie miał pojęcia o swoim rzemiośle"[178]. Mimo tych wad wizerunek Madonny miał jakąś ujmującą siłę wyrazu.

Pisarka, nie wiadomo dlaczego, odczuwając „naglące wołanie", sądziła, że powinna ten obraz kupić. Kosztował trzysta złotych, a suma ta, jak sama wyznała, była niemożliwa do zdobycia. Mimo to prawie codziennie odwiedzała sklep, a po kilku miesiącach niespodziewa-

---

[178] Zofia Kossak, *Naglące wołanie*, w: *Zofia Kossak w Polsce Podziemnej...*, op. cit., s. 144.

nie otrzymała dokładnie trzysta złotych. Przedwojenny wydawca, widząc jej zniszczone buty, dał jej pieniądze na poczet książek, które powstaną po wojnie. Nie kupiła butów ani ubrań, kupiła obraz. Nazajutrz miała zrozumieć dlaczego. Podczas nocnego bombardowania Warszawy sklep z dewocjonaliami został zupełnie zniszczony, ale obraz ocalał.

* * *

W poniedziałek Wielkiego Tygodnia wcześnie rano Zofia Kossak i jej córka usłyszały w mieście wybuchy i kanonadę z broni ciężkiej, więc pośpieszyły do miasta, a tam mówiono im: getto się pali. Pod murami zgromadzili się przerażeni ludzie, żołnierze gotowi do strzału nie pozwalali podejść bliżej, gęsty dym wszystko przesłaniał, ale można się było domyślić, że za murami dzieją się dantejskie sceny. Pomoc była niemożliwa. Wróciły przygnębione i nie zapomniały o pożarze, którego nikt nie gasił, o „wyciu rozpaczy jednych, rozbestwieniu drugich".

* * *

W pewnym momencie stało się jasne, że Niemcy postanowili unicestwić naród żydowski, więc trzeba było udzielić mu pomocy. W tej sytuacji „nie można biernie patrzeć na zło" – mówiła Zofia Kossak. Mówiła też, posługując się retoryką sprzed wojny, że oto spełniają się proroctwa, że się „przyobleka w ciało klątwa własnowolnie na siebie ściągnięta... Krew Jego na nas i na syny nasze..."[179].

---

[179] Zofia Kossak, *Proroctwa się wypełniają*, „Prawda", V 1942.

Dlaczego pomagała Żydom, skoro nie kryła swojej wobec nich niechęci? Do tej pory szuka się odpowiedzi na to pytanie i nadal słyszymy bardzo różne opinie. Carla Tonini przyznaje, że dużą rolę odegrało religijne przekonanie o potrzebie miłości bliźniego, ale nie tylko: „Do tego dodałabym również tradycyjną antyniemieckość endecji – mówi – bardzo widoczną w publicystyce i prozie Zofii Kossak. To, co pisała podziemna prasa narodowa, sprowadzało się do hasła: »Niech ci cholerni Niemcy zostawią w spokoju naszych Żydów!«"[180] – uważa badaczka.

Ci, którzy znali pisarkę i obserwowali jej działalność podczas okupacji, mówią o tym, że dla niej liczył się przede wszystkim człowiek – bezradny, bezbronny i zagrożony.

* * *

Na zawsze w pamięci zachowała straszne obrazy, a kiedy próbowała je odtworzyć po wojnie, robiła to, jak zapamiętano, niechętnie i z wyraźnymi emocjami. Na Nowym Świecie oficer niemiecki złapał sześcioletniego chłopca za kark jak szczeniaka i wepchnął do kanału. Kiedy zaś Niemiec zobaczył Polaka dającego żydowskiemu dziecku jałmużnę, zmusił go do utopienia dziecka, grożąc, że zabije ich obu. „Polak nie wytrzymał, załamał się, rzucił dzieciaka przez poręcz do rzeki. Niemiec poklepał go po ramieniu. Rozeszli się". Dwa dni później Polak się powiesił, bo nie mógł zapomnieć, jak „chude

---

[180] *Antysemitka, która ratowała Żydów. Z Carlą Tonini rozmawia Piotr Zychowicz...*, op. cit.

rączyny dziecka czepiały się go rozpaczliwie, a on je oderwał i cisnął"[181] – wspominała Zofia Kossak.

Razem z innymi mieszkańcami Warszawy widziała dzieci, które wymykały się z getta jeszcze przed jego likwidacją, żebrały i „straszno było patrzeć na te małe widma ciemnożółte, o skórze przyległej do kości, małe szkielety, u których głód zabijał strach"[182].

W wywiadzie przeprowadzonym przez Józefa Goldkorna w 1962 roku, a także w liście do Ireny Rybotyckiej napisanym na farmie w Trossell pisarka przywołuje przejmującą scenę, która rozegrała się w likwidowanym getcie. Jej łączniczki widziały i opowiedziały, jak z okien płonącego domu wyskoczyła cała rodzina. Babka rzuciła poduszkę, poduszka upadła na bruk, poruszyła się i żołnierz niemiecki kilka razy dźgnął w nią bagnetem, ziemia sczerwieniała, a poduszka znieruchomiała.

* * *

Pomaganie Żydom zaczęło się od dostarczania „lewych papierów" uciekinierom z getta, od lokowania kobiet i dzieci w bezpiecznych miejscach, na przykład zakonach. Ratując Żydów, Zofia Kossak ryzykowała życie swoje i swoich dzieci i nigdy nie zapomniała lęku, który jej towarzyszył, kiedy uświadamiała sobie, że naraża Annę i Witolda „na śmierć prawie pewną". Taką postawę jednak uważała za obowiązek. W powojennym

---

[181] Zofia Kossak, *Umarli nie wracają*, list Zofii Kossak do Ireny Rybotyckiej napisany w lutym 1954 r. na Trossell Farm, opublikowany przez Annę Bugnon-Rosset w „Tygodniku Powszechnym" 1995, nr 16.
[182] Ibidem.

liście wspominała jedną z takich akcji polegającą na przeprowadzeniu Żydów przez miasto w wyznaczone miejsce. Anna towarzyszyła swojej rówieśnicy, a Witold szedł razem z jej mężem. „Cała rodzina miała typ jaskrawo semicki, bijący w oczy"[183]. Udało się ich uratować.

Ona i jej współpracownicy wyprowadzali dzieci poza mury getta. Pisała potem, że są one najczęściej mądre, miłe, inteligentne i bystre. Dwunastoletnia Joasia, którą prowadziła, choć było ciemno i nigdy wcześniej pisarki nie widziała, zapytała: „Czy pani przed wojną nie mówiła kiedyś przez radio?"[184].

Wiele uratowanych dzieci podawała do chrztu i utrzymywała, że chętnie garnęły się do wiary chrześcijańskiej. W tego typu stwierdzeniach było sporo dość naiwnej wiary w możliwość nawrócenia ocalonego narodu, a tym samym zasymilowania go z Polakami. Niemniej twierdziła, że dzieci na początku były religijne, dlatego że katolicyzm ochronił je przed Niemcami, ale potem same dokonywały wyboru. Po jedną z podopiecznych zgłosiła się po wojnie bogata rodzina z Ameryki. Zaadoptowana podczas wojny przez ubogą polską rodzinę dziewczyna zdecydowała się zostać.

* * *

Ratowanie Żydów łączyło się z wielkim niebezpieczeństwem również z powodu postawy samych Żydów, przerażonych i zaszczutych. Po wojnie Zofia Kossak tak oceniała zachowanie wielu uratowanych: „Kiedyś py-

---

[183] Ibidem.
[184] Ibidem.

tałam bardzo porządnego Żyda, czy w razie »wpadki« sypnąłby nas. Namyślił się nad odpowiedzią. Powtarzam, to był bardzo porządny i rozumny człowiek. Powiedział: »Proszę pani, ja bym nie chciał, ale jakby bardzo bili, to ja bym musiał«"[185].

„Otóż to! – komentowała pisarka. – A Niemcy »bardzo bili«". Wspominała też o tym, jak prowadzono ich w tymczasowe miejsca, gdzie mieli spędzić jedną noc, a potem zostać zaprowadzeni w bezpieczniejsze miejsce, poza miasto, ale „na pół obłąkani ze strachu" nie chcieli się ruszyć. Polacy musieli wszcząć fałszywy alarm, ostrzegający przed gestapowcami[186].

* * *

Zofia Kossak niosła pomoc Żydom także jako publicystka. To spod jej pióra wyszła słynna ulotka *Protest*. Mówiąc o reakcji Polaków na Holocaust, nie sposób jej pominąć. Była pierwszą oficjalną i zdecydowaną reakcją środowisk katolickich potępiającą zagładę Żydów na terenie Polski. W dramatycznych i pełnych ognia słowach apelowała do katolików, odwołując się do ich przekonań religijnych i napominając, że nie można przechodzić obojętnie wobec tragedii ludzkiej. Uważała Żydów za „politycznych, gospodarczych i ideowych wrogów Polski", powtarzając tym samym swoje przedwojenne poglądy, jednak przerażało ją to, co robili Niemcy. Chcąc przemówić do serc i sumień rodaków, przekonywała, że „krew niewinnych woła o pomstę do nieba", że brak reakcji jest jednocześnie przyzwo-

---

[185] Ibidem.
[186] Ibidem.

leniem na zło, a przez milczącą i bierną postawę wobec zbrodni człowiek staje się wspólnikiem zbrodniarza. „Nie chcemy być Piłatami" – zapewniała. Podjęcie działania w takiej sytuacji to nie tylko nakaz sumienia i Ewangelii, lecz także interes narodowy, inaczej Polacy zostaną okrzyknięci „pomocnikami śmierci"[187].

I znów próbuje się odpowiedzieć na pytanie, z jakiego powodu tak zdecydowanie zaprotestowała osoba nadal uważająca Żydów za politycznych i gospodarczych wrogów Polski? W odpowiedzi słyszymy opinię, że w obliczu zagłady trzeba było porzucić dawne nawyki myślowe, ponieważ „to był warunek zachowania człowieczeństwa".

Jesienią 1942 roku Jan Karski, emisariusz, został wysłany do Londynu, a wśród materiałów miał mikrofilmy z fragmentami *Protestu*. Wśród żegnających go była Zofia Kossak, którą kochał, choć nie był w niej zakochany.

* * *

Protest stał się popularny, rozchodził się w kraju i na Zachodzie. Zofia Kossak została wezwana do Delegatury Rządu. Przed jednym z ministrów, Leopoldem Rutkowskim (pseudonim Zawadzki), leżała odezwa. Zapytał pisarkę i czekającą już na nią działaczkę ruchu socjalistycznego Wandę Krahelską Filipowiczową, czy czynami poprą słowa. Odpowiedź była oczywista. Obiecał pieniądze, a one miały ratować Żydów. „Ale jak? – zastanawia-

---

[187] Zofia Kossak, *Protest!*, Front Odrodzenia Polski, ulotka z 11 VIII 1942 r., w: *Zofia Kossak w Polsce Podziemnej*, op. cit., s. 206–208.

ły się. – Klasztory pękają w szwach, w niektórych domach uczą rzekomych członków rodziny lub lokatorów pacierza i znaku krzyża, żeby się nie zasypali"[188].

Zadanie wykonały. Powstał Komitet im. Konrada Żegoty (Żegota był postacią fikcyjną wymyśloną przez Zofię Kossak). Organizacja się rozrosła i dzięki niej udało się uratować tysiące Żydów, a współcześni przypisują główną zasługę Zofii Kossak – inicjatorce tych działań. Zaczęto organizować pomoc na wielką skalę. Wydawano fałszywe dokumenty, dawano pieniądze, odzież i żywność. Przede wszystkim jednak szukano schronienia, zapewniano pomoc lekarską. Małe mieszkanie Zofii Kossak przy ul. Radnej 14 było stale pełne. Żydzi wspominali potem, co dla nich oznaczały i ta pomoc, i wcześniejszy *Protest*. To był powrót do świata prawdziwie ludzkich wartości. „Ucząc się niemal jego fragmentów na pamięć (…) – płakali"[189].

Tak powstała i działała Żegota. Zofia Kossak po wojnie, mówiąc o tej organizacji, nieodmiennie zaznaczała: „Niech pan nie przypisuje tylko mnie tych zasług. Byłam jedną z wielu, którzy wykonywali te zadania z wielkim poświęceniem"[190].

* * *

[188] Zofia Kossak, *Umarli nie wracają…*, op. cit. W Muzeum Zofii Kossak znajduje się maszynopis podobnej relacji dotyczącej okupacji.

[189] Teresa Prekerowa, *Konspiracyjna Rada Pomocy Żydom w Warszawie 1942–1945*, Państwowy Instytut Wydawniczy, Warszawa 1982, s. 192.

[190] Zofia Kossak, *Nie wolno nam zapomnieć*, maszynopis wywiadu przeprowadzonego przez Józefa Goldkorna w 1962 r. dla II programu Polskiego Radia.

Córka pisarki w swoich wspomnieniach napisze po latach, że kilkadziesiąt tysięcy Żydów było w różny sposób wspomaganych przez organizację założoną przez jej matkę, a później doda jakby z żalem, że dopiero w 1982 roku Zofia Kossak została uznana przez państwo Izrael za Sprawiedliwego wśród Narodów Świata. Jan Dobraczyński uważał, że mało kto zrobił dla Żydów tak wiele „i mało kto usłyszał za tę bezprzykładnie ofiarną pracę tak mało słów wdzięczności"[191]. Nie był w swojej opinii odosobniony.

Dyplom i medal przyznano Zofii Kossak na podstawie świadectwa Maurycego Gelbera, który ukrywał się pół roku w jej mieszkaniu. Dodać trzeba, że odznaczenia przyznawano przez instytut Yad Vashem już od lat sześćdziesiątych XX wieku.

Na pytanie, dlaczego tak się stało, profesor Carla Tonini, historyk z bolońskiego uniwersytetu, odpowiedziała dziennikarzowi: „Niestety, wielu badaczy ma tendencje do upraszczania rzeczywistości. Wszystko musi być czarno-białe. Według schematów. Dobrzy ludzie ratują, a źli zabijają. Przez wiele lat mówiono, że Żegotę założyli demokraci, socjaliści, ludzie z lewicy. Do tej wizji Zofia Kossak z jej poglądami nie pasowała"[192].

Niewątpliwie znaczenie miały też jej przedwojenne publicystyczne wypowiedzi na temat Żydów.

Dziś, obok słów uznania dla pisarki jako Sprawiedliwej wśród Narodów Świata, słyszymy również z ust naukowców i dziennikarzy opinie, że w okupowanej

---

[191] Jan Dobraczyński, *Tylko w jednym życiu*, Instytut Wydawniczy PAX, Warszawa 1970, s. 392.
[192] *Antysemitka, która ratowała Żydów. Z Carlą Tonini rozmawia Piotr Zychowicz...*, op. cit.

Warszawie tylko wykonała zadanie, aby być w zgodzie z własnym sumieniem, ponieważ była i pozostała antysemitką i nacjonalistką. Dyskusje trwają, a wymiana zdań nadal rodzi sporo emocji.

* * *

„Ciotka" wyjeżdżała nieraz na rowerze poza miasto, woziła konspiracyjną prasę, a dla niepoznaki trochę kiełbasy, słoniny, żeby w razie rewizji mogła uchodzić za szmuglerkę. Wiele razy dziwnym zbiegiem okoliczności uniknęła aresztowania. Kiedy na przykład przebywała w Zagórkach u rodziny Bispingów, pracowała właśnie nad broszurą, gdy wszedł Niemiec, który przyjechał na kontrolę tartaku. Zaczął przeglądać notatki, wreszcie zrezygnowany skwitował dziwne i nieczytelne hieroglify Zofii Kossak stwierdzeniem: „to chyba pisał jakiś wariat". Inna wersja tej historii mówi, że gospodarz domu sam podsunął wersję o niespełna rozumu krewnej, która spisuje kazania, i tym sposobem udało się nie dopuścić do dalszego wertowania niebezpiecznych notatek konspiratorki. Innym razem ostrzegł ją chłop siedzący na wozie zaprzężonym w dość mizernego konia. Chłop ten monotonnym głosem powtarzał słowa wymyślonej przez siebie piosenki: „Niemcy rewidują na przystanku". Śpiewał wciąż to samo, a ostrzeżeni w ten pomysłowy sposób rowerzyści, a wśród nich Zofia Kossak, zjechali na boczną drogę i dzięki temu ominęli niebezpieczeństwo. Ocalenie zawdzięczała też harcerzom, którzy kazali jej zawrócić z drogi do wynajętego mieszkania przy ul. Polnej, dyskretnie ostrzegając przed Niemcami.

Niestety, nie wszystkie ostrzeżenia Zofia otrzymała w porę i nie wszystkich niebezpieczeństw udało się jej uniknąć. Niemcy szukali konspiratorki z coraz większym zniecierpliwieniem, zarzucając jej już nie tylko przedwojenną, ale przede wszystkim okupacyjną działalność.

* * *

25 września 1943 roku na ulicy Tamka w Warszawie została przypadkowo wylegitymowana przez patrol żandarmerii niemieckiej. Szła razem z łączniczką „Urszulą" (Marią Przyłęcką) inną trasą niż zwykle, bo nie miała pieniędzy dla żebraka, któremu zawsze dawała datki, a nie chciała przejść i spojrzeć mu w oczy, nie zapewniając przy tym żadnego wsparcia. Zatrzymana miała teczkę pełną konspiracyjnej prasy. Obie kobiety zostały aresztowane, ale Niemcy nie od razu odkryli prawdziwą tożsamość pisarki. Próbowała przekonać ich, że jest zwykłą szmuglerką, i ktoś zaproponował, aby razem ze znajomą przewiozły paczkę, za co miały dostać zapłatę. O tym, co jest w paczce, nie wiedziały. Wydawało się, że może zmyślona historyjka uratuje im życie, bo Niemcy chyba próbowali znaleźć rzekomego właściciela paczki, który miał czekać na przystanku. W końcu obie kobiety zostały przewiezione z komisariatu na Szucha. Tu Zofię Kossak spotkało to, o czym pisała wielokrotnie w konspiracyjnych artykułach: uciążliwe przesłuchania, upokorzenia i bicie. Uderzono ją tak mocno, że znalazła się na podłodze po drugiej stronie pokoju. Po tym przesłuchaniu już do końca życia nie słyszała dobrze na jedno ucho. „Zęby moje, zawsze liche – spotkał najbardziej

honorowy koniec"[193] – napisała w pierwszym grypsie z Pawiaka.

* * *

Przyjaciele i współpracownicy Zofii Kossak byli przerażeni faktem, że pisarka jest w rękach Niemców. Od razu rozpoczęły się starania o jej uwolnienie. „Wydawało się nam, że »Ciotka« jest, istnieje zawsze jednakowo pogodna, nieznużona, gotowa brać udział w każdej ważnej i ryzykownej sprawie" – pisał Władysław Bartoszewski, któremu podobnie jak innym współpracownikom brakowało jej „dyskretnej, nie narzucającej się obecności". Wkrótce wiedział już, że grypsy przychodzące z Pawiaka „pełne były pogody i pokory, niepokoju o bliskich i nacechowane brakiem troski o siebie"[194].

* * *

27 września Anna dowiedziała się w szkolnej rozmównicy w Szymanowie od brata Witolda, że matka została aresztowana. Za wszelką cenę postanowili chronić babcię, więc powiedzieli jej, że Zofia musiała wyjechać daleko na wieś, żeby się ukryć, a później nawet, naśladując charakterystyczne pismo matki, zredagowali list zawiadamiający rodzinę, że jest bezpieczna i niedługo zostanie wysłana drogą emisariuszy do Londynu. Anna

[193] Janina Lasocka, *Zofia Kossak w czasie okupacji*, w: *Zofia Kossak*, Muzeum Niepodległości w Warszawie, Fundacja Archiwum Polski Podziemnej 1939–1956, Warszawa 1992, s. 60.
[194] Władysław Bartoszewski, *Z Zofią Kossak w podziemiu*, w: *Zwyczajna świętość...*, op. cit., s. 40–41.

wspomina, że podobno matka miała kiedyś taką propozycję, ale ją odrzuciła. Babcia udawała, że wierzy w kłamstwo wnuków, które ma ją chronić. Parę miesięcy później
wyznała im, że od razu domyśliła się wszystkiego.

* * *

Po dziesięciodniowym pobycie na Pawiaku Zofię Kossak wysłano do Oświęcimia. Syn i córka zostali o tym
powiadomieni. Wiedzieli, że „mało kto stamtąd powra-
ca"[195].

Zgodnie z relacją jednej z byłych więźniarek transport z Pawiaka, liczący prawie 250 kobiet, przewieziono w zamkniętych bydlęcych wagonach 5 października 1943 roku do Oświęcimia. Nad ranem, po dwóch
dniach makabrycznej podróży, więźniarki znalazły się
w KL Auschwitz-Birkenau. Drogę do obozu oświetlały
silne reflektory, ale widać było i inne światła – światła
pracujących krematoriów. Obóz, o którym Zofia już tyle
słyszała, teraz jawił się jako pustynia o gołej ziemi, a widok łun nad krematoriami przypominał, że oto widać
uchylone wrota piekła.

* * *

Potem nastąpiła kąpiel w łaźni, golenie głów i napięt-
nowanie numerem. Pisarce, której prawdziwego nazwiska Niemcy nadal nie znali, wytatuowano numer 64491.
Prawdziwą tożsamość nowej więźniarki znało wiele jej
towarzyszek, od razu więc robiły wszystko, aby ją ura-

---

[195] Anna Szatkowska, *Był dom...*, op. cit., s. 134.

tować. Dzięki ich staraniom otrzymała funkcję torwachy (bramowej), potem nachtwachy (nocnej dyżurnej).

Chroniona przez współwięźniarki, i tak wiele widziała i doświadczała rzeczy strasznych, a dowiadywała się jeszcze straszniejszych. Opisała je potem w swoich wspomnieniach, w których przedstawiała wszystkie aspekty obozowego życia i mówiła o powszechności śmierci. Widziała teraz w obozie wszelkie możliwe przejawy zła, a więc fizyczne i psychiczne znęcanie się nad człowiekiem, demoralizację, asekuranctwo, skrajny egoizm, chęć przeżycia za wszelką cenę i tak zwane „organizowanie". Pełniąc nocne dyżury, musiała pilnować porządku wewnątrz bloku i wynosić kubeł z nieczystościami. Z tęsknotą wspominała czasy, w których widoczne na horyzoncie ośnieżone beskidzkie szczyty były miejscami kojarzącymi się z narciarskim szaleństwem i pieszymi wycieczkami. Wszystko to, a więc życie na wolności, było tak odległe, że aż wydawało się nierealne. Rzeczywistość zmuszała do stróżowania pomiędzy długimi rzędami baraków, oglądania porzuconych ludzkich ciał, po których bezkarnie harcowały szczury, i litościwego traktowania chorych więźniarek usiłujących wypróżnić się gdziekolwiek, podczas gdy nie powinna do tego dopuścić. Inne nachtwachy biły i przepędzały, ona nie mogła, więc blokowa nazywała ją pogardliwie inteligentką ze skrupułami. Wśród tych zdarzeń wciąż zastanawiała się nad sensem istnienia lagru i nad tym, jak w tej sytuacji nie stracić ludzkiej godności.

Zofia Kossak teraz zobaczyła na własne oczy to, co znała wcześniej z konspiracyjnych relacji o selekcjach, egzekucjach i krematoriach. Wiedziała już, że Oświęcim to piekło i że „umrzeć to łatwizna – żyć, żyć jak człowiek, nie jak muzułman, to sztuka, największa sztuka lagrowa...

Tej sztuki warto się uczyć"[196]. Tej sztuki uczyła się, a pod koniec życia powiedziała, że jej największym osiągnięciem jest „praca w konspiracji i przebycie Oświęcimia". Stąd – jak zaznaczyła – „wyszła w najgorszej formie fizycznej, ale najlepszej duchowej"[197]. Widziała wokół siebie kobiety załamane, zdesperowane i takie, które przy życiu podtrzymywała tylko myśl o zemście. Próbowała pokazać im sposoby przetrwania obozu. Organizowała odczyty i pogadanki, chciała je skłonić do tego, by zwróciły myśl w stronę zagadnień i spraw wzniosłych i pięknych. Mówiła o historii i literaturze; opowiadała legendy i podania, a mówiła – jak zapamiętano – interesująco, barwnie i w taki sposób, że kobiety czuły się podniesione na duchu. Zapamiętały święta Bożego Narodzenia w 1943 roku. Zorganizowała wówczas Wigilię, a one słuchały jej słów, a potem na próżno próbowały śpiewać kolędy, bo zamiast śpiewu rozlegał się tylko ich płacz. Jedna z więźniarek utrzymuje, że planowano zorganizowanie ucieczki pisarki i jej łączniczki. Zrezygnowano jednak z dwóch powodów: po pierwsze – ze względu na zbiorową odpowiedzialność, jaką musiałyby ponieść pozostałe kobiety, po drugie – z uwagi na fakt, że Zofia Kossak „nazywana »Ciocią Zosią« potrzebna była w obozie. Umiała podtrzymywać na duchu inne więźniarki"[198].

---

[196] Zofia Kossak, *Z otchłani. Wspomnienia z lagru...*, op. cit., s. 197.

[197] List Zofii Kossak do Amelii Szafrańskiej z 15 XII 1967 r. List zacytowała Adresatka w książce z serii *Sylwetki współczesnych pisarzy: Kossak-Szatkowska*, opracowała Amelia Szafrańska, Agencja Autorska i Dom Książki, Warszawa 1968, s. 57.

[198] Stanisława Rachwałowa, *Relacja oświęcimska ze zbiorów Państwowego Muzeum w Oświęcimiu*, cyt. za: *Zwyczajna świętość...*, op. cit., s. 73.

Nie wszystkie wspomnienia mają jednak podobny wydźwięk. Są i skrajnie odmienne. Niektóre więźniarki zazdrościły jej szczególnego traktowania i nazywały „Zasuszoną Śliwką", bo była drobna i wycieńczona. Według jednej z relacji Zofia Kossak była „egoistką, samolubem zapatrzonym w siebie", a tłumy prominentek usługiwały jej, „przynosiły żarcie, które ona magazynowała, a potem żarła, nie dzieląc się niczym. (...) Pewnego dnia, słysząc, że Pani Zofia (zdrowa) woła o basen – zwróciłam jej uwagę, mówiąc: wstydziłaby się pani, będąc zdrową krową, zawracać głowę pucerkom"[199].

* * *

Tymczasem najbliższa rodzina i przyjaciele wysyłali do Oświęcimia paczki. Lekarz, były więzień, sporządził spis produktów i rzeczy, które powinno się spakować tak, żeby znalazło się w paczce jak najwięcej witamin i tłuszczów pozwalających przeżyć. Wysyłano więc słoninę, smalec, kapustę kiszoną, cebulę, jabłka, suchary, coś słodkiego, suszone owoce, twarde ciasteczka. Każda rzecz musiała być ważona i spisywana na specjalnym formularzu.

Wnuki odwiedzały Annę Kossakową i wszyscy udawali, że nie niepokoją się o Zofię, która przecież bezpieczna przebywa za granicą.

* * *

Jesienią 1943 roku w obozie wybuchła epidemia tyfusu plamistego. W końcu grudnia zachorowała również

---

[199] List Janiny Wojnar z 1999 r. List w zbiorach prywatnych.

Zofia i około trzech miesięcy spędziła w szpitalu. Cudem przeżyła. Wcześniej ciężko zachorowała „Urszula" – jej łączniczka. Odwiedzająca ją pisarka z ogniem w oczach przekonywała, że trzeba żyć, obie wrócą do domu, bo wojna się niebawem skończy. Wydawało się, że jej zapewnienia na nic się nie zdadzą. Epidemia rozprzestrzeniała się bardzo szybko. Codziennie umierało kilkaset kobiet. Zachorowała i Zofia Kossak. „Urszuli", która tymczasem powoli odzyskiwała siły, powiedziano, żeby poszła się z nią pożegnać. Pisarce dawano niewielkie nadzieje na przeżycie. „Urszula" była pewna, że widzi ją po raz ostatni. Patrzyła na nieruchome ciało, opuchniętą twarz. W miejscu, gdzie powinny być oczy, widziała wąskie szpareczki. Zofia leżała bez ruchu, była już jakby nieobecna.

A jednak przeżyła tę noc i zaczął się powolny powrót do zdrowia. Na deskach swojej koi napisała: „Każdej chwili mego życia wierzę, ufam, miłuję". W gromadzonych po wojnie wspomnieniach byłych więźniarek Oświęcimia znalazło się zdanie o tym, że niektóre z nich rozdrażnione były jej nieustanną modlitwą. Zapamiętały niebieski różaniec. Ona zaś zapamiętała i opisała później straszne umieranie setek kobiet leżących nieraz na jednej koi z umarłymi. Zapamiętała Mariannę Pazur, która chciała wrócić do domu, bo miała tam „porządne obleczenie na śmierć" i gromnicę – tu umierała jako jedna z wielu bezimiennych, wiedząc, że jej ciało „wywloką jak ścierwo" i wrzucą na stos innych bezimiennych ciał. Zapamiętała modlącą się po łacinie zakonnicę, a także córkę i matkę, które nie pozwoliły się rozdzielić w obozie i umierały razem, leżąc obok siebie, a półprzytomna z gorączki matka „podnosi obolałą głowę, podsuwa córce pudełko od paczki, zastępujące na rewirze wezgłówek"[200].

Po wojnie, w trakcie spisywania obozowych wspomnień, została poproszona o opowieść o jednej z więźniarek, która nie przeżyła obozu koncentracyjnego. Prosiła o to jej matka. „Nie miałam odwagi spotkać się z Panią – odpowiedziała pisarka, tłumacząc, że bardzo źle się czuje. – Moje dawne zdrowie skończyło się w lagrze – dodała, a poza tym nie ma jej nic krzepiącego do przekazania. – Rzeczywistość lagrowa była tak okropna, że każde moje słowo musiałoby Pani zadać ból"[201]. Pocieszała matkę, pisząc, że jej córka „postawę miała pierwszorzędną", wierzyła, że wróci, ale stała się ofiarą strasznej epidemii tyfusu, która trwała od listopada do lutego. Umierało wówczas po trzysta kobiet dziennie.

* * *

Wśród tej powszechności śmierci Zofii z Kossaków udało się przetrwać. Uważała to za cud, a przyglądając się śmierci młodych ludzi i widząc żałobę tych, którzy w obozie stracili swoje dzieci, mówiła: „stokroć lepiej byłoby samemu pozostać w lagrze niż mieć tam dziecko". Nie wiedziała jeszcze wówczas, że więźniem tego samego obozu był jej syn Tadeusz Szczucki. Zdziwiona więc była, kiedy leżąca na niższej pryczy Cyganka ujęła w obozowym szpitalu jej bezwładną rękę i zaczęła

---

[200] Zofia Kossak, *Z otchłani. Wspomnienia z lagru...*, op. cit., s. 220–227.
[201] List Zofii Kossak do Zofii Dragat z 1945 r. Korespondencja w zbiorach Biblioteki Narodowej w Warszawie.

mówić, że długo jeszcze będzie żyła, że za morzem czekają na nią duże pieniądze i że przy życiu pozostali mąż
i dwoje dzieci. „Mam troje dzieci" – protestowała Zofia
Kossak, a jednak Cyganka się nie myliła.

Ustalono po wojnie, że zaprzyjaźniona z rodziną
Anna Sadowska była ostatnią osobą spośród najbliższych
znajomych, która widziała Tadeusza. Potem zaginął.
Matka nigdy nie poznała prawdy o jego śmierci. Dopiero w 2001 roku, kiedy ostatecznie uporządkowano
dokumentację, okazało się, że istnieje w oświęcimskim
archiwum akt zgonu Tadeusza, a w nim beznamiętna
informacja: Tadeusz Szczucki, syn Zofii Kossak, zmarł
17 marca 1943 roku o godzinie 17.20.

W tym samym roku w październiku do Oświęcimia
przybył kolejny transport więźniów, wśród nich była
matka Tadeusza. Niewiele brakowało, żeby i ona została
ofiarą lagru. O Oświęcimiu mówiła potem: „Tam, gdzie
ja byłam, to nie jest Oświęcim. Protestuję! Oświęcim to
poczciwe, miłe miasteczko. Obóz koncentracyjny jest
w Auschwitz. Nie wolno mówić Oświęcim!"[202].

* * *

W Auschwitz Zofia Kossak była do 12 kwietnia 1944 roku, potem niespodziewanie przewieziono ją z powrotem
do Warszawy. „Urszula" pamiętała, jak opuszczała rewir.
Otulona zarzuconym na ramiona kocem, szła powoli,
wyprowadzana przez lekarki. Ledwo ciągnęła za sobą
nogi w za dużych butach. Leczono ją, zanim wyprowa-
dzono ostatecznie za obozowe druty, ale i tak ważyła 38

---

[202] *Zofia Kossak w Polsce Podziemnej...*, op. cit., s. 47.

kilogramów. Leon Want, zapisujący jej dane na Pawiaku, zobaczywszy ją, pomyślał, że jest tylko cieniem człowieka. Mówiła o nim później „opatrznościowy człowiek", bo widząc, że zapomniała, jakie dane podawała zaraz po pamiętnym aresztowaniu, pomógł jej, odczytując je głośno z dokumentów. Nadal była więźniarką, a szanse na uwolnienie wydawały się niewielkie.

Dzięki konspiracyjnym kontaktom paru osobom udało się z nią zobaczyć. Należeli do nich między innymi Anna Lasocka i syn Witold, którzy otrzymali zgodę na półgodzinne widzenie. Ledwie ją poznali, była bardzo słaba, wychudzona, z włosami dopiero co odrastającymi, z wybitymi zębami, ale blask w oczach był ten sam. Na fotografiach wykonanych tuż po wojnie widać, jak bardzo zmizerniała, ale widać też w jej oczach ten blask, który dostrzegali jej bliscy.

Niemcy leczyli Zofię Kossak, bo nie chcieli, żeby umarła, dopóki nie zostanie osądzona. Znali już jej prawdziwe nazwisko. Znowu zaczęły się przesłuchania, według wspomnień córki chcieli uwolnić ją w zamian za współpracę przeciw Sowietom. W końcu skazali ją na śmierć.

Na Pawiaku czekała na wykonanie wyroku.

Pisała stamtąd przejmujący list do prezydenta Władysława Raczkiewicza w formie grypsu, opisywała sytuację więźniarek w Birkenau, śmierć i obawę tych, które jeszcze żyją, że Niemcy „poślą je wprzód do »komina«", zanim zostaną zmuszeni do opuszczenia obozu[203].

---

[203] List Zofii Kossak do prezydenta Władysława Raczkiewicza pisany w formie grypsu z Pawiaka 24 V 1944 r., w: *Zofia Kossak w Polsce Podziemnej*..., op. cit., s. 317.

Zofia Kossak, skazana na śmierć, chciała ocalić więźniarki Auschwitz. Żądała, prosiła, błagała, by jej uwierzono.

* * *

Tymczasem władze Polski Podziemnej wywierały presję, może przekupywały Niemców, szczegółów nie znamy, ale wiemy, że egzekucja była odkładana z tygodnia na tydzień.

Wojna dobiegała końca. Niemcy opróżniali więzienia. Wyprowadzili ją razem z innymi na dziedziniec. Był 28 lipca 1944 roku. Zofia Kossak sądziła, że będzie dniem jej śmierci.

Podzielili ich na grupy. Osobno stanęli ci, którzy mieli zostać rozstrzelani, Niemiec sprawdzał nazwiska, podszedł do Zofii Kossak i zdarzyło się coś, czego się nie spodziewała. Opowiedziała później o tym momencie swojej córce, a my możemy o nim przeczytać w jej wspomnieniach. Niemiec podszedł do jej matki, „krzyknął coś ze złością do pilnujących esesmanów, po czym szarpnął Mamę za ramię, popchnął ją gwałtownie do stojącej osobno grupy i kazał im iść za sobą"[204].

Byli przekonani, że strzelą im w plecy, a jednak zostali poprowadzeni w stronę bramy wyjściowej, wyprowadzeni na ulicę i pozostawieni. Byli wolni. Wśród nich Zofia Kossak. Zobaczyła Alfreda Szatkowskiego, wujka Fredzia, którego jej dzieci uwielbiały, bo był podróżnikiem, towarzyszem ich zabaw, bo świetnie opowiadał i robił dla nich wymyślne czapki z papieru. Podczas wojny to

---

[204] Anna Szatkowska, *Był dom...*, op. cit., s. 144.

w jego imieniu Zofia Kossak pisała listy do męża do oflagu i na jego adres przychodziły odpowiedzi. Może ten fakt był przyczyną aresztowania. Teraz oboje ocaleli.

Anna Szatkowska przyjechała do Warszawy z Szymanowa dzień później. Przywitała się z babcią, a u Lasockich dowiedziała się, że matka jest wolna. Wróciła więc, żeby babcię Kossakową przygotować na spotkanie z córką. W tym czasie Zofia czekała w kościele.

* * *

Aleksander Kamiński spotkał Zofię Kossak niedługo po jej wyjściu na wolność. Wciąż była wycieńczona i wymizerowana. Poproszono ją, aby podzieliła się swoimi oświęcimskimi przeżyciami. Zaczęła mówić na pozór spokojnie, ale wkrótce słuchacze zauważyli, że dzieje się z nią coś niezwykłego. Zdania były coraz krótsze, coraz dłuższe przerwy między nimi. Mówiła, płacząc. „Żadnego szlochu – tylko kapiące z oczu łzy"[205].

* * *

Od jakiegoś czasu Warszawa wyglądała inaczej, Niemcy pakowali i wywozili archiwa, już nie byli niepokonani. Córka Zofii Kossak postanowiła nawiązać kontakt z jednostką harcerską Armii Krajowej. Wkrótce jako Anna Sokołowska została sanitariuszką, członkinią patrolu Ewa Maria przy kompanii „Harcerskiej" w batalionie „Gustaw". Jej brat, Witold Stanisław Szatkowski,

---

[205] Aleksander Kamiński, *Sąsiadka, działacz harcerski, bojownik*, „WTK" 1978, nr 15–17, s. 26.

pseudonim Wilk, figuruje w spisie powstańców jako starszy strzelec grupy „Północ" Armii Krajowej.

We wtorek 1 sierpnia około czternastej Anna otrzymała rozkaz: „»W«, 1 sierpnia godz. 17". Zabrała torbę i plecak, pożegnała mamę i babcię i wykonała rozkaz. Witold jako ochotnik dołączył do powstania dzień później.

Na barykadach zdarzało się im czytać artykuły Zofii Kossak w „Prawdzie", „Barykadach Powiśla", w „Biuletynie Informacyjnym". Znów redagowała odezwy. Pisała o oswobodzonej, wspaniałej Warszawie, walczącej jawnie, i o tym, że uczestnicy walk należą do szczęśliwego i wyróżnionego pokolenia, któremu dane jest tworzyć historię. W imieniu polskich kobiet apelowała do samego papieża, przedstawiając straszne obrazy broniącej się już trzy tygodnie Warszawy. Pisała z rozpaczą, że miasto jest w gruzach, a Niemcy mordują rannych, pędzą kobiety i dzieci przed czołgami. „Ojcze Święty – świat nie chce wiedzieć o naszej walce, jedynie Bóg jest z nami"[206] – dodała.

Pisarka została z matką i innymi staruszkami. Po pierwszych godzinach i dniach euforii, że powstańcy uwolnili miasto, zaczęła się coraz bardziej dramatyczna walka, spadały bomby, a jeśli od razu nie wybuchały, powstańcy odliczali sekundy do śmierci. Takie opisy znajdziemy w dzienniku spisanym przez Annę Szatkowską i jej przyjaciółkę już po wojnie. Wciąż powracały straszne przeżycia, więc Zofia Kossak poradziła im, żeby spróbowały wszystko zanotować.

---

[206] Zofia Kossak była autorką apelu kobiet polskich do Ojca Św., wyemitowanego przez Powstańcze Radio 21 VIII 1944 r. Por. Mirosława Pałaszewska, *Zofia Kossak...*, op. cit., s. 179.

Władysław Bartoszewski opowiadał, że podczas powstania przypadkiem spotkał Zofię Kossak i zagadnął o dzieci. Spokojnie odpowiedziała, że są pod najlepszą opieką. Zapytana, doprecyzowała: są pod boską opieką. Tymczasem i Witold, i Anna walczyli na Starym Mieście, a tam było prawdziwe piekło.

Wtedy właśnie jej córka widziała sceny i przeżywała zdarzenia, których nigdy nie zapomni. Razem z koleżankami, usuwając na bok gruz po wybuchu, spostrzegły nagle drobną dłoń, potem łokieć, ramię. Na resztkach ramy okiennej wisiały wnętrzności. Znalazły kawałek skóry z pasmem długich, jasnych włosów. To były włosy sanitariuszki Antoniny.

Śmierć była wszędzie. 7 września Anna, niosąc torbę sanitarną, szła jako ostatnia. Wtem pojawiły się niemieckie sztukasy, pędzące wprost na nią. Zobaczyła i zapamiętała „cień ich śmigieł podobny do złowrogich oczu". Zrozumiała, że za chwilę zginie. Rzuciła się na ziemię, zwinęła w kłębek i wymawiała zapamiętane z Szymanowa słowa psalmu: „*Dominus illuminatio mea...* Kogóż będę się lękać?"[207].

Seria z karabinu maszynowego tylko obsypała ją pyłem, ale nie zabiła.

* * *

Osamotnione miasto, które pisarka nazywała twierdzą, musiało przegrać. Zofia Kossak pozostała ze swą leciwą i ciężko chorą matką w kamienicy na Powiślu. W budynku tym znajdowały się także zniedołężniałe

---

[207] Anna Szatkowska, *Był dom...*, op. cit., s. 237.

staruszki z domu starców. Hitlerowcy w tym czasie wypędzali z Warszawy Polaków, a tych, którzy pozostali, rozstrzeliwali. Szli z miotaczami ognia, palili dzielnicę po dzielnicy. Wydawało się, że gaszenie pożarów nie ma sensu. A jednak Zofia Kossak-Szatkowska i ksiądz Stanisław Dymek walczyli z żywiołem, żeby za wszelką cenę uratować kilkanaście starych kobiet schowanych w piwnicy. Niemcy, którzy odkryli ich obecność w ruinach spalonego domu, nie tylko ich nie rozstrzelali, ale zdumieni, że w nieludzkich warunkach przetrwali, udzielili pomocy i przenieśli do szpitala. Tej drogi nie przeżyła Anna Kossakowa. Umierając, mówiła: „Pokój… nareszcie pokój!". W szpitalu jej córka, jedyne żyjące dziecko majorowej, znalazła prześcieradło, w które owinęła jej ciało i pochowała na podwórzu.

* * *

Wspomnienia i przeżycia z czasów wojny i powstania wróciły, kiedy Zofia Kossak pisała opowiadanie *Akusia i Babcia*, przedstawiając w nim losy swoje (Weroniki) i swojej matki. Jest w tym niewielkim utworze szczery i przejmujący opis przeżyć i zaangażowanej w konspirację Weroniki i matki stale zaniepokojonej późnymi powrotami córki. Jest też swoista ocena dokonana już z perspektywy czasu: „Co począć? Weronika kochała matkę nie mniej, niż była przez nią kochana. Ulegała jednak złudzeniu (a ulegało mu wówczas wiele tęższych od niej głów), że »robota« podziemna, wydawanie konspiracyjnej prasy jest świętym obowiązkiem każdego Polaka, że temu obowiązkowi trzeba podporządkować wszelkie prywatne uczucia, nawet ten lęk siwowłosy. Że po prostu tych spraw nie godzi się kłaść na szalę. Dziś, gdy staruszki dawno nie ma, nie jest tego równie pewna, ale wtedy nie nawiedzały jej żadne wątpliwości: każdy jest żołnierzem i basta"[208].

Zdumiewające zdania, które są przecież jakimś rachunkiem sumienia. Pisane z dystansu, oddalenia, dają obraz nieco innej Zofii Kossak. Wiedziała, że gdyby matce dane było spokojne starzenie się w cieniu starego domu, z pewnością jej życie i umieranie byłoby inne. Gdyby nie jej bezczynne oczekiwanie i „lęk siwowłosy", jej ostatnie lata byłyby spokojne.

* * *

Warszawa skapitulowała, Witold dostał się do niewoli. Kiedy powstańcy wychodzili z miasta, Anna widziała różne reakcje ludzi. Jedni mówili: „Niech was Bóg błogosławi", a inni złorzeczyli: „Zachciało się wam wojenki, smarkacze!". We wspomnieniach napisze potem: „Alejami z paradą będziem szli defiladą w wolnej Polsce… tak nieraz śpiewaliśmy, wierzyliśmy…"[209], i opisze wiele zapadających w pamięć obrazów, jak na przykład mozolne przejście kanałami, kiedy powietrze dusiło, i powiedziała wówczas bezsilna: „nie mogę dalej", ale poszła. A kiedy znalazła się na ulicy, usłyszała, jak przechodnie z szacunkiem i litością mówili: „To oni, ci ze Starówki".

Tego dnia po raz pierwszy od miesiąca zobaczyła matkę i Witolda, który, jak się okazało, też był na Starym Mieście, blisko Anny. Wkrótce musiała uciekać, matka

[208] Zofia Kossak, *Akusia i Babcia*, „Hejnał Mariacki" 1968, nr 8.
[209] Anna Szatkowska, *Był dom…*, op. cit., s. 254.

zdążyła jej dać kawałek chleba, pożegnały się, babcia płakała. Więcej już się nie zobaczą.

* * *

Po upadku powstania Zofia Kossak i Anna Szatkowska odnalazły się w Milanówku, pochowały na Cmentarzu Powązkowskim Annę z Kisielnickich Kossakową i obiecały, że kiedyś spocznie obok męża w Górkach. Tę obietnicę spełni wnuczka Anny Tadeuszowej Kossakowej w 2005 roku.

Pisarka razem z córką przedostała się do Częstochowy. Podróżowały z nieznaną kobietą, która podczas wojny straciła wszystko. Nie była bezradna. „To tak, jakby człowiek urodził się na nowo" – mówiła.

Kończyła się wojna, a córka Zofii Kossak, Anna, chciała odwiedzić przedwojenny majątek w Górkach Wielkich. Pojechała razem z koleżanką. Z trudem przedostały się do Bielska, potem do Jasienicy, a stamtąd szły piechotą przez Witalusz i Bucze. Jak się później okazało, teren, przez który dziewczyny musiały przejść, wchodząc do wsi, był zaminowany, a więc to, że szczęśliwie dotarły, graniczyło z cudem. Anna ostatni raz była tu w 1939 roku. Teraz zobaczyła wysokie drzewa, które dawniej były zagajnikiem, zobaczyła też dwa sterczące kominy. Wiedziała, co to znaczy – tyle się naoglądała spalonych domów, że od razu domyśliła się, co zaszło.

Dom trwał dziesiątki, a nawet setki lat i wydawało się, że przetrwa i tę zawieruchę. Mieszkające w nim Niemki, przerażone, domagały się od miejscowego proboszcza odprawienia egzorcyzmów, bo wciąż działo się w nim coś dziwnego – przesuwały się ciężkie meble, ktoś chodził, otwierał drzwi. Egzorcyzmy zostały odprawione, ale dziwne zjawiska się nie skończyły. Niektórzy mówili, że to nie zły duch, ale Kacperek nie chce obcych lokatorów, których narzuciła mu wojna.

Wojna się kończyła, kiedy zaczęło się umieranie domu. Jak się ono odbywało, próbowano wielokrotnie bezskutecznie dociec. Oficjalnie mówiło się przez lata o wojskach niemieckich, które wycofując się, podpaliły stary dwór. Potem o winie wojsk sowieckich. Wreszcie zaczęto mówić i o tym, że pożar, którego przecież trudno było nie zauważyć, zaczął się już po przejściu frontu. Może więc, tak jak w wielu innych wypadkach, chodziło o to, aby zatrzeć ślady kradzieży tego, co w domu jeszcze pozostało.

Obraz zniszczeń odmalowany był przez różnych ludzi, którzy pamiętają tamte czasy. Mówiono o ratowanych książkach z bogatej biblioteki pisarki, o meblach, które odnalazły się potem, po latach (nieliczne odzyskane znajdują się w domku ogrodnika). Jedna z relacji, którą udało mi się usłyszeć, zwraca uwagę na pozornie tylko niewiele znaczący szczegół. Karolina Siwiak, mieszkająca po sąsiedzku, pamiętała pożar domu: „Przed dworem leżały różne papiery, książki, zdjęcia. Pomiędzy nimi ktoś znalazł fotografie moich dzieci – przyniesiono mi je, a ja wspomniałam dzień, w którym przed wojną zdjęcia zrobiła Zofia Kossak. Bywała tu po sąsiedzku ze swoją córką i synem"[210].

Ruiny ukochanego domu Zofia Kossak zobaczyła dopiero wiele lat później, ale nieraz o nich słyszała, najpierw

---

[210] Wywiad z mieszkanką Górek Wielkich, Karoliną Siwiak..., op. cit.

z ust córki, a potem i tych, którzy odwiedzili Górki Wielkie. Jeden ze znajomych donosił, że przyjechał do Górek, „aby opłakać te wszystkie kąty, których już nie ma". Anna Sadowska była tu w 1947 roku. Widziała dwór, prześlicznie kwitnący sad zakrywający już ruinę domu i nie mogła bez żalu potrzeć na to miejsce, „gdzie spacerowała sobie Babcia, chodził swoimi drogami Tadzio"[211].

* * *

Zrujnowany dom nie mógł już udzielić schronienia. Zofia Kossak-Szatkowska i jej córka pozostawały nadal w Częstochowie i tam właśnie pisarka spisała obozowe wspomnienia. We wstępie napisała: „Bóg po to pozwolił niektórym ludziom oglądać piekło za życia i wrócić, by dali świadectwo prawdzie". Pisanie o niedawnych przeżyciach było dla autorki tak bolesne, że „gdyby nie przeświadczenie o ważności celu, cofnęłaby się przed publikacją tej pracy".

Zofia Kossak pisała mimo poważnej choroby serca. Źle się czuła, potrzebowała spokoju i odpoczynku, a temu nie sprzyjało powracanie myślami do oświęcimskich przeżyć. Pamięć odświeżały zapiski z obozu, które Zofia, jadąc z Oświęcimia z powrotem na Pawiak, przemyciła zaszyte w kurtce. Jej córka pamięta, jak odcyfrowywała nieczytelne pismo. „Widać było, jak podczas choroby w obozie stan mamy się pogarszał, w szpitalu próbowała pisać fragmenty modlitw, pismo było niewyraźne, urywało się. Na karteczkach czasem były tylko pojedyncze wyrazy, np. słowo: Lusia. Dla nas to nic nie znaczyło, ale

---

[211] List Zofii Kossak do Anny Sadowskiej z 1947 r. Por. przyp. 134.

dla niej była to osoba, o której nie chciała zapomnieć"[212]. Zapiski zostały przepisane, a oryginały, czyli bibułki od papierosów, na których Zofia Kossak w obozie notowała, pieczołowicie przechowywane w pudełku, spłonęły w czasie powstania.

Książka zatytułowana *Z otchłani. Wspomnienia z lagru* została wydana w Polsce w 1946 roku, a wznowiona rok później. Tłumaczono ją na języki włoski i francuski.

* * *

Zofia ze smutkiem pisała w kwietniu 1946 roku w prywatnym liście: „Po prostu tamten świat się skończył". Skończył się świat, który kochała, a teraz dla wszystkich ocalałych zaczyna się nowy rozdział. „Co da się przenieść z dawnych ognisk?" – pytała, prosząc równocześnie o przysłanie jej kilku rzeczy, które najlepiej symbolizują to, co pozostało z zawieruchy wojennej. Chciałaby mieć przy sobie uratowany obraz Matki Bożej Częstochowskiej, krzyżyk z Oświęcimia, Biblię i pamiątki rodzinne: obrazy, kilimy i „kłopotliwe dezyderata" – popiersie Juliusza Kossaka i swoje, przechowywane przy Idźkowskiego u dozorczyni Kaliszowej[213].

* * *

Podczas pobytu w Częstochowie Zofia Kossak zwróciła się do biskupa Teodora Kubiny z propozycją, aby

---

[212] Wywiad z córką Zofii Kossak, Anną Bugnon-Rosset, Pierściec, 21 IX 1995 r.

[213] List Zofii Kossak do Zygmunta Kamińskiego z 26 IV 1946 r. (Londyn), w: *Zofia Kossak na emigracji*, op. cit., s. 150–151.

wznowić wydawanie pisma katolickiego „Niedziela".
Biskup powołał na stanowisko redaktora księdza Antoniego Marchewkę. Zofia Kossak z nim współpracowała, a po powrocie z emigracji razem z mężem spotykała się z nim i korespondowała do końca życia.

Ilekroć wspominano później początki pracy redakcyjnej przy wydawaniu „Niedzieli", ksiądz Marchewka zawsze mówił o roli Zofii Kossak: „Z Bożą pomocą i dużym zapałem, ale bez grosza w kieszeni rozpoczęliśmy redagowanie i wydawanie"[214].

* * *

Zofia Kossak nadal używała konspiracyjnego nazwiska („pytać o Sikorską" – pisała w jednym z listów). Z zaskoczeniem więc przyjęła wezwanie do stawienia się w Warszawie, tym bardziej że na kopercie podano jej prawdziwe nazwisko. Wiadomo już było, że została zdekonspirowana. Okazało się, że nowy komunistyczny rząd wiedział o niej wszystko. Pojechała do stolicy i tu została przyjęta przez samego ministra Jakuba Bermana, który obiecał, że zapewni jej wyjazd z kraju w zamian za uratowanie dzieci żydowskich podczas okupacji. „A ja radzę pani wyjechać"[215] – dodał znaczącym tonem. Te słowa Zofia powtórzyła swojej córce. Obie domyślały się, jakiego rodzaju niebezpieczeństwo jej groziło. Nie wiedziała, jaką powinna podjąć decyzję, więc przygnębiona i bez-

---

[214] Ksiądz Antoni Marchewka, *Moje wspomnienia*, rękopis z 1964 r. Tekst został opublikowany pod tytułem *Nadejdzie kiedyś dzień wolności. Wspomnienia*, oprac. Anna Srokosz-Sojka, Częstochowa 2008.
[215] Anna Szatkowska, *Był dom...*, op. cit., s. 309.

radna pytała przyjaciół, co należy w tej sytuacji zrobić. Zachowały się też wspomnienia świadczące o tym, że od razu po wojnie planowała wyjazd za granicę, żeby odnaleźć męża i syna, ale po rozmowie z Bermanem wiedziała już, że do wyjazdu jest zmuszona. Sądziła jednak, że opuści Polskę na kilka tygodni, najwyżej kilka miesięcy. Żegnała rodzinę, przyjaciół i znajomych. Spotkała się też z Marią Dąbrowską, rozmawiały o niepewnej sytuacji, zastanawiały się, jaką literaturę będą tolerować nowe władze, jak zainteresować zagranicę losem artystów i jak im pomóc. W końcu Dąbrowska powiedziała: „Szczęśliwej drogi, pani Zofio"[216].

* * *

Szykowały się do drogi. Wyjeżdżała z Anną, dla niej też przygotowano paszport. „15 sierpnia 1945 roku – najsmutniejszy dzień w moim życiu"[217] – napisała we wspomnieniach córka pisarki. Padał letni deszcz, Anna szlochała, a Zofia Kossak z trudem powstrzymywała łzy. Znalazły się na lotnisku, tam sfotografował je dziennikarz dokumentujący pierwszy po wojnie lot z Warszawy do Sztokholmu.

Samolot wystartował i nie było już odwrotu. Wielkim znakiem krzyża kreślonym w powietrzu żegnał je mąż krewnej, rzeźbiarki Trzcińskiej-Kamińskiej, autorki popiersia Zofii Kossak, stojącego do dziś w domku ogrodnika.

W Polsce pozostawali bliscy, pozostawały znajome miejsca i rodzinne groby. Jedynym powodem, dla którego

---

[216] Ibidem, 316.
[217] Ibidem, s. 318.

warto było opuścić ukochane zakątki, była konieczność odnalezienia męża i syna. Wszystko miało się jednak ułożyć, a wówczas można byłoby pomyśleć o szybkim powrocie. Okazało się to niemożliwe, z tygodnia na tydzień przedłużała się niechciana emigracja. Szatkowscy zawiadamiali, że muszą stworzyć nowy dom z dala od kraju. Anna Sadowska w 1947 roku pisała do Londynu: „Wciąż czekamy wszyscy na wasz powrót i każda taka decyzja oznacza nowy smutek"[218].

[218] List Anny Sadowskiej do Zofii Kossak z 1946 r. Korespondencja w zbiorach Muzeum Zofii Kossak-Szatkowskiej w Górkach Wielkich.

ANGLIA: LONDYN, TROSSELL

Anna czytała z niedowierzaniem i rosnącym rozżaleniem po raz drugi i trzeci. Nie wierzyła własnym oczom. Dziennik emigracyjny podał informację o tym, że znana pisarka przebywa w Sztokholmie, że podczas wojny działała w podziemiu, że przeżyła Oświęcim. Napisano nawet, że „wychudła jak szkielet i ważyła zaledwie 38 kg". Wszystko zgodnie z prawdą oprócz jednego zdania. Pod tekstem umieszczono wyróżniony graficznie przypis redakcji: „Z. Kossak-Szczucka, jak się dowiadujemy, pracowała ostatnio w Warszawie jako sekretarka osobista p. Bolesława Bieruta"[219].

– Mamo, to trzeba sprostować! – przekonywała oburzona Anna.

– Nie – matka była stanowcza. – To tak, jakby napisano, że zabiłam własne dziecko. To wielkie kłamstwo. Przecież nikt nie uwierzy...

---

[219] „Dziennik Polski i Dziennik Żołnierza" z 28 VIII 1945 r.

Uwierzyli.

* * *

*Teresa czytała list. „Moja Najdroższa Siostrzyczko"
– pisał Gustaw Morcinek. Przeżył obóz, ale nie wrócił
jeszcze do domu. Obiecywał, że wróci razem z Zofią Kossak. Był środek lutego, ale tam, w Rzymie, podobno już
prawie wiosna. Gustaw pisał, że przedwczoraj na Forum
Romanum i na Palatynie zbierał kwiaty z Panią Zofią
i Anną. Wypytywał o kraj, ale była bardzo powściągli-
wa. Przyjechała do Rzymu spotkać się z mężem i synem.
„Ogromnie się tu na nią krzywiono, lecz w końcu jakoś się
udobruchano i pozwolono na przejazd na teren 2. Korpu-
su". „Boczą się na nią" na emigracji – powtórzył i dodał,
że „ciężka, ponura chmura unosi się nad jej głową"[220].*

*Teresa odłożyła list. Zamyśliła się nad wielkim roz-
czarowaniem, o którym coraz częściej czytała w listach
brata. Pisał, że wojna „pomieszała języki, myśli i nawet
serca".*

---

[220] Listy Gustawa Morcinka pisane z Rzymu m.in. do siostry
Teresy i ks. Leopolda Biłki zawierają wzmianki o pobycie Zofii Kossak na emigracji (list z 12 II 1946 r., list z 15 II 1946 r., list z 18 II
1946 r., list z 1 III 1946 r.). Korespondencja w zbiorach Muzeum
im. Gustawa Morcinka w Skoczowie.

W połowie sierpnia 1945 roku rozpoczął się emigracyjny etap biografii Zofii Kossak-Szatkowskiej. Znalazła się poza granicami ojczyzny, chociaż wcale tego nie chciała. Zanim pisarka i jej córka znalazły się w Anglii, niepewne przyszłości, prawie bez środków do życia, mieszkały w niedrogim hoteliku w Sztokholmie. Ubrane co najmniej skromnie, z listami z kraju i ze zdjęciami niewiarygodnie zniszczonej Warszawy. Świat, który otwierał się przed nimi, był obcy, inny i taki w oczach Zofii Kossak miał już pozostać. W Sztokholmie po raz pierwszy zobaczyły ruchome schody, zaśmiewały się obie, kiedy Zofia Kossak, nie wiedząc, jak z nich korzystać, wjechała na górę na leżąco. „Czule wspominam te dni"[221], napisze we wspomnieniach Anna, choć przecież nie wiedziały, jak i przede wszystkim za co mają przeżyć kolejne. Na szczęście Anna przypadkiem zauważyła nazwisko matki

---

[221] Anna Szatkowska, *Był dom...*, op. cit., s. 324.

na okładce książki eksponowanej w witrynie sklepu. Zagadnięty sprzedawca wychwalał „epopeję krzyżową" polskiej autorki, mówiąc, że jest bardzo popularna za granicą, zwłaszcza w Ameryce. Oczywiście, nie przypuszczał, że rozmawia z pisarką i że oddaje jej wielką przysługę. Dzięki jego wskazówkom udało się odnaleźć wydawcę, który wypłacił należne honorarium i ogłosił wszem i wobec, że wybitna pisarka przebywa w Szwecji. Dalszy ciąg miał być jak z bajki: uznanie, wywiady, spotkania i pieniądze, które umożliwiły wyjazd do Anglii. „Pomógł biedny, dzielny Baldwin" – mówiła Zofia Kossak. Pisma na Zachodzie informowały o wojennej działalności wybitnej pisarki, przedstawiając fotografie jej i córki, reprodukowano także widoki zburzonej Warszawy.

* * *

Kolejnym etapem podróży był Londyn. Wyjeżdżając z Polski, Zofia Kossak i jej córka wiozły ze sobą sporo listów od tych, którzy w ten sposób chcieli skontaktować się z kimś z rodziny, pozostającym poza granicami coraz bardziej izolowanej Polski. Zobowiązane też były dostarczyć rządowi RP w Londynie raport o sytuacji w kraju. Cóż z tego, kiedy nikt im nie ufał. Przyjechały legalnie, więc ich przyjazd był podejrzany. Zofia Kossak miała prawo oczekiwać innego powitania. Podobno kiedy przywiozła listy i razem z Anną chciały je zdeponować, urzędniczki przyjęły je zimno, więc wysypały wszystko na biurko i wyszły. Takie powitanie na emigracji spowodowane było przede wszystkim przez niefrasobliwą albo z rozmysłem przygotowaną króciutką adnotację, która znalazła się pod artykułem informującym o jej przyjeżdzie. „Dziennik Polski i Dziennik Żołnierza" poinformował w artykule *Zofia Kossak-Szczucka pisze o Oświęcimiu* o jej wojennych przeżyciach i dokonaniach. U dołu umieszczono jako swoiste *post scriptum* przypis redakcji o tym, że pisarka była osobistą sekretarką Bieruta.

Wiele osób, łącznie z jej mężem, uwierzyło w tę informację. Mąż był załamany, inni zdezorientowani. Do dziś nie wiadomo, kto i w jakim celu tak napisał. Okoliczności też były przeciwko niej. Wszakże przyjechała legalnie, z legalnym paszportem. Wiele razy ona sama, a po jej śmierci również córka Anna słyszały pytanie o to, jak udało im się dostać paszport i opuścić kraj. Pytający nie zawsze czekali na odpowiedź, mając już własne wytłumaczenie tego faktu. Zofia Kossak nigdy oficjalnie nie sprostowała informacji podanej w emigracyjnej prasie. Nie kryła też, że marzy o powrocie do Polski, choć przecież wiedziała, że jest to już Polska komunistyczna. Nie tylko emigracja z nieufnością przywitała Zofię Kossak, sama pisarka także nigdy już do niej się nie przekonała. Krytykować ją będzie do końca życia. Często zresztą przy różnych okazjach zaznaczy, że nie o pojedynczych ludzi jej chodzi, ci bywają bardzo porządni, chodzi jej o emigracyjną politykę wobec kraju.

Nieprzydatne okazały się nie tylko dokumenty, które Zofia Kossak i jej córka przywiozły do Anglii, nieprzydatne okazało się sprawozdanie o sytuacji w kraju, którego nikt nie chciał czytać i ostatecznie w 1957 roku złożyła je w Studium Polski Podziemnej w Londynie. Nieprzydatne były także jej zapał i chęć działania. Z żalem przekonała się, że „wszystko, co po tamtej stronie, było z góry przeklęte i zatrute". Bez ogródek pisała więc o tym, co sama zaobserwowała, że kraj jest bardziej dojrzały i mniej rozhisteryzowany niż emigracja i że nie można go identyfikować z rządem Bieruta. Niezmordowana snuła plany, proponowała własne rozwiązania, często nierealne i utopijne, ale zawsze w jakimś sensie konstruktywne. Urażona była sposobem, w jaki traktowano jej rady. Uważała, że trzeba stworzyć dla Polski program, i znów marzyła, że uda się tego dokonać ponad wszelkimi podziałami. Program ten musi być programem katolickim, bo religia jest jedyną siłą mogącą się przeciwstawić Rosji, jedyną ostoją Polski. Przekonywała i apelowała, ale i tak prawie nikt jej nie słuchał. Emigranci mieli za to inny problem, o którym wspominał Melchior Wańkowicz: nie wiedzieli, jak przyjąć „podejrzaną" pisarkę. Pisarz i jego żona przekonywali, że należy ją przyjąć tak, jak na to zasługuje, jest przecież uczciwym, zasłużonym, prawym człowiekiem. Mimo to przyjęcie było chłodne. Ci, którzy byli świadkami tamtych czasów, np. Jan Nowak-Jeziorański, wspominali o lodowatej nieraz atmosferze spotkań z nią i o tym, jak córka Anna trwała wtedy dzielnie obok matki, wspierała ją wyraźnie i obecnością, i gestem. O tym, jak wiele złego zrobiła niewielka wzmianka o „sekretarce Bieruta", niech też świadczy opowiedziany przez jej córkę epizod z początków pobytu za granicą. Anna umówiła się w kasynie oficerskim z kolegami z powstania, uwolnionymi teraz z niewoli. Jeden z nich od razu zaproponował inne miejsce spotkania. Mówił, że tutaj wiedzą, kim jest, i mogą jej robić nieprzyjemności. Anna zapamiętała to zdarzenie. Nietrudno domyślić się, co w tej sytuacji musiała czuć sama Zofia Kossak.

Wkrótce miało się okazać, że plany powrotu do Polski są nierealne. Została wezwana do ambasady polskiej, żeby złożyć zeznania na temat więźnia Oświęcimia, lekarza Władysława Deringa, którego posądzano o współpracę z Niemcami. Jej zeznania go nie obciążały, więc nalegano, żeby je zmieniła. Nie zrobiła tego, ponieważ były to żądania „wkraczające w sprawy sumienia"[222].

W odpowiedzi pozbawiono ją praw obywatelskich, a jej książki znów, jak w czasie wojny, były zakazane. Maria Dąbrowska zanotowała w *Dziennikach* pod datą 27 X 1948 roku: „Dziś dowiedziałam się, że wszystkie książki Kossak-Szczuckiej zostały wycofane z bibliotek i z obiegu. Widać po ostatnich posunięciach rządu zerwała łączność z krajem"[223].

* * *

Cała rodzina była w komplecie oprócz Tadzia, o którym słuch zaginął i niczego nie udało się dowiedzieć mimo zamieszczanych w prasie ogłoszeń. Witold i Zygmunt Szatkowski znaleźli się w Armii Andersa, Zofia Kossak otrzymała zgodę na wyjazd do Włoch, żeby odnaleźć rodzinę. Pojechała tam razem z Anną i w lutym 1946 roku rodzina spotkała się po raz pierwszy po wojennej rozłące, a w grudniu nareszcie spędzili wspólne święta. Ostatni raz usiedli razem do wigilijnego stołu przed ośmiu laty.

We Włoszech pisarka spotkała Gustawa Morcinka, który całą wojnę spędził w obozie. Pisał w listach, że pisarka wybiera się do Ameryki z odczytami. Zamiast do

---

[222] Zofia Kossak, *Dlaczego łopata, nie pióro?*, „Tygodnik", Londyn 1955, nr 39 (60).

[223] Maria Dąbrowska, *Dzienniki powojenne 1945–1965*, Czytelnik, Warszawa 1996, t. I, s. 317.

Ameryki powróciła jednak do Londynu. Zamieszkała w domu kupionym za pieniądze otrzymane od wydawców i pracowała w delegaturze Polskiego Czerwonego Krzyża. Taką informację podały polskie gazety, tłumacząc pracą w PCK jej wyjazd za granicę. Chciała nadal pomagać i być użyteczna. Już po jej śmierci mąż powiedział dziennikarzom, że „uratowała tysiące paczek »unrowskich« demobilu wojskowego, kierując ich błogosławiony strumień do głodnej, zrujnowanej Polski". W wielu listach znajdziemy podziękowania za pomoc, za buty, kurtkę, ciepły koc, za przesyłki, które są „symbolem subtelnego wyczucia cudzej biedy". Władysław Bartoszewski w 1955 roku po zwolnieniu z więzienia otrzymał paczkę z Anglii, a w niej dwa białe koce. Dopiero później dowiedział się, kto je przysłał.

* * *

Mimo nieufności emigracji albo tylko jej części nadal była poczytną i znaną pisarką pochodzącą z „tych" Kossaków. Została zaproszona na *afternoon party* do Windsoru. Przejęta, przygotowała stosowny strój, który zapakowała do małej walizeczki, i 19 lipca 1946 roku wybrała się odpowiednio wcześnie, żeby zdążyć na czas. Przyjęcie miało się odbyć w piątkowe popołudnie od czwartej do piątej trzydzieści. Wysiadając z pociągu, zapomniała zabrać walizki. Jej córka opowiada, że zdenerwowana matka zadzwoniła do niej, a Anna poruszyła niebo i ziemię i zdążyła odebrać walizkę, dostarczyć matce, a ona przebrała się i na czas zjawiła na *afternoon party*. Opowiadała potem, że było bardzo uroczyście, a przy składaniu oficjalnych ukłonów roztargniona uchybiła sztywnej etykiecie. Mimo to królowa zechciała zamienić z nią kilka zdań i wypytywała o jej twórczość. W następstwie tej rozmowy do pałacu zostały przesłane książki Zofii Kossak, a w imieniu królowej nadeszło podziękowanie razem z pozdrowieniami i życzeniami wszystkiego dobrego.

W tym czasie, kiedy pisarka przebywała na dworze królewskim, jej męża odwiedzili detektywi ze Scotland Yardu. Szukali współlokatora, podejrzewając, że Szatkowscy mogą mieć coś wspólnego z jego nagłym zniknięciem. Wszystko to było, jak się potem okazało, jednym wielkim nieporozumieniem. Na razie jednak domagali się informacji o właścicielce domu, a więc o Zofii Kossak. Zygmunt Szatkowski powiedział, zgodnie z prawdą, że żona jest w Windsorze, na przyjęciu u królowej. Panowie ze Scotland Yardu byli oburzeni, uznając te słowa za niesmaczny żart. Uwierzyli dopiero wówczas, kiedy zobaczyli zaproszenie. Dziś znajduje się w góreckim muzeum i można uwierzyć, jak panowie ze Scotland Yardu, że Madame Kossak je otrzymała.

* * *

O Zofii Kossak jako literatce nie zapomniano. Wielkim sukcesem podczas wojny okazała się jedna z części epopei krucjat, *Bez oręża*. Być może inaczej i z większą mocą zabrzmiało w nowej rzeczywistości zdanie Franciszka, który polemizuje z kardynałem dążącym do konfrontacji i mówi: „Chciałbym, żeby wojna się skończyła i ludzie przestali zabijać się wzajemnie"[224]. Tłumaczenie powieści pt. *Blessed Are the Meek. A Novel about St. Francis of Assisi* w kwietniu 1944 roku stało się książ-

---

[224] Zofia Kossak, *Bez oręża*, Instytut Wydawniczy PAX, Warszawa 2000, s. 356.

ką miesiąca, a następnie bestsellerem. Nakład wyniósł 750 tysięcy egzemplarzy. Tego samego roku książkę wydano w specjalnym kieszonkowym formacie. Na tym nie koniec sukcesów i pochlebnych opinii. Skoro już podczas wojny *Bez oręża* święciło tryumfy na Zachodzie, nic dziwnego, że postanowiono to zainteresowanie wykorzystać. Niestety, Zofia Kossak miała w związku z tym pretensje do władz emigracyjnych o to, że kiedy ona sama i inni Polacy narażali życie, za granicą o nich nie zadbano. Tak na przykład zaprzepaszczono szansę na powstanie filmu na podstawie jej utworu. W liście z 1948 roku nieznanej adresatce zrelacjonowała poczynania jednej z wytwórni amerykańskich, która skierowała kilka listów w sprawie sfilmowania *Bez oręża* do „kuratora praw autorskich przy Rządzie Rzplitej Polskiej" w Londynie. Listy pozostały bez odpowiedzi. „Możliwość zrobienia filmu według polskiej książki przepadła. Kolosalny zarobek przepadł również. To było w 43 roku, gdy byłam w Oświęcimiu. Obecnie jestem w posiadaniu tej jednostronnej korespondencji, więc to, co ci opowiadam, nie jest bajką, chociaż na bajkę wygląda" – pisała rozgoryczona autorka bestselleru, dodając z pretensją i żalem: „a myśmy się zabijali, byle coś przesłać »do Londynu«"[225].

O sukcesie wydawniczym powieści kuzynki wiedziała Maria Pawlikowska-Jasnorzewska, która domyśliła się, że autorka *Blessed Are the Meek*... musiała sporo zarobić, więc rozżalona i pełna pretensji pisała do męża: „Może więc Zosia być nawet bogaczką jeszcze, co mnie ani grze-

---

[225] List Zofii Kossak do nieznanej adresatki z 1948 r. Korespondencja w zbiorach Muzeum Zofii Kossak-Szatkowskiej w Muzeum Literatury w Warszawie.

je ani ziębi, bo stu tysięcy, które nas kosztowali oni razem, i tak nam nigdy nie odda, bo ponieważ powie sobie dumnie »wszystko albo nic«, więc odda nic"[226]. Zapewne miała na myśli pieniądze pożyczone przez Wojciecha Kossaka bratu bliźniakowi, kiedy trzeba było ratować zagrożony majątek w Górkach Wielkich.

W Danii *Bez oręża* zostało wydane przez Westermanna w 1946 roku, a pisarka we wrześniu uczestniczyła w profesjonalnie przeprowadzonej promocji i z tej okazji została wykonana jedna z najbardziej udanych fotografii portretowych autorki. Znana pisarka Singrid Undset przyjęła powieść bardzo życzliwie. Uważała, że Zofia Kossak dała fascynujący obraz i natchnioną wizję burzliwych czasów, będących „okresem kryzysu w historii cywilizacji europejskiej".

W listopadzie 1947 roku zaproszono Zofię Kossak do Szwajcarii. Prasa zapowiadała, że przyjedzie jedna z największych współczesnych polskich autorek, bohaterka ruchu oporu, która „przeżyła pamiętne dni krwawej epopei miasta-męczennika". Latem 1945 roku otrzymała zgodę na wyjazd za granicę i odnalezienie rodziny. Odczyty zaplanowano m.in. we Fryburgu, Bernie, Lucernie, Lozannie i Genewie. Zaproponowano słuchaczom tematy zredagowane najprawdopodobniej przez Zofię Kossak. Oto niektóre z nich: *Czy Muzy milczały podczas szaleństwa Mara? – Rola i ważność literatury w czasach pokoju i w czasie wojny, Krwawa epopeja Warszawy, Życie polskich pisarzy pod okupacją.*

---

[226] List Marii Pawlikowskiej-Jasnorzewskiej do męża z 2 VIII 1944 r., w: Maria z Kossaków Jasnorzewska, *Listy do przyjaciół i korespondencja z mężem...*, op. cit., s. 699.

Bez oręża nie zekranizowano, ale dzięki popularności utworu pojawiła się szansa na otrzymanie Nagrody Nobla. Polska Akademia Umiejętności w Krakowie w październiku 1945 roku przygotowała wniosek o wysunięcie kandydatury Zofii Kossak do literackiej Nagrody Nobla. Profesor Juliusz Kleiner cenił ją zwłaszcza za *Krzyżowców*. Uważał, że „niespodziewany renesans powieści historycznej w wieku XX zyskał w dziele czołowym Zofii Kossak-Szczuckiej jedno z osiągnięć najtrwalszych i najwyższej miary"[227].

Pisarka wiedziała o tych zabiegach, wiedziała też, że nie tylko w Polsce, lecz także za granicą jest wielu zwolenników przyznania jej prestiżowej nagrody. Odwiedził ją jeden z pisarzy, informując o wielkich szansach. Miała prawo mieć nadzieję, że otrzyma nagrodę w 1946 roku. Do Zygmunta Kamińskiego pisała z Londynu, dziękując mu za inicjatywę w tej sprawie. „Tyś to zaczął – przyznawała, dodając, że mimo wszystko nie robi sobie zbyt wielkich nadziei: – W zeszłym roku otrzymała nagrodę katolicka pisarka z Chile. Nieprędko szwedzkie Lutry dadzą znów babie i znów katoliczce"[228]. Nagrody jej nie przyznano ani w 1946 roku, ani w latach następnych.

---

[227] Polska Akademia Umiejętności w Krakowie powołała w październiku 1945 roku komisję w sprawie wysunięcia polskiej kandydatury do Literackiej Nagrody Nobla. Fragment wniosku prof. Juliusza Kleinera. Por.: Mirosława Pałaszewska, *Zofia Kossak...*, op. cit., s. 196.

[228] List Zofii Kossak do Zygmunta Kamińskiego z 26 IV 1946 r., w: *Zofia Kossak na emigracji*, opracowała Mirosława Pałaszewska, Oficyna Wydawnicza Rytm, Warszawa 1998, s. 153.

* * *

W tym czasie, kiedy Zofia Kossak szukała swojego miejsca w emigracyjnym świecie, w powojennej Polsce rozpoczęły się stalinowskie represje i choć dzięki wyjazdowi pisarka uniknęła bezpośrednich szykan i zapewne aresztowania, okrzyknięto ją wrogiem ustroju. Mimo to jej książki były czytane i omawiane. Popularnością cieszyła się na przykład napisana podczas okupacji sztuka *Gość Oczekiwany*, a to dzięki ponadczasowej i uniwersalnej wymowie. Należy sądzić, że dlatego właśnie Karol Wojtyła na początku swojej kapłańskiej drogi, będąc wikariuszem w Niegowici, przygotował z grupą parafian *Gościa Oczekiwanego*. Znaczący jest fakt, że właśnie tę sztukę wybrał przyszły papież Jan Paweł II, przez lata związany z teatrem i doskonale zorientowany w ówczesnym życiu literackim.

„Ksiądz Wojtyła zaczął z nami pracę od razu bardzo ambitnie – wspomina jedna z uczestniczek przedstawienia – (...) rozpoczęły się więc przygotowania. Nad całością czuwał ks. Karol, był reżyserem, scenografem, suflerem"[229].

Zofia Kossak sądziła, że sztukę wystawi któryś z polskich teatrów, i dlatego dokonała kilku przeróbek i starannie ją opracowała. W liście do Romana Lasockiego, pisanym w Londynie 22 listopada 1946 roku, czytamy: „Mam wrażenie, że Szyfman lub Osterwa powinni się nią zainteresować"[230].

---

[229] Wspomnienia emerytowanej dyrektorki Szkoły Podstawowej w Niegowici, w: J. Cielecki, *Wikary z Niegowici. Ksiądz Karol Wojtyła*, Częstochowa 1996, s. 48, w: *Zofia Kossak na emigracji...*, op. cit., s. 179–180.

[230] List Zofii Kossak do Romana Lasockiego z 22 listopada 1946 r. (Londyn), w: *Zofia Kossak na emigracji...*, op. cit., s. 179–180.

Zamierzenie pisarki nie zostało urzeczywistnione. Żaden ze znanych profesjonalnych teatrów nie uwzględnił w swoim repertuarze *Gościa Oczekiwanego*. Komunistyczni krytycy okrzyknęli *Gościa...* utworem przeraźliwie naiwnym. Powód mógł być jeden: treść utworu nieakceptowanego przez całe lata przez cenzurę była religijna. Co więcej, ośmieszeni zostali w nim: przedstawiciel władzy, społecznik i polityk. Autorka przypisała im zdecydowanie negatywne cechy. Społecznik chce pomóc skrzywdzonemu człowiekowi, ale dopiero wówczas, kiedy odbędzie się zebranie organizacyjne i zostanie wybrany zarząd, a zrozpaczonemu Kurkowi zarzuca, że wcale się nie zna „na robocie społecznej". Polityk pięknie i z przekonaniem mówi o krzywdzie proletariatu, ale naprawdę zależy mu tylko na pozyskaniu głosów wyborców. Policjant jest ograniczonym służbistą. Zapewnia, że wierzy w Boga, ale nie może zapisać w protokole nieprawdopodobnych zeznań jednego z bohaterów, bo „Jezus to nie jest osoba prawna... To nie jest nikt w ogóle"[231].

O sztuce Zofii Kossak zapomniano na długie lata.

* * *

[231] Zofia Kossak, *Gość Oczekiwany*, Poznań 1948. W Muzeum Zofii Kossak-Szatkowskiej przechowywana jest teczka zawierająca maszynopis *Gościa Oczekiwanego* z odręcznymi poprawkami autorki, które zostały uwzględnione w powojennym wydaniu utworu. Poprawki dokonane zostały odręcznie piórem, a na okładce teczki znajduje się adnotacja, zapisana prawdopodobnie przez męża pisarki, Zygmunta Szatkowskiego: „Zofia Kossak (autograf) Gość Oczekiwany – maszynopis obraz sceniczny w 5-ciu odsłonach napisany przez Z. K. i odgrywany przez młodzież w Warszawie w czasie okupacji niemieckiej (potajemnie)".

Podobny los spotkał obozowe wspomnienia pisarki. Jeszcze w 1946 roku książkę *Z otchłani* przygotowano do druku w Londynie. Wydawca zwrócił autorce maszynopis, motywując odmowę wydania książki tym, że czytelnik nie uwierzy w fakty, które opisuje. W Polsce w fakty uwierzono i zaraz po tym, kiedy książka trafiła do czytelnika, pisano, że każde słowo w niej jest prawdą, że jest to książka, „przed którą staje się na baczność".

Maria Dąbrowska w swoich *Dziennikach* napisała: „Dziś zwłaszcza potrzebuje się po prostu i banalnie mówiąc pociechy, która na przykład jest w książce Zofii Kossak *Z otchłani*. Po przeczytaniu tej książki, tak w realiach strasznej, czuje się, że nawet koszmar obozów hitlerowskich nie może zachwiać pionem wewnętrznym człowieka"[232]. Prymas Stefan Wyszyński w jednym z kazań posłużył się przykładem podanym w książce. Mówił o tym, że mężczyźni uszanowali godność kobiet, odwracając się, kiedy obok przechodziły nagie więźniarki.

Zofia Kossak zastanawiała się nad istotą dobra i zła. Jeszcze podczas pobytu w Polsce, odwiedzając w styczniu 1945 roku częstochowski dom dziecka, powiedziała: „Przeżywamy moment, przepowiedziany przez Katarzynę Emmerich, że szatan będzie pewien czas puszczony w świat"[233]. W obozowych wspomnieniach odważnie podjęła to samo zagadnienie: „Zło to brak Dobra. Dobro – to Bóg. Zatem Zło jest tam, gdzie nie ma Boga"[234].

---

[232] Maria Dąbrowska, *Dzienniki powojenne...*, op. cit., t. I, s. 105.

[233] Romuald Rybicki, *Zofia Kossak w częstochowskim Domu Dziecka*, w: *Zwyczajna świętość...*, op. cit., s. 77.

[234] Zofia Kossak, *Z otchłani. Wspomnienia z lagru...*, op. cit., s. 176.

Seweryna Szmaglewska, pisarka, wspominając o Zofii Kossak, powoływała się na tę samą filozofię, która nie dopuszcza istnienia przypadkowych zdarzeń: „Przyjazd pani Zofii do obozu, gdy spojrzeć nań z pewnej perspektywy, pobyt i powrót to wydarzenie – wyglądające jakby było inspirowane przez wielkiego reżysera życia, który rozdaje role, podsuwa rekwizyty i stwarza dekorację. Widocznie trzeba było, żeby właśnie autorka *Krzyżowców* przeszła przez Birkenau – od początku do końca swego pobytu incognito – po to, żeby spojrzeć i zapamiętać"[235].

Pierwsze wydanie *Z otchłani* ukazało się w 1946 roku w Częstochowie. W tym czasie Zofii Kossak nie było już w kraju i nie zabierała głosu na temat książki. Pierwsze recenzje, które ukazały się w powojennej prasie, były na ogół pochlebne. Paweł Jasienica pisał na przykład: „Książka Zofii Kossak zalicza się do dzieł, jakich nam dziś najbardziej właśnie potrzeba". Podkreślił też, że *Z otchłani* to nie tylko świadectwo obozowych przeżyć, lecz także „moralna ocena zjawiska". Ewa Korzeniewska jednak na łamach „Kuźnicy" zdecydowanie skrytykowała wspomnianą „moralną ocenę zjawiska" dokonaną przez Zofię Kossak. Uważała nawet, że „szlachetne ideały chrześcijaństwa zostają zwulgaryzowane i przeradzają się w bigoterię"[236].

Z otchłani skrytykował także Tadeusz Borowski, którego wypowiedź wydrukowana w styczniu 1947 roku w „Pokoleniu" wywołała prasową dyskusję. Artykuł

---

[235] Seweryna Szmaglewska, *Dymy nad Birkenau*, Warszawa 1968, s. 151–152.
[236] Ewa Korzeniewska, *Kobiece relacje obozowe*, „Kuźnica" 1946, nr 51, s. 13.

pt. *Alicja w krainie czarów* ostatecznie doprowadził do pomijania utworu i nieprzyznawania mu żadnego znaczenia w powojennej historii literatury. Poglądy Zofii Kossak wyraźnie irytowały młodego krytyka i – co ważne – byłego więźnia Oświęcimia, a także autora obozowych wspomnień. Jego zdaniem *Z otchłani* to wynik histerii religijnej, naiwnego problemu roztrząsania dobra i zła, zbyt dużo w utworze pseudomistycyzmu i niepotrzebnych dywagacji na temat szatana. Autor recenzji uważał, że *Z otchłani* fałszuje rzeczywistość obozową. Fałsz i przekłamania wynikają jego zdaniem z prostej przyczyny: „Autorka relacji obozowej należała w obozie do pewnej uprzywilejowanej kasty"[237] i nie poznała prawdy o lagrze. Energicznie broniono Zofii Kossak, żądając nawet wyciągnięcia konsekwencji służbowych wobec młodego krytyka.

W dalekiej Anglii autorka wspomnień milczała.

Dzisiaj badacze zastanawiają się nad istotą tamtego sporu i właściwie prowadzą go nadal, chociaż już z nieco innej perspektywy. Opinie są nadal skrajne, nazywa się *Z otchłani* arcydziełem nacjonalizmu i rasizmu, dostrzega się mało elastyczną koncepcję światopoglądową Zofii Kossak, której przeżycie obozu nie odebrało wiary w Boga, mówi się o nieżyciowym typie religijności, dostrzega zbyt tradycyjną konwencję stylistyczną utworu, narzucający się dydaktyzm. Z drugiej zaś strony wszystkie próby krytycznego spojrzenia na jej tekst i okupacyjny etap biografii, nawet jeśli są rzeczowe, określa się jako bluźnierstwa i oszczerstwa.

---

[237] Tadeusz Borowski, *Alicja w krainie czarów*, „Pokolenie" 1947, nr 1 (7).

Zofia Kossak-Szatkowska stale marzyła o powrocie. Zostawiła za sobą drzwi otwarte, mówiła, ale je zatrzaśnięto. Mimo to wciąż czuła się z Polską związana. Zbierała fundusze dla „prywatnego Caritasu i dla Górek". Pieniądze otrzymywała „Murka, Agnieszka, Marychna, Ninka, no i wszyscy inni", a stale „do zwykłej listy" dochodziły nowe nazwiska.

„Gdy mój mąż i ja marzyliśmy w czasie lat wygnańczych o powrocie do ojczyzny, to jawiła się nam ona przed oczyma w postaci widoku oglądanego z okien góreckiego dworku"[238] – pisała Zofia. W czasie przymusowej emigracji nie zapomniała o Górkach Wielkich. Sytuacja polityczna w Polsce nie dawała wprawdzie nadziei na to, że będzie mogła powrócić do kraju jako właścicielka majątku, ale mimo to nadal starała się utrzymywać kontakt z krajem i jak wynika z zachowanych listów, stale przeznaczała część często skromnych zarobków „na Górki". Przedstawicielem rodziny „we wszystkich sprawach dotyczących Górek" i we wszystkich kwestiach związanych z wydaniem prac Zofii Kossak, pobieraniem honorariów autorskich i podpisywaniem umów w Polsce był Roman Lasocki.

Pobyt za granicą, zaplanowany jako tymczasowy, zmienił się w przedłużającą się emigrację trwającą kilkanaście lat. Przejmujące zdanie o tęsknocie przeczytamy w *Roku polskim*...: „Potem zaczęły się wyroje ludzi, podobne odlotom jesiennym ptactwa. Choć poeci lubią porównywać człowieka do ptaków, (...) jest między nimi

---

[238] *Gdyby nie Górki... Odwiedziny u p. Zofii Kossak-Szatkowskiej*, „Głos Ziemi Cieszyńskiej" 1958, nr 38.

ta zasadnicza różnica: ptak odlatuje i w r a c a; człowiek, gdy się od ziemi oderwie – nie wróci"[239]. Zofia Kossak więc zaliczyła siebie do grona tułaczy, a tacy ludzie są, jej zdaniem, jak drzewa wyrwane z gruntu i rzucone w przestrzeń siłą wybuchu. Jak drzewa wyrwane z korzeniami, istnieją jeszcze, ale powoli usychają.

* * *

W 1946 roku Zofia Kossak napisała do Aldony Kimontt, że nie akceptują jej za granicą w związku z jej, jak to określiła, propagandą kraju. „Bardzo trudno tu żyć" – zwierzała się, dodając, że na razie pozostanie ze względu na męża. – Skoro już zeszliśmy się, nie mogę myśleć o tym, by go znów zostawić. Zwłaszcza że on się tu czuje bardzo źle i samotnie"[240]. Zygmunt, o czym wiadomo nie tylko z zacytowanego listu, najwyraźniej bardzo źle zniósł wieloletnią rozłąkę z żoną i odosobnienie w jenieckim obozie w Murnau. Trzeba było poważnie myśleć o leczeniu jego powtarzających się już do końca życia uciążliwych stanów depresyjnych. Lekarze radzili pracę i wysiłek fizyczny, dlatego Szatkowscy wybrali farmę. Powodem wyjazdu z Londynu był także fakt, że pisarka źle się czuła w emigracyjnym środowisku. Uznała, że potrzebne jej oddalenie i samotność. Widziała i plusy, i minusy porzucenia londyńskiego mieszkania. Cieszyła się, że Trossell to „zapadły wiejski kąt, oddalony od ludzi, od komunikacji, od epoki. Pracy dużo i ciężkiej, chłopskiej

---

[239] Zofia Kossak, *Rok polski...*, op. cit., s. 96.
[240] List Zofii Kossak do Aldony Kimontt z 25 III 1946 r. (Włochy), w: *Zofia Kossak na emigracji...*, op. cit., s. 140.

w dawnym pojęciu, ubóstwo wielkie, prymityw niewiarygodny, lecz cisza i niezależność od ludzi"[241].

* * *

Kornwalię nazywała pięknym, osobliwym, patetycznym i romantycznym krajem z charakterystycznymi elementami krajobrazu. Panujące tu burze i wichury przyginały do ziemi drzewa, nie pozwalając im się już nigdy wyprostować na dobre.

Szatkowscy weszli do spółki, która kupiła gospodarstwo Trossell Farm. Nowy dom pisarki znajdował się w północnej Kornwalii i choć był obszerny, to jednak pozbawiony wygód. Nie to jednak powodowało, że wspomnienia związane z domem w Anglii nie należą do najprzyjemniejszych.

Jeden z emigrantów, odwiedziwszy ten dom, napisał: „Biednie tam było bardzo, ale za to gospodarze tak mili i tak gościnni, jak tylko gdzieś na kresach polskich się zdarzało"[242].

W innym liście czytamy: „Uderzył mnie (...) widok p. Z. Kossak wygrzebującej ziemniaki w deszczu, błocie (glina) – widok, który zawsze będę miał przed oczyma. Na tapecie było wtedy Przymierze – musiało ustąpić miejsca ziemniakom, gumowym butom"[243].

---

[241] List Zofii Kossak do Jana Dobraczyńskiego z 14 III 1956 r. (Trossell Cottage), w: *Zofia Kossak na emigracji...*, op. cit., s. 196.

[242] Stanisław Wachowiak, *Czasy, które przeżyłem*, Interim, Warszawa 1991, s. 330.

[243] Wypowiedź Tadeusza Wielogórskiego zacytowana przez Mirosławę Pałaszewską we wstępie do: *Zofia Kossak na emigracji...*, op. cit., s. 19–20.

Życie na farmie było niezwykle trudne. Pisarka nie wstydziła się jednak pracy fizycznej i z prostotą opowiadała po latach czytelnikom „Dziennika Polskiego": „Oporządzałam świnie, mąż doił krowy".

O swoich farmerskich przygodach i poczynaniach Zofia Kossak pisała w listach i wydanych niedawno wspomnieniach zapisanych w brulionach przechowywanych nadal w jej muzeum. O farmie pisała na ogół z humorem, choć za tymi pozornie lekkimi wtrąceniami, wzmiankami i dowcipnymi relacjami kryją się mozolne zmagania z nieżyczliwą aurą, zmęczenie i wysiłek nieraz ponad wytrzymałość niemłodego już przecież małżeństwa. W 1956 roku w liście do Jana Dobraczyńskiego opisywała sprzątanie siana: „Ta impreza w tutejszym klimacie ogromnie wyczerpuje nerwowo. Z myślenia o sianie, patrzenia na siano, przewracania siana, człowiek ma siano nie tylko za kołnierzem, ale w głowie też. Dopiero gdy mój Mąż zwiózł szczęśliwie siano, mogę zacząć odpisywać na listy"[244]. Wańkowiczowie przeczytali w marcu 1954 roku, że tegoroczna zima dała farmerom „straszną szkołę. Duże straty i przyrost pracy (...). W tej chwili mam przed kominkiem pięcioro »zdychulców« (jagniąt), które w cieple przychodzą do siebie i będą z nich jeszcze pierwszorzędne barany, ale na razie kłopot nieprawdopodobny. Pięć razy dziennie karmi się tę piątkę smoczkiem"[245]. Żeby

[244] List Zofii Kossak do Jana Dobraczyńskiego z 1956 r. Listy Zofii Kossak do Jana Dobraczyńskiego zostały udostępnione przez córkę pisarza A. Dobraczyńską-Kadzińską. Korespondencja w zbiorach prywatnych.
[245] List Zofii Kossak do Melchiora Wańkowicza z 6 III 1954 r., w: *Korespondencja Zofii Kossak-Szatkowskiej z Zofią i Melchiorem Wańkowiczami...*, op. cit., s. 98.

uratować jagnięta, Szatkowscy musieli wstawać kilkakrotnie w ciągu mroźnych nocy, wędrować na pole i stamtąd przynosić najsłabsze i wymagające opieki. Nic dziwnego, że Zofia Kossak napisała w 1954 roku do Jana Nowaka-Jeziorańskiego o ostrej zimie i ciężkiej pracy. „Taki już los każdego przedsiębiorstwa prowadzonego pod gołym niebem. Od tego rolnik z konieczności jest filozofem"[246]. Jan Nowak-Jeziorański zaprosił ją na rozmowę dotyczącą jej twórczości. Zauważył wtedy ze współczuciem, jak bardzo ma zniszczone ręce.

W listach do rodziny czytamy o tym, że trzeba było asystować rodzącej krowie, więc położyli się spać o trzeciej, że w pokojach sypialnych woda pozamarzała w miednicach, że wciąż nadmiar roboty, że zasypiają, stojąc, że „jedna krowa ma niestrawność, druga obrzmiałe wymię, trzecia doi się tylko na trzy strzyki, (...) kury się słabo niosą i deszcz pada przez ¾ czasu"[247].

Przyjaciołom i znajomym pisała o zmarnowanej pracy wielu godzin i wywróceniu się pewnej niedzieli pracowicie układanego stogu siana, o upokorzeniach, których doświadczali starsi nieprzywykli do tego rodzaju pracy. Otaczali ich ludzie doskonale zorganizowani, ale nieopowiadający o swoich uczuciach, zamknięci i chłodni jak panujący w Kornwalii klimat. Obserwując Anglików, z przymrużeniem oka, ale i z dużą dozą ciepła i senty-

---

[246] List Zofii Kossak do Jana Nowaka-Jeziorańskiego z 17 III 1954 r. Korespondencja Zofii Kossak z Janem Nowakiem-Jeziorańskim została opublikowana w: *Zofia Kossak na emigracji...*, op. cit., s. 277.

[247] List Zofii Kossak do Anny Rosset z 17 II 1948 r., w: Z. Kossak, *Wspomnienia z Kornwalii 1947–1957*, Wydawnictwo Literackie, Kraków, 2007, s. 190.

mentu pisała też o polskich cechach, o hałaśliwym i drażniącym tubylców zachowaniu (śmiechu, ujawnianych emocjach), pogaduszkach po niedzielnej mszy. Siebie i męża charakteryzowała tak: „On wysoki o wydatnych rysach, pesymista. Ona znacznie niższa, przysadkowata optymistka. Lubiono ich, lecz z rezerwą. Nie byli oddani jak reszta sprawie emigracji, nie doceniali (wyjawiali to otwarcie) ani roli »narodu na wygnaniu«, ani generała Andersa"[248].

Życie na Trossell Farm było monotonne i pracowite. W poniedziałki odbierano jaja, które umyte czekały gotowe w tekturowych pudłach, codziennie między dwunastą i trzynastą odjeżdżała platforma z mleczarni, listonosze się zmieniali co siedem tygodni, a w końcu maja lub pierwszych dniach czerwca George Traper przyjeżdżał ze specjalną maszynką strzyc owce. Wśród tych zdarzeń przytrafiały się czasem spotkania niezwykłe, takie jak zanotowana przez Zofię Kossak rozmowa z anglikańskim duchownym. Duchowny spytał: „A wy, Polacy, tacy katoliccy, mieliście choć jednego papieża waszej narodowości?". „Nie – przyznała – ale mamy czas, doczekamy się"[249]. Nie myliła się, polskiego papieża doczekały jej dzieci i wnuki.

* * *

W 1951 roku zaczął się nowy rozdział farmerskiego życia. Spółka, w skład której weszli państwo Szatkowscy, kiedy kupili farmę, w końcu nie odniosła sukcesu. Wspól-

---

[248] Zofia Kossak, *Wspomnienia z Kornwalii...*, op. cit., s. 264.
[249] Ibidem, s. 53.

nicy się wycofali i to w czasie, kiedy gospodarstwo zaczęło w końcu przynosić zyski. Nie były jednak zbyt duże, stąd decyzja udziałowców. Wobec niej Zofia i Zygmunt postanowili sprzedać farmę, zachowując tylko jej część, nieduży dom i ziemię. „Mój mąż i ja siedzimy we dwoje na 40 akrach gospodarstwa z kupą inwentarza (krowy, cielęta, owce, kury, psy, koty, ogród, gołębie). Nie mamy nikogo do pomocy, pracujemy po 16 godzin"[250] – zwierzała się Janowi Dobraczyńskiemu. Znów czekała ich praca ponad siły, praca w samotności i bez wielkiej nadziei na zmianę sytuacji.

* * *

Odkąd Zofia Kossak razem z mężem przeniosła się do Kornwalii, niewiele czasu pozostało na pisanie. „Winne są warunki towarzyszące nieodłącznie każdej politycznej emigracji" – napisała w liście otwartym wydrukowanym w londyńskim „Życiu". „One sprawiają, że autor traktujący poważnie siebie i swą pracę nie może wyżyć z literatury"[251].

Pisarka wielokrotnie powtarzała, że pobyt za granicą był dla niej czasem literackiej posuchy. Kiedy w 1952 roku

---

[250] List Zofii Kossak do Jana Dobraczyńskiego z marca 1956 r. Por. przyp. 244.

[251] *List otwarty Zofii Kossak*, przedrukowany z londyńskiego „Życia" w: „Tygodnik Powszechny" 1955, nr 33. List pt. *Sprostowanie* z 1955 r. w zbiorach Muzeum Zofii Kossak-Szatkowskiej w Górkach Wielkich. W liście tym pisarka wspomina o *Obliczu Matki*, książce, której maszynopis zaginął i nie została dotąd wydana w języku polskim. Pisała ją w 1948 r. „Wyrażałam w niej pogląd, że przyczyną nieszczęść Polski był fakt odwrócenia się od Wschodu, miast korzystając z postawienia nas przez Boga na pomoście dzielącym dwa światy, wyciągnąć życzliwe dłonie zarówno na Wschód jak na Zachód".

znalazła się w szpitalu, napisała do Zofii Wańkowiczowej długi list. Informowała o tym, co ważnego działo się w życiu jej i męża. Krótko, bez podawania szczegółów i bez użalania się nad sobą, donosiła: „pochorowałam się dość ciężko". Dołączyła jeszcze wiadomość dotyczącą jej twórczości. Oto od jakiegoś czasu nie tworzy już i przypuszcza, że czas jej działalności literackiej należy do przeszłości. „Z dwojga złego lepiej przestać pisać z powodu niemożności technicznej niż z powodu braku talentu, a kiedyś przecież przestać pisać trzeba"[252] – podsumowała. Napisanie tych zdań, a raczej uświadomienie sobie, że chyba nigdy nie zrealizuje literackich planów, wiązało się zapewne ze sporymi emocjami. Wiedziała już, że wypada z obiegu czytelniczego i że nie powróci czas sprzed wojny, kiedy jej nazwisko kojarzyło się jednoznacznie z określonym dorobkiem. Teraz nadszedł czas milczenia. Na pewno pociechę niosły sygnały zza żelaznej kurtyny, takie jak te, które przechowała w swoim pisarskim archiwum. Jedna z czytelniczek pisała, że owszem, w kraju nie wydają utworów Zofii Kossak, ale je czytają. „Profesor historii mojego syna poleca im bez żadnej żenady lekturę *Krzyżowców*. W Warszawie istnieją antykwariaty i tam z lekkim mrugnięciem oka sprzedawca wyciąga książki Pani dla zaufanych osób"[253] – przeczytała Zofia Kossak. Nadawczyni zakończyła swój list prośbą, by nie robić z niego żadnego użytku, ponieważ mogłaby mieć przykrości, a zależy jej na tym, aby jeszcze kiedyś otrzymać paszport.

---

[252] List Zofii Kossak do Zofii Wańkowiczowej z 28 III 1952 r., w: *Korespondencja Zofii Kossak-Szatkowskiej z Zofią i Melchiorem Wańkowiczami...*, op. cit., s. 93.

[253] List czytelniczki z 9 kwietnia 1956 r. Korespondencja w zbiorach Muzeum Zofii Kossak-Szatkowskiej w Górkach Wielkich.

Ważny dla Zofii Kossak był też z pewnością list od czytelniczki Apolonii Karwackiej z Grodziska Mazowieckiego. W marcu 1956 roku napisała, że udało jej się skompletować prawie wszystkie jej książki. Ocaliła kilka egzemplarzy wycofanych powieści, a resztę dokupiła w prywatnych antykwariatach. „Gdy podbierałam książki »zakazane« (nawet się z tego nie wyspowiadałam), wzięłam przez pomyłkę tylko trzy tomy *Krzyżowców* – pisała czytelniczka z Polski. – Postanowiłam więc czwarty tom przepisać"[254].

* * *

Mimo wszystko nie można określić emigracyjnych lat jako czasu straconego i literacko bezproduktywnego. Powieść *Przymierze* została wydana w Londynie w 1951 roku i święciła tryumfy na rynku amerykańskim. Chwalono tę książkę, pisząc, że jest opowieścią o powołaniu i wypełnianiu tego powołania przez każdego człowieka. W dodatku zauważono, że Zofia Kossak, pisząc o Abrahamie, korzystała ze zdobyczy nowoczesnej archeologii, historii, religioznawstwa i psychologii religii.

Niektórzy stawiali tę powieść wyżej niż *Krzyżowców*, ba, przypisywano jej nawet większe znaczenie niż *Quo vadis* Henryka Sienkiewicza, ale to już niewątpliwie spora przesada. Takiej sławy i takiego znaczenia nie udało się książce osiągnąć. Po jej wydaniu pisarkę znów zaliczono do wielkich twórców prozy historycznej. Utwór próbuje

---

[254] List Apolonii Karwackiej do Zofii Kossak z marca 1956 r. Korespondencja w zbiorach Muzeum Zofii Kossak-Szatkowskiej w Górkach Wielkich.

odpowiedzieć na ważne pytania o sens i cel życiowej wędrówki. W tym kontekście ciekawe są fragmenty listów Anety Balajkowej, tłumaczki *Przymierza* na język czeski, która zwierzała się, że praca nad powieścią była dla niej wielkim przeżyciem. „Tylko człowiek, który dużo przeżył, mógł napisać tak dojrzałą książkę, w niej jest więcej, jak doskonała znajomość pisarskiego rzemiosła"[255] – pisała tłumaczka, która pracując nad tą powieścią, przeżyła wielką życiową tragedię. Straciła dziecko, a powieść pozwoliła jej zrozumieć sens cierpienia.

Nie wszyscy tak pozytywnie ocenili nową powieść. Zmartwiona pisarka donosiła w liście do Wańkowicza, że znów usłyszała słowa krytyki, *Przymierze* po ukazaniu się zostało „położone przez paru (...) głupawych księży, którzy rozgłosili, że jest to sprzeczne z Pismem Świętym"[256].

Przymierze to jedna z tych prac, do których autorka przygotowywała się, czytając, jak mówiła, „furę literatury". Przyjaciele pomagali jej gromadzić w 1948 roku materiały źródłowe. Barbara Bałtowa pisała zdumiona: „Widziałam stos Biblii do wysyłki pod sufit. Kiedyż to wszystko Ciocia przeczyta?! A jak przeczyta, Chryste Panie! – nowy Tomasz z Akwinu"[257].

Zofia Kossak przeczytała i przeanalizowała, a potem długo nie mogła „zobaczyć" Abrahama. Miała już tytuł,

[255] List Anety Balajkowej do Zofii Kossak z 30 IX 1958 r. (Praga). Korespondencja w zbiorach Muzeum Zofii Kossak-Szatkowskiej w Górkach Wielkich.
[256] List Zofii Kossak do Zofii Wańkowiczowej z 27 IV 1953 r. w: *Korespondencja Zofii Kossak-Szatkowskiej z Zofią i Melchiorem Wańkowiczami...*, op. cit., s. 96.
[257] List Barbary Bałtowej do Zofii Kossak z 18 III 1948 r. (Paryż). Korespondencja w zbiorach Muzeum Zofii Kossak-Szatkowskiej w Górkach Wielkich.

wiedziała, o czym chce napisać, opracowała sporo materiałów, ale „Abrahama nie było, nie widziałam go – zwierzała się Romanowi Lasockiemu – aż mnie zwątpienie ogarniało, czy cały ten trud przyda się na co i czy kiedykolwiek tę postać zobaczę, aż się pojawił kiedyś, względnie niedawno, oczywiście po mszy. Cały gotowy"[258]. Praca przebiegała odtąd szybko. Była w nią tak zaangażowana, że nie wzięła udziału w uczczeniu dwudziestej piątej rocznicy śmierci Josepha Conrada, tłumacząc, że jest pogrążona w dawnej epoce i nie mogłaby przenieść się łatwo w czasy współczesne. „Nie ma na to rady, że człowiek nabiera mentalności czasów, które wraz ze swymi bohaterami przeżywa"[259].

* * *

Z *Przymierzem* wiązały się poważne nieporozumienia z wydawcami. Wyraźnie zdenerwowana ciągłymi opóźnieniami pisarka zdecydowała się wyznać szczerze, że jej sytuacja finansowa jest trudna: „Dochodów nie mam żadnych, wydatki duże, niezrozumiałe dla mnie korowody, (...) rola żebraka kołaczącego do wydawców, którzy nie raczą mu nawet odpowiedzieć, jest więcej niż przykra, a co najgorsze c z a s, bezcenny czas ucieka"[260].

---

[258] List Zofii Kossak do Romana Lasockiego z 15 XII 1948 r. w: *Zofia Kossak na emigracji...*, op. cit., s. 182.

[259] Odpowiedź Zofii Kossak na list Wita Tarnowskiego z 1949 r. Korespondencja w zbiorach Muzeum Zofii Kossak-Szatkowskiej w Górkach Wielkich.

[260] List Zofii Kossak do wydawców Hanny i Mariana Kisterów z 27 VI 1950 r. Korespondencja w zbiorach Muzeum Zofii Kossak--Szatkowskiej w Górkach Wielkich.

W tym samym liście z 1950 roku napisała: „jestem wprawdzie obecnie w dobrej, przedwojennej formie pisarskiej, ale za kilka tygodni kończę 60 lat! Mogę liczyć maksymalnie na jakieś dziesięć lat pracy twórczej przed sobą, a zamiarów literackich i konkretnych projektów mam na 20 lat".

Po wydaniu *Przymierza* w planach były następne książki. Miała być powieść o Mojżeszu (*Prawo*), potem „może, może, jeśli Bóg użyczy zdrowia i władz umysłowych (idiocieję bardzo szybko) *Córki św. Zofii*[261]. Ponieważ Jan Dobraczyński zdążył już wydać swoją wersję historii Mojżesza, zrezygnowała z tych zamierzeń.

* * *

Mimo powodzenia *Przymierza* emigracyjną twórczość Zofia Kossak uważała za mało znaczącą. O *Roku polskim...* mówiła, że to drobiazg bez znaczenia, inne książki nazywała niewiele wartymi i „strzepniętymi okolicznościowo". O powstającym pierwszym tomie *Dziedzictwa* pisała, że „dłubie w wolnych chwilach". O sobie zaś, że w Anglii zamieniła pióro na łopatę, że znalazła się w przechowalni i tkwiła jak Twardowski na Księżycu. Ciągle marzyła o zmianie sytuacji, o powrocie do kraju i prawdziwej pracy twórczej.

* * *

---

[261] List Zofii Kossak do Romana Lasockiego z 1948 r. Korespondencja w zbiorach Muzeum Zofii Kossak-Szatkowskiej w Górkach Wielkich.

Pierwszy tom wspomnianej sagi rodzinnej ujrzał światło dzienne jeszcze za granicą, został wydany w 1956 roku w Londynie. Krytycy przychylni pisarce znowu prawie jednomyślnie zachwycili się książką. Uważali, że to, obok *Krzyżowców*, kulminacyjne osiągnięcie w jej pisarskiej karierze. Zaskoczyła czytelnika tym, że pierwszy tom był czymś w rodzaju gawędy. Dziełem tym sięgnęła po laur epicki – podkreślano, nie przypuszczając, że bardzo szybko z „gawędziarskich" planów dziedziczka kossakowskiego talentu zrezygnuje.

Przez krytyków zostało odnotowane wydanie jeszcze jednej książki Zofii Kossak. Po wojnie, choć nigdy dotąd tego nie robiła, dokonała przeróbki *Beatum scelus* i tak powstała *Błogosławiona wina*. W 1953 roku Janusz Jasieńczyk napisał, że powieść jest co najmniej nieudana: „zabija ją kaznodziejstwo i łopatyzm"[262].

Zdenerwowany Wańkowicz zaprotestował. Podkreślał, że aż dwukrotnie „recenzent używa zwrotów dyskwalifikujących generalnie rangę pisarską Zofii Kossak. W stosunku do całożyciowego dorobku pisarki, która emigracji dała światowy bestseller o nakładzie 450 000 egz., rzucanie tego rodzaju twierdzenia bez należytego podbudowania sięga po kredyt, jakiego nie moglibyśmy dać nawet recenzentom o najwyższym autorytecie"[263].

Oddalenie od świata i pobyt na kornwalijskiej farmie powodował, że Zofia nie była już tak jak do tej pory w centrum zdarzeń, blisko tych, z którymi współpracowała, działała, organizowała i dla których pisała. Mimo

---

[262] Janusz Jasieńczyk, *Wina Sapiehy i wina Zofii Kossak*, „Kultura" 1953, nr 5.

[263] Melchior Wańkowicz, *List do Redakcji*, „Kultura" 1953, nr 9.

to nadal utrzymywała kontakty, najczęściej listowne, z grupą znajomych i przyjaciół. Należała do nich między innymi rodzina Wańkowiczów. Pisarka uważała, że każda nowa książka Melchiora Wańkowicza była wydarzeniem. Zachwycała się jego stylem, który według niej polegał nie tylko „na mistrzostwie techniki, ale na czymś niezmiernie rzadkim i cennym", czyli umiejętności „szczerego wydania czytelnikom samego siebie"[264].

Pisarz wspierał ją, kiedy była wyraźnie bojkotowana. Znał ją dobrze jeszcze sprzed wojny i od razu zauważył, jak bardzo przeżywa niesprawiedliwe oskarżenia emigracyjnych środowisk. Wiedział, że niechętnie ocenia innych źle, zauważył jednak, że kiedy mówi o Londynie, przesuwa się po jej twarzy cień. Dzięki wydanej korespondencji Melchiora Wańkowicza z Jerzym Giedroyciem poznamy opinie obu ważnych dla emigracyjnego życia literackiego twórców. Jerzy Giedroyc pytał: „Czy wpadła Panu w ręce nowa książka Kossak-Szczuckiej, wydana przez »Veritas«? Dla odmiany o Abrahamie. Na mój gust jest to słaby plagiat z książki Manna o Józefie i z książki Dobraczyńskiego. Może by Pan to smacznie zjechał?"[265] (chodziło o wydane w 1951 roku *Przymierze*).

Wańkowicz odpowiedział nieco ironicznie, że dziękuje za propozycję, pierwszą po osiemnastu miesiącach.

---

[264] List Zofii Kossak do Zofii Wańkowiczowej z 28 III 1952 r., w: *Korespondencja Zofii Kossak-Szatkowskiej z Zofią i Melchiorem Wańkowiczami...*, op. cit., s. 93.

[265] List Jerzego Giedroyca do Melchiora Wańkowicza z 20 XII 1951 r., w: *Jerzy Giedroyc, Melchior Wańkowicz. Listy 1945–1963*, wyboru dokonała i wstępem opatrzyła Aleksandra Ziółkowska-Boehm, Czytelnik, Warszawa 2000, s. 241.

„Książkę autorka mi przysłała. Tylko powąchałem, ale nie mam czasu. Wszystkie biblijne powieści, jakie znam, są spekulacją. Przypuszczam więc, że nietrudno by książkę zerżnąć. Ale myślę tak: chuchajmy na tę literaturę na emigracji"[266]. Giedroyc odpisał, że rozumie, ale szkoda czasu na Szczucką. Mimo to Wańkowiczowi udało się w końcu zainteresować „Kulturę" Zofią Kossak, ponieważ kilka razy upominał się o recenzje jej książek. „Jeśli idzie o Kossak-Szczucką, to przyznaję się, nie miałem żadnej ochoty jej recenzować. Nie należę do wielbicieli jej talentu"[267] – przeczytał pisarz w odpowiedzi. Nie dał za wygraną, nalegał, że nie sposób w piśmie poświęconym polskiej kulturze ignorować książek znanej pisarki, trzeba się do nich jakoś odnieść. Napisał więc list do redakcji i domagał się jego wydrukowania.

* * *

Korespondencji z Wańkowiczami zawdzięczamy wiele wypowiedzi na temat życia prywatnego, dzieci, wnuków, z których była dumna, na temat pracy na farmie, nielicznych chwil radosnych i wielu dni trudnych i uciążliwych. Żonę Wańkowicza pisarka nazywała Zosieńką i Siostrzyczką kochaną. Najwyraźniej obie panie lubiły się i dobrze rozumiały, a Zofia Kossak kierowała do żony pisarza zabawne opisy, jak na przykład relację z bezskutecznego

---

[266] List Melchiora Wańkowicza do Jerzego Giedroycia z 19 I 1952 r., w: *Jerzy Giedroyc, Melchior Wańkowicz. Listy 1945–1963...*, op. cit., s. 248.

[267] List Jerzego Giedroycia do Melchiora Wańkowicza z 22 XI 1952 r., w: *Jerzy Giedroyc, Melchior Wańkowicz. Listy 1945–1963...*, op. cit., s. 348.

wysłania listu, który nosiła kilka dni w kieszeni, dziwiąc się, że nie nadchodzi żadna odpowiedź. „Roztargnienie u młodych i ładnych kobiet bywa wdziękiem, u starych – nieznośną plagą, niechlujstwem"[268] – dodawała.

Coraz cieplejsze tony odnaleźć można było w korespondencji z Janem Dobraczyńskim. Zaczęło się od dość oficjalnych listów. Dzięki Janowi Dobraczyńskiemu Zofia Kossak wiedziała, co dzieje się w Polsce, ale wiedza ta była subiektywna, gdyż przedstawiała tylko jego punkt widzenia i subiektywną ocenę różnych zdarzeń. Jan Dobraczyński usłyszał nawet wiele słów krytycznych na temat tego, co działo się za żelazną kurtyną, a w czym i on uczestniczył. Z biegiem czasu jednak, w miarę jak coraz bardziej realny był powrót do Polski, listy stawały się coraz bardziej osobiste, serdeczne, dowcipne i ciepłe. To jemu napisała w 1956 roku o wadze długiej, szczerej rozmowy, która nie zastąpi przygodnej wymiany listów. To Dobraczyński czytał pełne tęsknoty za krajem zdania, wiedział o marzeniach o powrocie, czytał słowa zachęty: „Proszę napisać, to dla mnie radość"[269].

Najczęściej jednak wymieniali uwagi na temat sytuacji w Polsce: „Niespodziewana wiadomość o zamknięciu Tyg[odnika] Pows[zechnego] dotknęła mnie bardzo. (...) To jest piękne pismo. Doskonałe pismo – martwiła się w 1956 roku. – Tylko z określeniem »klęska« nie mogę się zgodzić. Przecież dla nas, katolików, klęska może zajść

---

[268] List Zofii Kossak do Zofii Wańkowiczowej z 27 IV 1953 r., w: *Korespondencja Zofii Kossak-Szatkowskiej z Zofią i Melchiorem Wańkowiczami...*, op. cit., s. 96.
[269] List Zofii Kossak do Jana Dobraczyńskiego z 26 III 1956 r., w: *Zofia Kossak na emigracji...*, op. cit., s. 198.

tylko od wewnątrz, wypłynąć z nas samych. Zdarzenia zewnętrzne są zawsze opatrznościowe"[270].

Niezwykle ważna jest emigracyjna znajomość z Janem Nowakiem-Jeziorańskim. To on zamawiał u niej słuchowiska, a *Rok polski…*, opowiadający o porach roku, zwyczajach i obrzędach, pisany był specjalnie dla Radia Wolna Europa.

Dzięki Jeziorańskiemu Zofia Kossak zabierała głos w istotnych dla kraju sprawach i oddalenie od Londynu nie uniemożliwiało kontaktu ze światem. 6 sierpnia 1955 roku napisał, że nowa radiostacja Kraj apeluje do pisarzy polskich na emigracji, aby wracali do Polski. Tym razem zapytano o to, czy powróci autorka *Krzyżowców*. Zofia Kossak odpowiedziała na to pytanie. Na antenie radia w przejmujących słowach opowiedziała o nostalgii, niechcianej emigracji i zatrzaśnięciu przed nią drzwi.

Zdarzało się, choć rzadko, że pisarka wypowiadała się i na inne tematy związane z krajem. Zauważono jej list do redakcji „Dziś i jutro" dotyczący dawnych, jak się wyraziła, przyjaciół. Wokół czasopisma wydawanego od 1945 roku skupiona była grupa katolików popierających działania komunistów. Inicjatorem powstania grupy był Bolesław Piasecki. Zofia wiedziała, że z czasem działalność grupy, a głównie lidera, świadczyła bardziej o jej dyspozycyjności wobec komunistów niż o zapowiadanych staraniach, które miały na celu ratowanie Kościoła w Polsce. Zaskoczona była jednak, kiedy przeczytała artykuł *Doniosły zwrot* apelujący o pełną akceptację ustroju socjalistycznego przez hierarchię kościelną. Zofia Kossak

---

[270] List Zofii Kossak do Jana Dobraczyńskiego z 18 V 1956 r. Por. przyp. 244.

zareagowała wówczas stanowczo. W październiku 1953 roku londyńskie „Życie" wydrukowało jej list, a w nim ważne fragmenty o roli katolicyzmu. Powoływała się na wspólną okupacyjną przeszłość, na czasy, w których razem walczyli, mieli wspólne cele, służyli Bogu i Polsce i chcieli wychować społeczeństwo. Teraz ze zdumieniem przeczytała ich wypowiedzi i przekonywała, że Stefan Wyszyński jest prymasem na trudne czasy: „Bóg, który te czasy odmierzył, przygotował starannie Swego sługę, by im sprostać"[271]. Domagała się posłuszeństwa wobec niego i nie rozumiała, dlaczego tak jak dawniej nie odnajdują się w trudnej sytuacji. W ostrych słowach potępiła poczynania władz marksistowskich, pisząc, że „budzą wstręt i grozę". Zdumiona i rozgoryczona postawą dawnych współpracowników z okupacyjnych lat pytała: „Jakież stanowisko zajmujecie wobec zbrodni dokonanej, Wy, k a t o l i c y? Zabieracie głos, by przywtórzyć oskarżycielom. I nazywacie się nadal katolikami? Kto Wam dał mandat, by sądzić biskupa? Prymasa?"[272].

Polemika nie zakończyła się na tej wypowiedzi. Jeszcze raz przypomniała o posłuszeństwie, o roli Kościoła i katolików świeckich. Stanowczo broniła kardynała Stefana Wyszyńskiego, a jego aresztowanie nazwała otwarcie gwałtem, aktem wrogości, sprzecznym z polską tradycją i polskimi dziejami. Uważała, że nie można zignorować milczącej i skrzywdzonej postaci prymasa.

„Nie jestem od was ani mędrsza, ani przenikliwsza, na skutek oddalenia mogłam wiele rzeczy przestać

---

[271] Zofia Kossak, *List*, „Życie" (Londyn) nr 44 z października 1953 r.
[272] Ibidem.

rozumieć, lecz trzymam się oburącz nauki Kościoła"[273]
– pisała do Polaków sprzyjających komunistom za żelazną kurtyną.

* * *

Zofia Kossak nigdy nie ukrywała, że źle się czuje na
emigracji i nie podoba jej się sposób, w jaki zachęca się
Polaków do pozostania na Zachodzie, izolując ich w ten
sposób od ojczyzny. Wszystko, co pozostało po tamtej
stronie kurtyny, było z góry oceniane jako złe. Pisała w liście do przyjaciółki, Anny Sadowskiej, że razem
z mężem są „gruntownie zrażeni do Zachodu i pobytu
na obczyźnie". Emigracja niechętnie przyjęła Zofię Kossak, ale i ona nadal negatywnie oceniała emigrację i – co
najważniejsze – wielokrotnie o tym mówiła i pisała. To
z całą pewnością nie przysparzało jej przyjaciół. Wręcz
przeciwnie. Pod koniec życia, przygotowując notatki do
odczytu we Wrocławiu, zapewne nie bez powodu dwukrotnie powtórzyła to samo słowo: w Anglii, oczekiwanie, doraźność poczynań, rozczarowanie, nieznajomość
psychiki Zachodu, rozczarowanie[274].

Z biegiem czasu coraz bardziej oddalała się i w sensie dosłownym, i przenośnym od centrum emigracyjnego
życia. Coraz bardziej też tęskniła do Polski. Mówiła, że
łatwiej znieść oddalenie ludziom młodym, którzy mogą
mieć nadzieję, że wreszcie dokonają się jakieś zmiany, że
jeszcze zdążą powrócić. Ludzie starsi, tacy jak ona, boją

---

[273] Ibidem.
[274] Odręczne notatki Zofii Kossak zatytułowane przez Zygmunta
Szatkowskiego *Spotkanie z Wrocławiem*, w zbiorach Muzeum Zofii
Kossak-Szatkowskiej w Górkach Wielkich.

się, że może na powrót będzie za późno, więc „pragnienie złożenia kości w ojczystej ziemi staje się coraz bardziej naglące". Jeszcze w czasie pobytu w Londynie powtarzała, że trzeba wracać do kraju, i nie chciała przyjąć do wiadomości, że komunistyczny rząd nie będzie sprzyjał „marnotrawnym synom". Maria Danielewicz-Zielińska, doskonale zorientowana i uczestnicząca w życiu kulturalnym londyńskiej Polonii, zapamiętała jesienne zebranie informacyjne Związku Pisarzy Polskich na Obczyźnie, które odbyło się w 1945 roku. Podczas tego zebrania „Zofia Kossak naiwnie, choć zapewne szczerze wzywała do powrotu na ojczyste łany, choć sama – jak nieco uszczypliwie komentuje autorka *Szkiców o literaturze emigracyjnej* – wybrała jako własny adres cierpiętniczy zakupioną za amerykańskie honoraria (...) farmę kornwalijską"[275].

Zofia Kossak nie zgadzała się z wieloma posunięciami i decyzjami emigracyjnych środowisk. Nie rozumiała, dlaczego zabroniono pisarzom drukować w kraju. Buntowała się przeciwko podjętej w 1947 roku uchwale Związku Polskich Pisarzy na Obczyźnie zalecającej „nieogłaszanie w pismach i wydawnictwach kierowanych przez władze narzucone utworów swoich, dawnych i nowych".

Lista zarzutów Zofii Kossak wobec emigracji, którą przypominała przy różnych okazjach, była dość długa. Obok wymienionych już kwestii nie zgadzała się z wypowiedziami publicystów, którzy na przykład Jana Dobraczyńskiego nazwali „kłamcą, oszustem, zdrajcą, płatnym

---

[275] Maria Danielewicz-Zielińska, *Szkice o literaturze emigracyjnej*, Zakład Narodowy im. Ossolińskich – Wydawnictwo, Wrocław 1992, s. 138.

agentem, kierującym się przewrotnością, nienawiścią i fałszem".

Nie była zadowolona – i mówiła o tym głośno – z tego, co wydarzyło się w 1956 roku. Jeden z arcybiskupów wygłosił wtedy kazanie, w którym kapłani zarządzający w Polsce diecezjami w zastępstwie uwięzionych ordynariuszy zostali nazwani „intruzami". Uważała, że wypowiedź dostojnika kościelnego była niefortunna. „Słowo »intruzi« oburzyło mnie głęboko. Toż to są kapłani! Kapłani katoliccy o pełnej mocy sakralnej"[276] – pisała w liście do Jana Dobraczyńskiego, nie rozumiejąc być może istoty rozgrywających się zdarzeń.

Zofia Kossak wciąż widziała siebie, swojego męża i swoje dzieci w kraju. Witold i Anna studiowali na zagranicznych uniwersytetach. W 1947 roku twierdziła z całą pewnością, że syn i córka „osiągną doktoraty" i natychmiast wrócą do kraju, by tam dalej pracować. W 1953 roku w *Liście do przyjaciół z Tygodnika „Dziś i Jutro"* stwierdzała z przekonaniem i nie bez emocji: „Niektórych zrządzenie Boże wyrwało z nurtu, rzucając na obcy brzeg, jak mnie. Szczęśliwi pozostali w Kraju"[277].

Kiedy pytano, dlaczego nie wraca, mówiła o niechęci władz wobec niej, o tym, że nie wydaje się jej książek, więc nie miałaby z czego żyć. Mąż może mógłby uczyć języków, a ona byłaby kucharką – zastanawiała się – bo nieźle gotuje, ale przecież nie po to chciała wracać.

Pisarka miała za złe emigracji nieodmienne „pilnowanie żelaznej kurtyny", oddając jednak sprawiedliwość, że

---

[276] List Zofii Kossak do Jana Dobraczyńskiego z 1956 r. Por. przyp. 244.

[277] Zofia Kossak, *List otwarty do moich przyjaciół z Tygodnika „Dziś i Jutro"*, „Życie" (Londyn) z 1 XI 1953 r.

to nie emigranci byli animatorami jej zaciągnięcia. Mimo to wielką rolę przypisywała odwilży w 1956 roku. Była zachwycona nową sytuacją do tego stopnia, że nie mogła się nadziwić sceptycznej i ostrożnej postawie Polaków pozostających nadal za granicą: „Kurtyna zaciągnięta przez emigrację, niezależnie od żelaznej kurtyny wzniesionej przez obcych, trwa nieprzenikliwie, pomimo że w żelaznej prześwitują szpary. Czyż to nie paradoksalna sytuacja?"[278] – zadawała pełne dramatyzmu pytanie. Dla niej sytuacja była jasna, chciała jak najszybciej wracać i cieszyła się z każdej zachęty, jaką przesyłało jej środowisko zza tej kurtyny, a było to w większości środowisko działaczy PAX-u zainteresowanych wydawaniem książek znanej emigrantki. Chcieli ją widzieć raczej w zgodzie z nową rzeczywistością i już po drugiej stronie kurtyny. Zachęcali, by wróciła, i obiecywali wydawanie jej książek.

* * *

Kiedy analizuje się ten etap biografii Zofii Kossak, nieodparcie nasuwa się jeden wniosek. Otóż pisarka sprawia wrażenie, że albo nie wiedziała, albo nie chciała wiedzieć, na co pozwalają sobie w Polsce współpracownicy komunistów.

Ostrzegano ją przed działaniami PAX-u. Zaprzyjaźniony z nią Władysław Bartoszewski napisał list. Pisarkę nazywał Drogą Ciocią i, przywołując okupacyjne wspomnienia i wspólne dokonania, nadmieniał, że

---

[278] List Zofii Kossak do Jana Bielatowicza z 25 V 1956 r., w: *Zofia Kossak na emigracji...*, op. cit., s. 346.

niepokoi go sprawa propagandy jej powrotu „zmono-
polizowana przez zupełnie w oczach i katolików polskich i całego społeczeństwa skompromitowaną, agen-
turalną grupę PAX". Wyjaśniał przy tym szczegółowo,
co się w kraju dzieje, bojąc się, że jej „wspaniałe i nie-
skalane nazwisko" wykorzystywane jest do złych ce-
lów. Jako bolesne doświadczenie potraktował fakt, że
ci sami ludzie, do których Zofia Kossak przesłała ważny i stanowczy list ogłoszony w 1953 roku, w którym
odcinała się od ich postawy w sprawach Episkopatu,
liczą na jej przyjazd jako na argument w rozgrywkach
politycznych i na dezorientację społeczeństwa. Autor
listu zwracał się do Zofii Kossak w bardzo serdecznych
słowach, wyjaśniając, że to wszystko, o czym pisze, po-
dyktowane jest troską i wielkim szacunkiem, jakim ją
darzy. On sam przeszedł drogę tysięcy Polaków przez
podziemia UB i nieraz wspominał rozmowy z czasów,
kiedy nieprzypadkowo dane mu było spotkać Zofię
Kossak podczas okupacji przed oświęcimską gehenną
i po wyjściu Niemców, a przed jej wyjazdem na Zachód. „Ręce Twoje, Ciociu, całuję" – pisał, licząc na
to, że zrozumie jego intencje. Dodał jeszcze, że Jan
Dobraczyński poszedł drogą „bolesną (...) i właściwie
niezrozumiałą"[279].

Listy w podobnym tonie pisarka otrzymywała i od
czytelników. Pisano między innymi: „Nazwisko Pani, Jej
słowa pojawiają się w łączności z instytucją »Pax«, (...)
»Pax« rzuca cień na katolicką Polskę. (...) Czy będziemy
czytać Pani refleksje, wrażenia, myśli i postulaty? Oby

---

[279] List Władysława Bartoszewskiego do Zofii Kossak z 6 I 1957 r.
(Kraków). List w zbiorach prywatnych.

nie na łamach »Kierunków«"[280]. Może właśnie dlatego po przyjeździe do Polski nie wstąpiła nigdy do stowarzyszenia, a jej kontakty z nim ograniczały się do spraw wydawniczych.

W listach do rodziny znalazły się też wzmianki o sytuacji w Polsce. W marcu 1953 roku Zofia Kossak pisała: „Uważamy śmierć Stalina za bardzo ważne wydarzenie, rodzaj »Deus ex machina«. To przyśpieszy rozwiązania. Jakie one będą?"[281]. W czerwcu 1956 roku zamieściła wzmiankę: „straszne wydarzenia w Polsce (Poznań!) wytrąciły nas z równowagi"[282]. Następny rok był już rokiem odwilży i związanych z nim nadziei.

W kwietniu 1956 roku donosiła, że nie podjęli jeszcze ostatecznej decyzji, ale już czują się jak przed odlotem, a to uczucie nigdy jej nie myli. Wiedziała, jak zareaguje emigracja na wieść, że wracają do Polski. „Inwektywy powitały mnie na emigracji, inwektywy pożegnają"[283] – spodziewała się.

Na temat powrotu Zofia Kossak korespondowała z Janem Nowakiem-Jeziorańskim. Uważał, że niesprawiedliwie osądza emigrację, ale mimo to starał się zrozumieć pisarkę i zawsze okazywał jej wielki szacunek. Podejrzewał też, że w związku z możliwością powrotu do kraju Zofia przeżywa wielką rozterkę duchową.

---

[280] List ks. Andrzeja Jabłońskiego do Zofii Kossak z 1957 r. Korespondencja w zbiorach Muzeum Zofii Kossak-Szatkowskiej w Górkach Wielkich.

[281] List Zofii Kossak do Anny i Jean-Marie Rosset z 19 III 1953 r., w: Zofia Kossak, *Wspomnienia z Kornwalii...*, op. cit., s. 225.

[282] List Zofii Kossak do Anny i Jean-Marie Rosset z 30 VI 1956 r., ibidem, s. 239.

[283] List Zofii Kossak do Anny i Jean-Marie Rosset z 5 VIII 1956 r., ibidem, s. 241.

„Nie ma rozterki, jest decyzja – odpowiedziała stanowczo i dodała: – Kochany Panie Janie, nie wyobrażam sobie konfiguracji politycznej, która mogłaby naruszyć przyjaźń i wdzięczność, jakie mam dla Pana"[284]. Adresat w ostatnim już liście emigracyjnej korespondencji ostrzegał przejętą nową sytuacją autorkę, uświadamiał, że powrót do kraju oznacza narażenie się na niebezpieczeństwa i wyrzeczenia. Z szacunkiem odniósł się wprawdzie do jej decyzji, ale dodał: „Jestem również przekonany, że z perspektywy Kraju zrozumie Pani daleko lepiej motywy ideowej części emigracji i konieczność kontynuowania przez nią dotychczasowych działań na Zachodzie"[285].

Zofia Kossak nie pozostała dłużna i zakończyła ten etap znajomości również przewidywaniami, które miały się spełnić. Zapisała je w liście pisanym „na odjezdnym", w styczniu 1957 roku. „Każdy obiera tę drogę, która wydaje mu się najlepszą i najtrafniejszą. One i tak zejdą się wszystkie u wspólnego celu"[286]. Miała rację. Słynny kurier z Warszawy czekał na odpowiedni moment powrotu. Zofia Kossak czekać już dłużej nie mogła. Była od niego dużo starsza. Wiedziała, że ma przed sobą mniej lat, niż zostawiła za sobą. Czas nieubłaganie uciekał i jeśli chciała zrealizować swoje marzenie, musiała skorzystać z nadarzającej się okazji, zaryzykować i wrócić do Polski już w 1957 roku. Obok radości mimo wszystko była obawa. W *Roku polskim...* tak scharakteryzowała

---

[284] List Zofii Kossak do Jana Nowaka-Jeziorańskiego z 23 X 1956 r., w: *Zofia Kossak na emigracji...*, op. cit., s. 321.
[285] List Jana Nowaka-Jeziorańskiego do Zofii Kossak z 16 I 1957 r., w: *Zofia Kossak na emigracji...*, op. cit., s. 323–324.
[286] List Zofii Kossak do Jana Nowaka-Jeziorańskiego z 20 I 1957 r., w: *Zofia Kossak na emigracji...*, op. cit., s. 324.

emigrantów: „Jeśli zaś wrócą po latach, czy swoich poznają i będą przez nich rozpoznani? Może jedni i drudzy okażą się inni, niż byli w chwili rozstania? Ślady zarosła trawa zapomnienia i nikt wygnańców nie czeka?"[287].

Opuszczając Trossell, zachowała jednak „dozgonny sentyment dla domku i obejścia"[288], ponieważ tam mąż odzyskał zdrowie. Żal jej też było zwierząt, bo często były ich jedynymi towarzyszami, a rozstanie z psami nazwała okropnie bolesnym.

Zofia i Zygmunt Szatkowscy zrezygnowali z życia na farmie, sprzedali ziemię, inwentarz, pożegnali się z najbliższą rodziną pozostającą na stałe za granicą i „urwali się z kotwicy"[289], pisała Zofia Kossak, która zwierzała się, że odczuwa szaloną radość, ponieważ na Trossell nie służyli Polsce. Teraz będą służyć. Tym samym rozpoczęli kolejny, ostatni już etap swojego życia.

[287] Zofia Kossak, *Rok polski. Obyczaj i wiara...*, op. cit., s. 97.

[288] List Zofii Kossak do Anny Rosset z 11 I 1957 r., w: Zofia Kossak, *Wspomnienia z Kornwalii...*, op. cit., s. 242. (Listy do rodziny).

[289] List Zofii Kossak do Anny Rosset z 11 I 1957 r., ibidem, s. 242.

ŚLĄSK CIESZYŃSKI: GÓRKI WIELKIE

„Górki, remont" – napisała w zeszycie zielonym atramentem. Zaczęła szkicować trzeci już projekt kominka. Koniecznie powinien być w tym domu, bo sprzed wojny zapamiętała, jak bardzo był chłodny i trudny do ogrzania. Jeszcze płomienie, żeby było wiadomo, że pali się w nim ogień. Spojrzała w stronę zrujnowanego dworu, pozostałości ogrodu i parku. Zanotowała: „odpowiednie nawożenie sadu, pielęgnowanie drzewek". Zygmunt przyglądał się jej w milczeniu.

Znów była pełna nadziei, energicznie i z rozmachem planowała odbudowę kolejnego domu.

Po raz ostatni.

Zofia Kossak powróciła do Polski 21 lutego 1957 roku. Przybyła razem z mężem na pokładzie „Królowej Wilhelminy", samolotu holenderskich linii lotniczych, a jej powrót był ważnym wydarzeniem. Mimo że chciała uniknąć oficjalnych powitań, na lotnisko przybyła spora grupa osób. Nagrano od razu wywiad dla radia. W tle było słychać lądujące i startujące samoloty. Wzruszona pisarka mówiła o swojej radości, zaskoczeniu obecnością tylu osób, o swojej pracy i służbie. Na koniec pozdrowiła wszystkich „tysiącletnim polskim pozdrowieniem: Niech będzie pochwalony Jezus Chrystus", ale to zdanie nie dotarło do słuchaczy. Zostało wycięte przez cenzurę.

O tym, jak wielkim przeżyciem był powrót do kraju, świadczą nie tylko oficjalne wypowiedzi, ale i fragmenty jej listów pisanych do najbliższych: „Jesteśmy pijani mową polską; chodzimy jeszcze wciąż po ulicach i śmiejemy się do każdego; jesteśmy ciągle zagubieni w wirze powitań; śpieszno nam do Częstochowy, przede wszystkim, by pokłonić się Matce Najświętszej i dziękować Jej za łaskę powrotu, jeszcze się wzajemnie szczypiemy, by sprawdzić, czy to nie jest sen"[290]. Zapytana o to, jakiego uczucia doznała, wysiadając z samolotu na Okęciu, odpowiedziała: „Byłam oszołomiona, pijana mową polską"[291].

Powrót znanej pisarki po dwunastoletnim pobycie na Zachodzie był na tyle ważnym wydarzeniem, że poświęcono mu wiele miejsca w ówczesnej prasie. Zamieszcza-

---

[290] List Zofii Kossak do Marii Birkenmajerowej z 27 II 1957 r. Korespondencja w zbiorach prywatnych.

[291] Barbara Jaszczowa, *Byłam oszołomiona mową polską. Rozmowa z Zofią Kossak-Szczucką*, „Wieczór" z 4 IV 1957 r.

no nie tylko relacje z powitania na Okęciu, ale i wywiady z Zofią Kossak.

„Przez jedenaście lat mało co wiedzieliśmy o autorce trylogii *Krzyżowcy, Król trędowaty, Bez oręża*, jednej z najgłośniejszych książek XX-lecia"[292] – przyznawano i, próbując przybliżyć sylwetkę pisarki, pobieżnie relacjonowano jej ostatnie dokonania literackie. Wspominano też o jej pobycie za granicą i dawano do zrozumienia, że emigracyjne życie niszczyło jej talent, ale teraz, w komunistycznej ojczyźnie, zostanie odpowiednio potraktowana i, co najważniejsze, doceniona.

Maria Dąbrowska w *Dziennikach* zanotowała, że nastała wiosna, w związku z tym przyleciały ptaki. „W czwartek przylatuje też do Warszawy stary szpak – Zofia Kossak-Szatkowska z mężem – napisała i przy okazji ten fakt skomentowała, nie wiedząc zapewne, że „ciężkie lata" mają za sobą nie tylko ci, którzy w Polsce pozostali. – Szczególne to musi być uczucie wracać do kraju, w którym się nie przeżyło tych wszystkich ciężkich lat. To tak, jakby się opuściło dom rodzinny nawiedzony zarazą i wracało po latach dopiero na wiadomość, że ktoś przecie został i zdrowieje"[293]. Oficjalnie jednak powitała ją z radością, podobnie jak Artur Górski, który wysłał z Krakowa list, a w nim napisał takie między innymi słowa: „Przyjechała Pani w samą porę. Witają Panią ludzie, wita ziemia, wiosna w powietrzu, skowronki już przyleciały. A tu trzeba zakasać rękawy i budować

---

[292] „Trybuna Robotnicza" 1957, nr 46.
[293] Maria Dąbrowska, *Dzienniki powojenne 1945–1965...*, op. cit., t. III, s. 216.

na każdym kroku. Taki chaos w głowach, w życiu (...). A chodzi o pojednanie"[294].

Z powrotu cieszyli się też czytelnicy, zasypując pisarkę listami, w których wyrażali wdzięczność za wypowiedziane przez nią zdanie, że miejsce pisarza jest wśród jego narodu.

Tuż po powrocie do Polski Zofia Kossak powiedziała: „Nie zamierzam stanąć w żadnym określonym obozie. Ale w jednej fali ludzi wierzących, że nienawiść można zwyciężyć, kierując się miłością"[295]. Prywatne notatki potwierdzają tę opinię. Zaznaczyła w nich, że pisarz katolicki nie może wiązać się z żadną grupą polityczną. Nie wiedziała jeszcze, że rzeczywistość, jaką zastanie w kraju, daleka będzie od jej wyobrażeń. Pierwsze opinie sformułowała w liście do mieszkającego w Londynie teścia jej syna, Stanisława Jóźwiaka. Pisała o wielkanocnym obżeraniu się i o rażących różnicach poziomów stopy życiowej. „Zmieniły się tylko osoby. Co było na dole jest na górze i odwrotnie"[296]. Tyle uwag formułowanych na gorąco. Na głębsze analizy czas miał dopiero nadejść.

* * *

Działacze PAX-u, chcąc zapewne należycie nagłośnić i upublicznić swoje niewątpliwe dokonanie, jakim było

---

[294] List Artura Górskiego do Zofii Kossak z 12 III 1957 r. Korespondencja w zbiorach Muzeum Zofii Kossak-Szatkowskiej w Górkach Wielkich.

[295] Zofia Kossak, *Przybyłam, aby służyć miłości*, „Kierunki" 1957, nr 11, s. 2.

[296] List Zofii Kossak do Stanisława Jóźwiaka z 22 IV 1957 r. Korespondencja w zbiorach Muzeum Zofii Kossak-Szatkowskiej w Górkach Wielkich.

nakłonienie znanej emigrantki do powrotu, a także wydanie jej książek, organizowali z zapałem i rozmachem osobliwą peregrynację państwa Szatkowskich po Polsce. W liście do Jadwigi Witkiewiczowej Zofia Kossak relacjonowała pierwsze dni i tygodnie pobytu w Polsce. Nazwała je „ogromną rajzą" i dodawała przy tym wzmiankę o setnym zmęczeniu i o tym, że świadoma własnego posłannictwa i służby, a także podjętych zobowiązań, bierze udział w kolejnych odczytach i spotkaniach. Nie ukrywała też, że tego po prostu nie lubi, a do „wymądrzania się" i „udawania inteligentnej" (tak nieraz kwitowała swoje oficjalne wystąpienia) „nadaje się jak krowa do walca". Mimo wszystko musiała jednak przyznać, że spotkania autorskie i odczyty najczęściej gromadziły tłumy i kończyły się wielkim sukcesem. Krótko podsumowywała bogate w wydarzenia i przeżycia dni w pisanym od kwietnia do czerwca 1957 roku pamiętniku czy raczej zbiorze notatek. Czytamy w nim między innymi o tym, że czytelnicy entuzjastycznie ją witali, „wieczór udany nadzwyczajnie, miły i serdeczny, my, tłumy, tłumy; huragan oklasków, lawina autografów, kupa pytań; listy, listy i kwiaty; Poznań drogi, miły, serdeczny, aula pełna; gorące przyjęcie; wywiady, przyjemnie; Kraków – ludzi a ludzi"[297].

Notując wrażenia ze spotkań, posługiwała się skrótem, który miał opisywać nastrój kolejnych dni: e. o. k. a. (entuzjazm, owacje, kwiaty, autografy).

Przyznać trzeba, że nie wszędzie i nie zawsze panował entuzjazm. Bywały spotkania, które nazwała nieudanymi. Oto przykłady: „Katowice – bałagan, tajemnicze

---

[297] Odręczne notatki i zapiski mające charakter pamiętnika z 1957 r. (ołówkiem i długopisem w zeszycie). Zbiory Muzeum Zofii Kossak-Szatkowskiej w Górkach Wielkich.

nawalenie Zawiercia; Opole – błąd organizacji wieczoru; potworna historia – trzy odczyty na 9.00; bałagan w organizacji obiadu; zapowiedź innego tematu, niż ustalony; ogólne zmęczenie; mówię chaotycznie i źle, brak reakcji, publiczność znudzona, ja też; długa kolacja z orkiestrą nad uszami (śmierć orkiestrom w restauracjach), Tarnów słabiej niż w Krakowie (obustronnie)".

W końcu przeczytamy zdanie, które podsumuje uciążliwą, choć owocną podróż po Polsce: „Ulga z zakończenia objazdu. Odpocząć od e. o. k. a. i gadaniny".

Szacunek dla czytelnika, a w tym wypadku i dla słuchacza, wymagał od Zofii Kossak starannego przygotowania każdego wystąpienia. Nieraz niechętnie (pisała nawet: „pierońsko mi się nie chce!"), ale zawsze rzetelnie planowała każde z nich. Pozostały teczki z maszynopisami i rękopisami odczytów na różne tematy: roli kobiety i pisarza regionalnego; historii harcerstwa i zadań twórcy, pobytu w Anglii, planów literackich, praw i obowiązków świeckich w Kościele, prześladowań Kościoła w Polsce w czasie wojny, św. Bernarda, rozważań soborowych i wiele, wiele innych.

Zapraszało znaną pisarkę wiele środowisk, nie tylko z inicjatywy działaczy PAX-u. Oto prośba pracowników Zakładowego Domu Kultury w Michałkowicach. Zwrócili się oni do „Ukochanej Pisarki", aby zechciała się spotkać z czytelnikami. „Byłaby to prawdziwa uczta dla naszych górników, którzy są wielbicielami powieści ukochanej Rodaczki"[298].

---

[298] Zaproszenie z Zakładowego Domu Kultury w Michałkowicach z 1957 r. Korespondencja w zbiorach Muzeum Zofii Kossak-Szatkowskiej.

Nie mogła odpowiadać na wszystkie zaproszenia, a jeśli już zdecydowała się przyjechać, notowała ważne jej zdaniem szczegóły, np. „spotkanie z młodzieżą zagraniczną w Wiśle P.T.T.K. (...) Tam jest obóz lubelski, g. 17-sta, 16-go b.m., 82 dziewcząt w w[ieku]. 15–17 lat". Ustalała z organizatorami temat i przebieg spotkania. Oto fragment zachowanej notatki.

„początek o 6-stej do 8-mej
zagajenie 5 m[inut] (Zofia Kossak)
delikwentka 30 m[inut]
czytanie 30 m[inut]
rozmowa z czytelnikami
zakończenie"[299].

„Delikwentka" (bo tak sama siebie określiła) w notatkach dotyczących odczytu, mimo wzmianek pozornie bagatelizujących publiczne „wymądrzanie się", miała zawsze nadzieję, że przekona słuchaczy do swoich racji i poglądów.

Maria Hudyma kierowała szkołą dla dorosłych, dla milicjantów i wojskowych. Postanowiła zorganizować spotkanie z Zofią Kossak podczas jej wizyty na Pomorzu. W hotelu, w którym zatrzymali się Szatkowscy, przywitała ją pisarka – starsza pani, skromnie ubrana, i zrobiła na niej bardzo dobre wrażenie, była serdeczna i bezpośrednia. Przyjęła zaproszenie i została uprzedzona,

---

[299] Omawiane odczyty i notatki znajdują się w zbiorach Muzeum Zofii Kossak-Szatkowskiej w Górkach Wielkich, opisane odręcznie przez Zygmunta Szatkowskiego, np. *Aby miłość była kochana*, *Socjalizm a Kościół*, *Pisarze katoliccy*, *Prawa i obowiązki świeckich w Kościele na tle wypadków II wojny światowej*.

jakie będzie audytorium. „O spotkaniu Zofii Kossak ze słuchaczami klas maturalnych dwu szkół średnich dla pracujących powiadomiłam Komitet Wojewódzki PZPR – przeszkód nie stawiano"[300] – opowiadała Maria Hudyma. Godzinę przed spotkaniem pracownik komitetu wojewódzkiego PZPR polecił je odwołać. Kolejny telefon, tym razem z urzędu bezpieczeństwa, dotyczył ustalenia godziny, na którą należy przysłać samochód po autorkę. Zdecydowano widocznie, że Zofia Kossak jednak spotka się z pracownikami wojska, urzędu bezpieczeństwa i milicji (to oni bowiem byli słuchaczami szkoły). Pytali ją między innymi o to, dlaczego tyle lat została na emigracji. Swoją wypowiedź zaczęła od słów: „Dzięki Bogu", i wyjaśniła: „A gdyby tak was otoczył mur nieufności, zamknięto by wam warsztat pracy, nie wznawiano wydawnictw, nie wydawano nowych, to wrócilibyście do domu, którego już nie było, który został zniszczony? Skoro dano mi tylko możliwość powrotu, wróciłam"[301].

W prelekcji uczestniczył szef urzędu bezpieczeństwa.

* * *

Wygłaszając prelekcje, odczyty, podróżując po Polsce, Zofia Kossak cieszyła się ze spotkania z dawnymi znajomymi z Kośmina, Skowródek i Górek; cieszyła się z faktu, że przychodzą na spotkania z nią grupy młodzieży, że

---

[300] Wywiad z Marią Hudymą przeprowadzony przez Ewę Marczak w 2013 r. Wspomnienia Marii Hudymy opublikowane pt. *Zofia Kossak otworzyła im oczy*, „Miasto. Tygodnik Koszaliński" z 7 IV 2013 r.
[301] Ibidem.

mieszkańcy Śląska śpiewają dla niej nie tylko *Sto lat*, ale i piosenkę o tym, że „zachodzi czerwone słoneczko za zielonym gajem”; że podejmują ją obiadem biskupi i prałaci, działacze, artyści, naukowcy i „paksowcy” (wszystkich ich chciała przecież doprowadzić do zgody). Najwyraźniej dobrze czuła się wśród ludzi podzielających jej poglądy, doceniających jej patriotyzm i społeczne zaangażowanie. Na Śląsku spotkała dawnych powstańców. „Wiodło ich serce – zapisała w notatniku i dodała komentarz, przytaczając zdanie: – Jeżeli może się zdarzyć, że narody znikną, lub przeinaczą się, jeśli to ma spotkać Polskę, Górny Ślązak byłby ostatnim Polakiem na świecie, coby swej mowy i narodu zapomniał"[302]. Z wielu rozmów zapamiętała szczególnie spotkanie w Warszawie z „wypłakaną Niobe" – matką, której imienia nie zapisała, a która miała czterech synów, trzech z nich nie doczekało końca wojny, a czwarty został emigrantem. „Wypłakana Niobe" została sama.

Zofia Kossak zauważała nie tylko ludzi. Wiosenne podróżowanie po Polsce prowokowało też do zamieszczania wzmianek dotyczących krajobrazów: „śliczna droga, cudny dzień; Olsztyn – ziemia lasów i jezior; zieleń intensywna; Żuławy, Gdańsk – piękno miejsca; Warszawa – gorąco, cudnie, świat jak malowanie"[303].

* * *

Tuż po powrocie do kraju państwo Szatkowscy zamieszkali na stałe w Warszawie, najpierw u siostry

---

[302] Odręczne notatki i zapiski; zob. przyp. 297.
[303] Ibidem.

Zygmunta Szatkowskiego Ireny Glinczyny w al. Przyjaciół, a 6 marca 1957 roku otrzymali pismo informujące o przyznaniu trzypokojowego mieszkania przy ul. Polnej 16/20 z puli mieszkań Urzędu Rady Ministrów.

Wiosną 1957 roku Zofia Kossak-Szatkowska zobaczyła po raz pierwszy od września 1939 roku Górki Wielkie. Pojechała razem z mężem do kościoła pod wezwaniem Wszystkich Świętych, potem poszli na cmentarz, gdzie pochowani byli jej ojciec i najstarszy syn. Pisarka została zaproszona do pobliskiej szkoły. Dzieci przywitały ją pieśnią *Ojcowski dom*. Jej słowa mówią, że rodzinny dom to „istny raj, dar Ojca niebieskiego" i że choćby człowiek cały świat przewędrował, nie znajdzie piękniejszego.

Mieszkańcy Górek zapamiętali łzy Zofii Kossak słuchającej śląskiej pieśni. W kronice szkolnej napisała: „Powrót do ukochanych stron (...) jest tak wielką łaską Bożą, że nic już w życiu lepszego spotkać człowieka nie może"[304].

Miejscem, które odwiedziła podczas pobytu w Górkach, były też ruiny spalonego dworu. Opisała je w liście. „Drzewa porosły jak wieże. Wierzby nad pustym basenem ogromne. (...) Chciałam ucałować próg, ale

---

[304] Wpis w kronice Szkoły Podstawowej w Górkach Wielkich. W tej samej kronice na stronie 67 pod datą 21 III 1957 r. zanotowano: „W dniu tym cała szkoła miała wielkie przeżycie. Oto szkołę odwiedziła od kilkunastu lat nieobecna »Chrzestna Matka« naszej szkoły ob. Kossak-Szatkowska. Serdecznie Ją powitała młodzież szkolna i całe grono nauczycielskie. Obecna na powitaniu była również miejscowa ludność. Ze łzami radości witała ob. Kossak-Szatkowska góreckie dzieci, ich rodziców oraz grono, z którym wiąże ją tyle przeżyć i wspomnień". (Fragmenty kroniki szkoły cytuje również J. Kurek, *Pani Zofia*, „Katolik" 1982, nr 3).

gąszcz tarniny zarósł wejście"[305]. Potem wspominała jeszcze, że razem z mężem usiedli na szczątkach tarasu, patrzyli w przeszłość i tam odnajdywali swoje szczęśliwe dni. Zdawało im się, że czas się cofnął i widzą swoje dzieci: Annę i Witolda łażących po drzewach w okalającym dwór parku.

Dwór w Górkach Wielkich, z którym kojarzyły się i piękne, i dramatyczne przedwojenne wspomnienia, był zrujnowany i zniszczony, ale jeszcze możliwy do odbudowania. Po latach takie starania zostały zresztą podjęte. „Gdybym wróciła na stałe do Górek (...), nie zostawiłabym tych ruin. To tak, jakby leżał nie pogrzebany drogi, serdeczny człowiek"[306]. Marzyła o odbudowie. W brulionach można znaleźć jej odręczne szkice i projekty. Wiemy więc, jak wyobrażała sobie fasadę domu, poszczególne detale, a dziennik pisany tuż po powrocie do Polski zawiera wzmianki o spotkaniach ze specjalistami i plan prac, które należy przeprowadzić. W punktach pisarka zanotowała, że dokonana zostanie: „rozbiórka murów, stawianie domu, zamieszkanie w domu".

* * *

Mimo że przedwojenna siedziba Kossaków była zrujnowana, Szatkowscy zdecydowali, że na stałe osiądą w Górkach. Wcześniej wyremontowali stojący nieopodal

[305] List Zofii Kossak do dzieci z 5 IV 1957 r., w: Franciszek Rosset, *Górki Wielkie w listach Z. Kossak-Szatkowskiej do rodziny...*, op. cit., s. 88.

[306] Wypowiedź Zofii Kossak zacytowała Halina Markiewicz w artykule *Śląskie sprawy Zofii Kossak*, „Dziennik Zachodni" 15–16 XII 1957.

ruin niewielki domek ogrodnika, a w listach znajdziemy sporo wzmianek na ten temat. Przeczytamy o „białym piekle" – a więc malowaniu ścian, o „wyniośle chłodnych kaloryferach" mimo pozornie funkcjonującego już pieca, o „humorku pana domu" bezradnego wobec remontowych problemów, opóźnień i niedogodności. Przeczytamy także „Balladę o centralnym ogrzewaniu, pełną dramatycznych epizodów" i komentarz gospodyni starającej się mimo wszystko zachować pogodę ducha: „Happy end trafia się jednak w życiu, gdyż zwalczywszy wszystkie przeszkody, doprowadziliśmy zamierzenie do końca i działa, i grzeje"[307].

Wszystkie te doświadczenia i poniesione koszty pozwoliły w końcu na wysnucie wniosku, że to Opatrzność ustrzegła Zofię i Zygmunta Szatkowskich przed odbudową góreckiego dworu. Tak poważne przedsięwzięcie mogłoby się okazać dla dwojga starszych ludzi zbyt trudne.

* * *

Górki Wielkie miały być miejscem, gdzie powracająca z emigracji pisarka znów będzie tworzyć, ale, jak sądziła, wiele spraw będzie ją zmuszało do stałego pobytu w Warszawie. Liczyła na to, że znajdzie się w centrum życia społecznego. Jak zwykle z ogromnym zaangażowaniem i energią pisarka uczestniczyła w różnych przedsięwzięciach. Włączyła się w Akcję Odnowy Moralnej i pisała do Anglii, do Stanisława Jóźwiaka, o tym że nie ma bardziej palącego problemu niż walka z alkoholizmem, bo polskie społeczeń-

---

[307] List Zofii Kossak do Anny Sadowskiej z 29 XII 1958 r. Por. przyp. 134.

stwo „gada i pije. Nie lekceważ naszej akcji antyalkoholowej"[308], apelowała i dodawała, że jest ona długofalowa i nie od razu przyniesie owoce. O pladze pijaństwa mówiła i pisała przy każdej nadarzającej się okazji, bo wszystko, co robiła, robiła najczęściej z wielką gorliwością.

Z biegiem czasu Zofia Kossak bywała w Warszawie coraz rzadziej i coraz mniej o pisarce mówiono i pisano. Złożyły się na to różne okoliczności, o których będzie jeszcze mowa. Górki Wielkie przez całe lata były dla autorki i jej męża samotnią i azylem. „Uciekamy z Warszawy – pisała – po prostu ogon pod siebie i w nogi, byle dalej"[309]. Na szczęście kochała to miejsce, a jednym z powodów, dla których tak dobrze się tu czuła, była otaczająca ją zewsząd przyroda. Zdaniem literaturoznawcy i równocześnie wnuka pisarki Franciszka Rosseta, „Górki wydają się być miejscem, gdzie dokonuje się (...) symbioza wszelkiego stworzenia ze światem, a także z Twórcą – miejscem niewzruszonego porządku"[310].

Zmieniające się pory roku, baśniowe, cudowne krajobrazy urzekały ją wciąż na nowo. W listach nie omieszkała wspominać o tym, że pogoda cudowna i trwa słoneczne babie lato, że sad kwitnie i wygląda jak przeniesiony z raju, że od Trzech Króli zaczęła się zima jak z baśni, a latem ogród wygląda jak bajka andersenowo-szekspirowska, kiedy wieczorem latają całe roje świetlików

---

[308] List Zofii Kossak do Stanisława Jóźwiaka z 20 I 1958 r. Korespondencja w zbiorach Muzeum Zofii Kossak-Szatkowskiej w Górkach Wielkich.

[309] List Zofii Kossak do Anny Sadowskiej z 20 XII 1959 r. Por. przyp. 134.

[310] Franciszek Rosset, *Górki Wielkie w listach Zofii Kossak-Szatkowskiej do rodziny...*, op. cit., s. 87.

(zwanych przez miejscowych „janiczkami"). „Tak pięknie, że człowiek aż drży"[311] – zakończyła swój opis Zofia Kossak.

Przyroda jednak nie tylko cieszyła oko. Nieraz kaprysy zmieniającej się aury dawały się we znaki, więc nawet w góreckim domu słychać było narzekania. Oto na przykład nastał maj, a z nim afrykańskie upały, a pod koniec czerwca 1962 roku temperatura zmieniała się jak w kalejdoskopie, od czterdziestu do ośmiu stopni. „Można oszaleć – donosiła w liście. – Wszystko na odwrót, rośliny nie mogą się w tym połapać i na zmianę to schną, to gniją". Innym razem święta mijały „pod terrorem mrozu" albo śnieżyca zasypała Śląsk, dezorganizując życie i czyniąc poważne szkody. W parku leżały połamane drzewa i krzewy. W marcu 1962 roku „zima przestała być panią raju" i stała się dokuczliwa. „Wszystko krzyczy: dość" – czytamy w jednym z listów[312].

Zimą ptaki odwiedzały przygotowaną dla nich „stołówkę". Pisarka, jej mąż lub Irena Sawicka, sekretarka i przyjaciółka w jednej osobie, troszczyli się o wciąż głodne i zziębnięte zwierzęta, a Zofia Kossak obserwowała to, co działo się za oknem, i opisywała. Przeczytamy więc w listach o tym, że do paśnika znęcił się efektowny i ważny pstry dzięcioł w czerwonej czapie i że towarzyszyły mu ruchliwe sikorki bogatki, sikorki szare i kowaliki.

---

[311] List Zofii Kossak do Jana Dobraczyńskiego z 11 VII 1959 r. Por. przyp. 244. W innym liście Zofia Kossak napisała: „Sad kwitnie. Jest tak cudowny, że piszę, żeby Ci to powiedzieć". List Zofii Kossak do Marii Kossak z 5 V 1966 r., w: Franciszek Rosset, *Górki Wielkie w listach Zofii Kossak-Szatkowskiej do rodziny...*, op. cit., s. 95.

[312] List Zofii Kossak do Anny Sadowskiej z 8 III 1962 r. Por. przyp. 134.

Przemarznięte gołębie rezydowały w domku ogrodnika, a w parku zakwaterowały się sarny i zające.

Mówiąc o całej tej lubianej przez pisarkę menażerii, nie można pominąć jamników o imionach Miki i Zorro. Kiedy Anna Sadowska pytała, czy Zofia i Zygmunt samotnie spędzają czas w Górkach Wielkich, odpowiadali: „nie jesteśmy sami – a psy to co?"[313].

Zofia szyła dla nich ciepłe raglany zapinane na trzy guziki, opiekowała się szczeniętami, „rozkosznymi i rozpuszczonymi", czyniącymi z domu „psi wychodek". Zachwycała się nimi, zauważając, że są dynamiczne, wesołe, uczuciowe i inteligentne – i bardzo przeżyła śmierć ukochanej jamniczki. Pisała do Jana Dobraczyńskiego, wiedząc, że on jako wielbiciel psów ją zrozumie, że ulubienica domu, piękna, mądra, miła Miki, zmarła nieoczekiwanie na zawał serca, a śmierć zaskoczyła ją we śnie. Domownikom bardzo jej brakowało, a Zorro, osierocony towarzysz Miki, wpadł w apatię. Rozpoczęły się zatem energiczne poszukiwania nowego jamnika i wkrótce kolejna Miki była hołubiona i wychwalana. Znów okazało się, że jest dynamiczna, wesoła, uczuciowa i inteligentna, i na dobre wpisała się w pejzaż niewielkiego domku ogrodnika w Górkach Wielkich.

* * *

Odczyty, spotkania, potem przeciągający się remont musiały w końcu ustąpić miejsca pracy pisarskiej. Można było mieć uzasadnione nadzieje, że życie literackie uwolnione od wszechwładnej idei socrealizmu będzie mogło

---

[313] List Zofii Kossak do Anny Sadowskiej z 4 I 1965 r. Por. przyp. 134.

się swobodnie rozwijać. Na razie przyznano, że niektórzy pisarze, między innymi Zofia Kossak-Szatkowska, byli niesłusznie pomijani przez historyków i krytyków literatury, ale teraz wszystko miało się zmienić.

Zofia Kossak w swojej góreckiej samotni pracowała razem z mężem bardzo intensywnie. W listach zaznaczała: „piszemy jak zwariowani, grzęźniemy w powieści farmerskiej, jesteśmy zakopani w pracy, tyle pisania, przygniata człowieka jak zwykle brak czasu"[314]. W 1964 roku napisała do Anny Sadowskiej, że razem z mężem są nieobecni, wyłączeni z życia, pochłonięci biegiem maratońskim, którym wówczas było kończenie drugiej części rozpoczętego w Anglii *Dziedzictwa*.

Podobne uwagi powtarzają się często. Donosiła dowcipnie najbliższym, że kora mózgowa jeszcze jako tako działa, więc oboje z mężem pracują jak maszyny bite osiem lub dziewięć godzin dziennie. Zimą pisała, że toną podwójnie: w śniegu i pracy, a wiosną, że jest „rozerwana" między biurkiem a ogrodem, tak że nie może nawet odsapnąć. Usiłuje robić wszystko naraz, pisać książkę, odpowiadać na listy i nie zaniedbywać ogrodu. „Siłą rzeczy robota w ogrodzie wyprzedza pisanie"[315] – stwierdziła w liście do Jana Dobraczyńskiego w 1962 roku. Koniec lata i początek jesieni upływał pod znakiem „rozkręcania się" i adaptowania do pracy po „cudownym próżnowaniu intelektualnym". Pisała, że latem odwykła od pióra, maszyny i twórczego myślenia, więc teraz musi dawać sama

---

[314] List Zofii Kossak do Jana Dobraczyńskiego z 8 XI 1961 r. Por. przyp. 244.
[315] List Zofii Kossak do Jana Dobraczyńskiego z 6 IV 1962 r. Por. przyp. 244.

sobie „moralne kopniaki", żeby ostatecznie przysiąść fałdów. Lato przeznaczone było dla dzieci i wnuków.

Kiedy bliscy wyjechali, znowu pisała tak intensywnie, że nieraz sama nie mogła odczytać własnych notatek (bazgraniny – jak mówiła o swoim odręcznym piśmie), a zdarzały się i dużo większe niedogodności. Oto jeden z przykładów. Jesienią 1964 roku Zofia i Zygmunt pracowali nadzwyczaj intensywnie. W ciągu czterech miesięcy autorka *Krzyżowców* napisała więcej niż poprzednio w ciągu półtora roku. „Poczułam w sobie duszę Kraszewskiego – z analogicznym rezultatem"[316] – podsumowała ten czas. Przepracowanie zdarzało się małżonkom nieraz odchorować. Zygmunt miał problemy ze wzrokiem, bo oczy „przeforsowane" były czytaniem tekstów naukowych i robieniem notatek.

W 1962 roku Zofia przytoczyła bardzo trafne powiedzenie charakteryzujące pracę jej i męża: „Pracujemy, jak byśmy mieli żyć wiecznie, a żyjemy, jak byśmy mieli umrzeć jutro".

* * *

Ukończenie sagi rodzinnej *Dziedzictwo* zostało zaplanowane już dawno. Jej pierwszy tom ukazał się na emigracji. Zofia Kossak marzyła o kolejnych książkach, ostatecznie więc zaszyła się w Górkach Wielkich i tutaj, na Śląsku, powstały wszystkie jej powojenne utwory.

Atmosfera podgórskiej miejscowości leżącej z dala od wielkich miast sprzyjała pracy pisarskiej. Zaczęła od ko-

---

[316] List Zofii Kossak do Anny Sadowskiej z 3 II 1964 r. Por. przyp. 134.

lejnej części *Dziedzictwa*, które, zgodnie z pierwotnym zamierzeniem, miało być powieścią obyczajową. Pomysł napisania książki zrodził się jeszcze przed wojną i miała ona nosić tytuł *Pokolenia*.

Kolejne tomy zdobywały sporą popularność. Krytycy mimo to bardzo różnie oceniali nową książkę. Oprócz głosów pełnych entuzjazmu były też słowa krytyki. Książce zarzucano między innymi, że „ma w sobie bardzo wiele z patriotycznej czytanki".

Na podstawie zachowanych dokumentów: listów, wypowiedzi prasowych i wspomnień, można stwierdzić, że z *Dziedzictwem* pisarka wiązała wielkie nadzieje. Napisanie dziejów rodu Kossaków uważała za jedno z najważniejszych zadań pisarskich, a powstające tomy za swoje najistotniejsze dokonanie po powrocie do kraju. Mimo że o kolejnych częściach wyrażano się z uznaniem, wiadomo było, że czytelnicy oczekiwali innego utworu. Zamiast powieści obyczajowej otrzymali historyczno-obyczajową, w której dokument odgrywa bardzo ważną, jeśli nie najważniejszą rolę. „Zmieniłam plany – powiedziała pisarka – gdyż książka zaczęła mi puchnąć w ręku. Miała być historią rodziny Kossaków, a pomału stała się książką historyczną o powstaniu styczniowym"[317]. Część druga miała opowiadać o roku 1863; trzecia – o 1905, czwarta o losach wojny i okupacji, a piąta o emigracji i pobycie na Trossell Farm. Te informacje, skreślone ręką Szatkowskiego, znajdziemy w jednym z notatników. O zmianach planów wielokrotnie informowały także listy. Anna Sadowska na przykład czekała

---

[317] Wypowiedź Zofii Kossak zacytowała Janina Lasocka, w: *W odwiedzinach u autorki „Krzyżowców" i „Dziedzictwa"*, „Hejnał Mariacki" 1966, nr 12.

na końcowe rozdziały sagi rodu Kossaków, aby przeczytać o dzieciach i wnukach zaprzyjaźnionych Zofii i Zygmunta Szatkowskich. Pierwszy tom nazwała piękną i mądrą książką o szlachectwie, a tom trzeci prawdziwym ukoronowaniem twórczości, nie spodziewając się już zapewne, że kiedykolwiek pierwotne plany doczekają się realizacji.

Dlaczego nie powstała saga rodu Kossaków? Z czasem, wertując źródła historyczne, pisarka stawała się coraz bardziej naukowcem, coraz mniej dostrzegamy w jej powieściach dawnej swobody twórczej. Może był to ukłon w stronę męża, który codziennie przygotowywał wiele stron notatek. Gdyby nie ta praca, nie bardzo miałby się czym zająć, a uciążliwe depresje dawałyby znać o sobie dużo częściej. Tak więc major Szatkowski stawał się już oficjalnym współautorem najpierw *Troi Północy*, a potem trzeciej części *Dziedzictwa*. Nawet pobieżny przegląd zawartości brulionów, pozostawionych w bogatym archiwum pisarskim, daje wyobrażenie o ogromie pracy, jaką wykonywał. Zajęcie to, a więc streszczanie naukowych opracowań, które Zofia Kossak nazywała „robieniem wyciągów", tłumaczenie źródeł historycznych z całą pewnością pozwalało mieć nadzieję, że problemy ze zdrowiem będą rzadsze i mniej uciążliwe. Osoby blisko związane z rodziną wiedziały jednak, jak wiele trudnych momentów trzeba było przetrwać w związku z samopoczuciem Zygmunta Szatkowskiego. Mimochodem Zofia Kossak wtrącała zdania o jego złym nastroju i zdenerwowaniu. Możemy mieć pewność, że pisarka koncentrowała się nie tylko na pisaniu kolejnych utworów. Niewątpliwie troszczyła się o męża i chciała, żeby czuł się potrzebny i „zapracowany". Rolę terapii spełniała w czasach emigracyjnych praca w polu, teraz – praca nad redagowaniem kolejnych tomów książek.

Rodzi się pytanie, na które nigdy chyba już nie otrzymamy jednoznacznej odpowiedzi. Jaki był wpływ męża i przygotowywanych przez niego opracowań na kształt kolejnych książek wybitnej pisarki?

Nagle Zofia Kossak, wielbicielka i naśladowczyni Sienkiewicza, zaczęła rezygnować z pełnych rozmachu, barw i plastyki opisów, z fragmentów, w których mogła odwołać się do własnej wyobraźni, nie będąc niewolnikiem bezdusznych dokumentów i suchych faktów. Za to obficie wykorzystywała to, co tak obszernie (może zbyt obszernie) opracowywał jej mąż. Janina Kolendo pisała wprost, że wydawnictwo PAX domaga się „więcej liryki", a więc ujawnienia dawnego pisarskiego polotu, i niepokoi się zbyt wielkim natłokiem zdarzeń. Książki stawały się coraz trudniejsze w odbiorze, ale Zofia zdecydowanie broniła swojej koncepcji. Utrzymywała, że trzeba ukazać przekrój społeczeństwa i że razem z mężem jako autorzy trzeciej części *Dziedzictwa* chcą dać pełny i uczciwy obraz historii. Mimo wszystko jednak obawiała się reakcji czytelników i krytyków. Obawiała się jej zwłaszcza wtedy, gdy namówiła męża, żeby i jego nazwisko znalazło się na okładkach kolejnych książek. Nie wiedziała, czy ich utwory będą „strawne dla normalnego czytelnika, nie historyka". Obawy były słuszne. Muzeum Zofii Kossak przechowuje wiele listów, które wpisują się w rozpoczęty od razu spór na temat wartości historycznej ich książek potraktowanych raczej jak dokumenty, a nie utwory beletrystyczne. Zarzuty formułowali naukowcy. Niektórzy z nich mieli okazję wypowiedzieć się już wcześniej, bo wydawnictwo zamawiało u nich specjalistyczne recenzje. Pisali też czytelnicy, na przykład potomkowie przedstawionych w powieści postaci. Przywołajmy jeden z przykładów. W 1967 roku Zofia Kossak odpowiadała na zarzuty zawarte w liście napisanym przez Annę z Kurnatowskich Taczanowską, a także Czesława i Stefana Taczanowskich. Nadawcy nie zgadzali się ze sposobem przedstawienia jednego z bohaterów. Przekonywali, że ich krewny Edmund Taczanowski był niewysoki, a nie, jak twierdzą autorzy, rosły i silny; ponadto nie zgadzali się ze sformułowaniem, jakoby nie nadawał się na wodza partyzantki. Uwag tego rodzaju było więcej. Dotyczyły one także sposobu zaprezentowania Edmundowej Taczanowskiej. W obszernym liście odpierającym zarzuty zniecierpliwiona Zofia Kossak napisała: „Zostawcież w spokoju tę piękną, dzielną babcię. Nikt jej nie naubliżał"[318].

Prawie naukowe podejście do przedstawianych zdarzeń spowodowało, że niektórzy czytelnicy listy do Zofii Kossak tytułowali: „Szanowna Pani Profesor!".

* * *

Czym było pisarstwo dla Zofii Kossak w ostatnim etapie jej życia? Już na początku drogi twórczej zwierzała się, że nie czeka na natchnienie, a tworzenie prozy historycznej to „drobiazgowa robota" wymagająca czasu i zaangażowania. Zdarzało się, że podczas odczytów czy udzielania wywiadów mówiła o roli własnego pisarstwa. „Moje książki i ja to jedno" – stwierdziła na przykład, zaznaczając dalej, że cokolwiek kiedykolwiek pisała, wynikało z jej własnych przekonań, było więc prawdziwe i autentyczne. Przedstawiła w książkach swoje poglądy i nie chciałaby, jak zazna-

---

[318] Komentarz Zofii Kossak do listu rodziny Taczanowskich z 1967 r. w zbiorach Muzeum Zofii Kossak-Szatkowskiej.

czyła, cofnąć żadnej z dawnych wypowiedzi. To w nich prezentowała utrwalone dozgonnie wartości, to one dają wyobrażenie o jej własnych poglądach, „hierarchii uczuć i obowiązków względem Boga i ludzi". Nie przekomarzała się z czytelnikiem, nie prowadziła z nim żadnej gry ani też nie zabiegała o jego względy, uciekając się do artystycznych chwytów, które miałyby go zaskoczyć. Nie znaczy to jednak, oczywiście, że go lekceważyła i nie doceniała. Wręcz przeciwnie, była nadal niezwykle ambitna, chciała dać, jak mówiła, „dobre dzieło", ale chęć ta wpisana była zawsze przede wszystkim w pojęcie służby.

Zofia Kossak z perspektywy czasu różnie oceniała swoje dotychczasowe dokonania literackie. W jednym z powojennych listów zaznaczyła, że za najlepsze uważa te teksty, których napisanie wymagało od niej wielkiego wysiłku, pracy i twórczej pasji. Za takie uważała *Krzyżowców* i *Przymierze*.

Do najbardziej ulubionych, a więc takich, z którymi kojarzyły się jej osobiste przeżycia wpływające na kształt powstających powieści, bez wahania zaliczyła: *Z miłości*, *Kłopoty Kacperka góreckiego skrzata*, *Błogosławioną winę* i *Rok polski*... Taka ocena pochodzi z 1958 roku, a więc nie mogły zostać poddane ocenie wszystkie jej powieści. Te, które wówczas były w planach, również później oceniła wysoko. Możemy się o tym przekonać na przykład dzięki lekturze listu do Władysława Bartoszewskiego. Zdecydowała, że wyśle mu *Troję Północy* lub *Dziedzictwo*, uważając je za „odporniejsze od innych na działanie czasu".

* * *

Zofia Kossak wypowiadała się nie tylko na temat swoich książek. Oceniała także, chociaż dość rzadko, twórczość innych. Czasem publicznie, częściej w prywatnych listach i innych wypowiedziach. Oficjalnie zabrała głos wówczas, kiedy bez jej zgody Czytelnik umieścił na opasce reklamowej jej podpis wśród podpisów innych członków jury Nagrody Towarzystwa Wydawców za 1957 rok. Zaprotestowała na łamach „Trybuny Literackiej", ponieważ nagrodzona książka Marka Hłaski pt. *Pierwszy krok w chmurach* jej zdaniem wcale na nagrodę nie zasługiwała. Napisała wówczas w liście otwartym: „Ponieważ należałam do owej mniejszości, sprzeciwiającej się wyróżnieniu najpoważniejszą doroczną nagrodą pisarza o dużym talencie, lecz destrukcyjnym wpływie, i stanowisko swoje umotywowałam, protestuję niniejszym przeciw stwarzaniu wobec nabywców książki pozorów, że należę do entuzjastów *Pierwszego kroku w chmurach*"[319]. Oto treść odręcznej notatki, przechowywanej w jej archiwum pisarskim: „Hłasko pierwszy krok, świetny talent, beznadziejność"[320].

Pisarka, dla której nieodmiennie rola pisarza kojarzyła się z poważnym posłannictwem względem społeczeństwa, Kościoła, narodu, nie akceptowała utworów o destrukcyjnym wpływie, chociaż nie znaczy to, że potępiała czy negatywnie wyrażała się o ich autorach. Zapewne nie gustowała też w twórczości spowinowaconego z Kossakami Witkacego, a prosząc Marię Kossak o przysłanie z Warszawy do Górek jego *Nienasycenia*, napisała: „przyślij mi to świństwo". Jednak, jak

---

[319] Zofia Kossak, *List otwarty do Zarządu Spółdzielni Wydawniczej „Czytelnik"*, „Trybuna Literacka" 1958, nr 8/16, s. 4 (dodatek do „Trybuny Ludu" 1958, nr 54).

[320] Odręczna notatka Zofii Kossak w zbiorach Muzeum Zofii Kossak-Szatkowskiej w Górkach Wielkich.

wspominają jej najbliżsi, o samym Witkacym mówiła, że to nieszczęśliwy człowiek. Nie była też zachwycona faktem, że Magdalena Samozwaniec opublikowała wspomnienia na temat Kossaków. Uważała, że sposób, w jaki pisze o rodzinie, jest nieodpowiedni. Nie pochwalała ekshibicjonizmu, którego doszukała się w książkach kuzynki, i żałowała, że ona sama wcześniej nie opublikowała, choć nosiła się z takim zamiarem, wspomnień na temat zmarłej na emigracji Marii Pawlikowskiej-Jasnorzewskiej. Utrzymywała, że jej siostra Magdalena nie napisała o niej całej prawdy.

Zofia Kossak ceniła twórczość Jana Dobraczyńskiego, z którym często korespondowała i tą drogą przekazywała uwagi na temat jego kolejnych książek. Nie zawsze były to uwagi mające charakter kurtuazyjnych podziękowań za wysyłane jej egzemplarze kolejnych powieści niezwykle płodnego pisarza. „Zazdroszczę Ci, że możesz tak szybko realizować swoje wizje. (Ciekawam, czy Ci nigdy nie żal, żeś prędko skończył i odprawiasz swych bohaterów jak niepotrzebnych statystów? Przecież człowiek się do nich przywiązuje?)"[321] – pisała w 1965 roku. Najwyraźniej już wówczas próbowała przekazać coś w rodzaju krytycznych uwag. W końcu otwarcie wypowiedziała się na temat zbyt szybko i pobieżnie realizowanych planów literackich. Szczerze i przede wszystkim bardzo krytycznie oceniła jego ostatnie prace, które uważała za niedokończone i zaledwie naszkicowane. „Człowieku, przyjacielu, kolego, artysto – pisała – krzywdzisz swoje własne dzieci, czyli książki. Ma

---

[321] List Zofii Kossak do Jana Dobraczyńskiego z 20 II 1965 r. Por. przyp. 244.

się wrażenie, że rzucasz je od niechcenia, byle jak i już cię więcej nie obchodzą". Jan Dobraczyński na zakończenie kilku gorzkich i pełnych wyrzutów zdań przeczytał na osłodę: „Kochany, nie gniewaj się na starą za to zrzędzenie, nie czuj urazy. (...) Uważam Cię za bardzo bliskiego mi, więc mam w stosunku do Ciebie ambicje, jakie żywi matka dla syna względnie ciotka dla siostrzeńca"[322].

* * *

Dwoje starszych ludzi na ogół samotnie spędzało czas w góreckim domku. Większą część dnia poświęcali na pisanie. Zofia siadała przy biurku ustawionym w gabinecie (tak nazwano główny pokój niewielkiego mieszkania) tuż przy oknie. W tym samym miejscu mebel stoi do dziś. Korzystała z maszyny do pisania lub pisała ręcznie w opasłych zeszytach. Jamniki, Miki i Zorro, które mieszkały razem z Szatkowskimi i były prawie pełnoprawnymi domownikami, usadawiały się na kolanach Zofii lub na parapecie okiennym, aby stamtąd obserwować wszystko, co działo się w ogrodzie. Jeden z listów autorki *Dziedzictwa* zawiera opis takiego „warsztatu pisarskiego" i dowcipną adnotację o tym, żeby ktoś, kto po latach będzie pisał jej biografię, zaznaczył, że psy ogonami wachlowały jej maszynę.

* * *

Ostatni etap działalności literackiej Zofii Kossak wydaje się już dobrze znany. Wiadomo, które książki zostały

---

[322] List Zofii Kossak do Jana Dobraczyńskiego z 22 VI 1964 r. Por. przyp. 244.

wydane i jak je przyjęto. Znów jednak przyjdzie nam powiedzieć o niepełnej wiedzy na ten temat. Miną jeszcze lata, zanim stwierdzimy, że znany i zbadany jest jej dorobek. Przepastne szafy i szuflady w góreckim muzeum, jej ostatnim domu, kryją wiele zeszytów, setki kartek pokrytych ręcznym i maszynowym pismem. Są to nie tylko kolejne wersje i kolejne redakcje wydanych tekstów. Są to również utwory, które nie ujrzały (i nie ujrzą już pewnie) światła dziennego. Uczciwie trzeba stwierdzić, że ich wartość jest bardzo różna, stąd opinia, że niekoniecznie istnieje powód, aby zabiegać o ich wydanie. Często ich czas już minął, były bowiem tekstami o charakterze okolicznościowym lub scenicznymi adaptacjami wcześniejszych utworów prozatorskich. Z pewnością są wśród nich i takie, o których należałoby nie tylko wspomnieć, ale też je czytelnikowi udostępnić. Dają obraz poglądów Zofii Kossak i tematyki, którą nadal chętnie podejmowała, a często są ponadto świadectwem jej pisarskiego kunsztu.

Od najważniejszych dla niej spraw i tematów, do których należał wciąż dla niej istotny temat świętości, odrywały ją nieraz sprawy przyziemne i dość prozaiczne. Znów, jak przed wojną, chciano, żeby pisała „na zamówienie". Zwracano się do niej z propozycją napisania utworu o szkole i nauczycielach, o powstaniu w getcie warszawskim; sugerowano zredagowanie pracy popularnonaukowej o historii polskiej książki, dokonanie przeróbki *Legnickiego pola* na utwór sceniczny.

Wśród wielu mniejszych utworów są na przykład teksty dydaktyczne, jak ten o dogmacie o Niepokalanym Poczęciu Najświętszej Marii Panny pt. *Stosowna chwila*, a także *Na krakowskim gościńcu* – przeróbka przedwojennego opowiadania *Pan czeka*, różne wersje ostatniego ukończonego utworu, jakim był zamówiony przez współbraci świętego dramat o życiu i śmierci ojca Kolbego, a także okolicznościowe scenki dramatyczne, np. na Boże Narodzenie, Wielki Piątek (*Judasz*) i Wielkanoc.

Ciekawostką dla miłośników twórczości dla dzieci i młodzieży będzie z pewnością fakt, że jeden z zeszytów kryje szkic do drugiej części *Kłopotów Kacperka góreckiego skrzata*. Popularna przed wojną książeczka miała mieć dalszy ciąg. Jej akcja działa się współcześnie, a zrujnowany dwór, w którym dawniej mieszkał sędziwy już wówczas skrzat, miał zostać odbudowany. Pisarka chciała umieścić Kacperka w kuchennej szafie domku ogrodnika (szafa stoi w muzeum do dziś). Stamtąd, zgodnie z zamierzeniem, miał „objąć we władanie dom". W notatkach przeczytamy, że na szczęście w otoczeniu dworu znów zamieszkali ludzie, a stary skrzat na nowo doświadczył ich dobroci, ponieważ dowiedziawszy się o miejscu jego pobytu, zostawiali dla niego resztki jedzenia.

Nad ostatnim ukończonym utworem Zofii Kossak pt. *Sługa Niepokalanej* wypada zatrzymać się nieco dłużej. Okoliczności jego powstania i fakt, że stał się czymś w rodzaju testamentu literackiego odchodzącej już pisarki, powodują, że warto przyjrzeć się nie tyle samemu obrazkowi scenicznemu, który mimo wszystko nie należy do udanych, ale podjętym po raz kolejny ważnym tematom, podsumowującym wypowiedzi autorki *Szaleńców Bożych* o istocie świętości i zła. Już w 1955 roku napisała do Jana Nowaka-Jeziorańskiego, że ojciec Kolbe to postać bardzo jej bliska, a wypowiadając się na jego temat, zaznaczyła, że nie wystarczy wspomnieć o męczeńskiej śmierci, „gdyż w Oświęcimiu sprawa toczyła się już wyłącznie pomiędzy Bogiem a nim"[323]. Dodała przy okazji zdanie, które warto odnotować. Uważała mianowicie za niewykluczone, że nawet wśród współczesnych „księży patriotów" są ludzie „zdolni do męczeństwa, gdyby ich Niebo przyparło do muru"[324].

Nadal, a może teraz jeszcze wyraźniej widziała potrzebę mówienia o świętości, o tym, że trzeba „po ludzku" uwalniać rysy świętych „z maski naiwnego schematu".

* * *

Z całą pewnością Zofia Kossak, wracając do Polski, miała bardzo idealistyczne wyobrażenie o pracy pisarza w ludowym państwie. Sądziła, że nie może być gorzej niż na farmie w Anglii, tam przecież prawie wcale nie pisała. Tutaj wydawnictwo, które brało ją umiejętnie pod swoje opiekuńcze skrzydła, proponowało dość przyzwoite warunki finansowe. W dodatku nareszcie mogła zająć się tym, co robi najlepiej. Tymczasem zafundowano jej sporo przykrości, incydentów i nieporozumień. Komunistyczny system i „porządek" dawał się we znaki na różne sposoby. Boje toczyła nie tylko z cenzurą. Pokornie musiała zabiegać na przykład o węgiel. Jako relikt tamtych czasów w góreckich zbiorach pozostaje list, a raczej podanie z 1962 roku z prośbą o dodatkowy przydział węgla z sążnistym uzasadnieniem ma-

---

[323] List Zofii Kossak do Jana Nowaka-Jeziorańskiego z 31 III 1955 r., w: *Zofia Kossak na emigracji...*, op. cit., s. 286.
[324] Ibidem.

jącym wzruszyć bezdusznego urzędnika w Wojewódzkim Przedsiębiorstwie Handlu Opałem i Materiałami Budowlanymi: „Jestem powieściopisarką. Charakter więc mojej pracy wymaga siedzenia przy biurku, a więc podwyższonej nieco temperatury niż w czasie pracy fizycznej"[325].

Trudno powiedzieć, czy tym razem podanie rozpatrzono pozytywnie, ale wiemy na pewno, że co roku pojawiał się ten sam problem. Interweniował poseł Gustaw Morcinek, a Zofia Kossak odwiedzała lokalne urzędy i mówiła pokornie: „my bardzo marzniemy".

Coraz częściej raziły ją i dużo poważniejsze sprawy. Widziała poczynania gorliwych „czynników partyjnych w terenie". Opisywała je szczegółowo, uświadamiając Janowi Dobraczyńskiemu, czym naprawdę jest komunizm. Oto w Skoczowie trzymano wartę, aby umierający milicjant nie mógł wyspowiadać się przed śmiercią, a potem starannie zadbano o zorganizowanie świeckiego pogrzebu. Wszystko to wbrew woli rodziny. „Tak wygląda wolność religijna"[326] – skomentowała to wydarzenie Zofia Kossak.

Mimo obietnic i nadziei rok 1957 nie przyniósł radykalnych zmian w Polsce. Ta smutna refleksja dotyczyła także literatury. Roman Brandstaetter napisał w liście do Józefa Wittlina 17 grudnia 1959 roku: „Życie nasze w kraju jest trudne i pełne problemów (…). Właściwie ci, którzy chcą zachować swoje oblicze, zmuszeni są do

---

[325] Pismo Zofii Kossak do Wojewódzkiego Przedsiębiorstwa Handlu Opałem i Materiałami Budowlanymi w Bytomiu z 1962 r. Korespondencja w zbiorach Muzeum Zofii Kossak-Szatkowskiej w Górkach Wielkich.

[326] List Zofii Kossak do Jana Dobraczyńskiego z 13 VI 1962 r. Por. przyp. 244.

ciągłej czujności wobec samych siebie"[327]. Podobne wnioski musiała wysnuć także Zofia Kossak.

* * *

Autorka *Krzyżowców* dość szybko przekonała się, że nie wszystkie jej utwory mogą być w kraju czytane. Student Wyższej Szkoły Pedagogicznej w Opolu pisał pracę magisterską na jej temat i w 1965 roku zwrócił się do autorki *Pożogi...* z prośbą o pomoc w gromadzeniu materiałów. Tę pomoc najprawdopodobniej otrzymał, ale potem nastąpiło kilkumiesięczne milczenie. Rok później autor obronionej już pracy pisał: „byłem poważnie skrępowany. Nie mogłem przemycić na karty pracy Pani pamiętnika »Pożoga«. Katedra Literatury Polskiej Wyższej Szkoły Pedagogicznej w Opolu stanowczo odmówiła. Pod presją musiałem napisać zdanie, za które się rumienię"[328]. Napisał, że książki nie można nigdzie zdobyć, i pominął ją w swojej analizie, jakby jej wydanie nie miało żadnego znaczenia.

W tej sytuacji pisarka nie próbowała nawet wydać pozostawionego na zawsze w szufladzie opowiadania pt. *Zmartwychwstał prawdziwie*, którego bohaterką jest prosta kobiecina Jewdokja Maksymowna, doskonale pamiętająca rewolucyjne piekło. „Najbardziej wbiło się jej

---

[327] List Romana Brandstaettera do Józefa Wittlina z 17 XII 1959 r., w: Ryszard Zajączkowski, *Korespondencja między Józefem Wittlinem i Romanem Brandstaetterem*, opracowania edytorskie, „Tematy i Konteksty" 2012, nr 2 (7), s. 159.

[328] List Cypriana Antosika do Zofii Kossak z 18 II 1965 r. Korespondencja w zbiorach Muzeum Zofii Kossak-Szatkowskiej w Górkach Wielkich.

w pamięć, kiedy zrzuciwszy z tronu cara bolszewickiego (...) chcieli Pana Boga zrzucić. Sama słyszała, jak komisarz prawił: »Cara łatwo było zrzucić, wygnać, ale dopiero jak wygnamy tego starego cara, o... pokazał na niebo – nasze dzieło będzie skończone«"[329]. Brzmią w tym fragmencie wyraźnie echa tego, czego świadkiem była autorka przed laty na Kresach.

* * *

Zofia Kossak często otrzymywała listy od bezradnych organizatorów przedstawień, którzy przygotowywali się do wystawienia *Gościa Oczekiwanego*. Zespół młodzieżowy z Wilkowa w województwie opolskim nie uzyskał zgody urzędnika prezydium powiatowej rady narodowej. Młodzi aktorzy chcieli zaprezentować sztukę w rodzinnej wsi i najbliższej okolicy. Nauczycielka z Pogwizdowa, miejscowości leżącej w okolicach Cieszyna, również nie mogła kontynuować pracy nad przygotowywanym przedstawieniem, zaś członkowie Zespołu Amatorskiego działającego przy Radzie Parafialnej w Grodźcu Śląskim żalili się, że Wydział Kultury w Katowicach nie wydał zezwolenia, a jeden z referentów oświadczył, że „*Gość Oczekiwany* jest to rzecz zupełnie bezwartościowa z dzisiejszego punktu widzenia"[330]. Przy okazji też skonfisko-

---

[329] Zofia Kossak, *Pożoga...*, op. cit., s. 221. Cytowany tekst jest także fragmentem utworu *Zmartwychwstał prawdziwie* pozostającego w maszynopisie z odręcznymi poprawkami Zofii Kossak. W zbiorach Muzeum Zofii Kossak-Szatkowskiej w Górkach Wielkich.

[330] List ks. Alojzego Bimy z 2 XII 1957 r. w zbiorach Muzeum Zofii Kossak-Szatkowskiej w Górkach Wielkich.

wał egzemplarz utworu. Napisany podczas wojny dramat dzisiaj znów bywa wystawiany, i to nie tylko przez amatorskie teatry. W 1994 roku powstał spektakl telewizyjny w reżyserii Artura Hofmana, a w dniu wizyty Jana Pawła II w Łagiewnikach wykonano oratorium Janusza Kohuta według utworu Zofii Kossak. Papież, który kiedyś reżyserował *Gościa Oczekiwanego*, znał i cenił twórczość Zofii Kossak. W maju 2002 roku na pytanie Wandy Półtawskiej, jakie chciałby przeczytać książki, odpowiedział: „Może Szczucką? Pięknie pisze i dawno już jej nie czytaliśmy"[331].

* * *

Po powrocie w 1957 roku do kraju pisarka emigrantka staczała prawdziwe boje z cenzurą i z pewnością nie spodziewała się aż takich kłopotów. Niewinny z pozoru utwór dla dzieci, opowiadający o psach i młodych bohaterach, pt. *Topsy i Lupus*, przede wszystkim musiał zostać pozbawiony części opisującej wędrówkę chłopów po ziemi kresowej, która to ziemia w nowej rzeczywistości już Kresami Rzeczypospolitej nie była. Okrojony utwór i tak nie zyskał akceptacji ostrożnych i przewrażliwionych urzędników. Wszystko to działo się niecały rok po przyjeździe do Polski, więc rzec można, że był to dopiero początek. „Główny Urząd Kontroli wysunął swoje zastrzeżenie" – przeczytała Zofia Kossak w liście z War-

---

[331] Wanda Półtawska, *Tajemnica powstania „Tryptyku rzymskiego"*, „Familia" z 30 XI 2009 r. Wypowiedzi papieża Jana Pawła II na temat Zofii Kossak także w: Wanda Półtawska, *Beskidzkie rekolekcje. Dzieje przyjaźni księdza Karola Wojtyły z rodziną Półtawskich*, Częstochowa 2009, s. 572–573.

szawy. Nie była mile widziana przede wszystkim „pomoc spowiednika w uzyskaniu pracy dla Michaliny", ponadto należało „stuszować Lejbusia i zdania o atawizmie rasowym Semitów" i w dodatku koniecznie „włożyć morał książki nie w usta kanonika"[332]. Zofia Kossak na te uwagi odpowiedziała obszernie, zaznaczając na wstępie, że jest zmartwiona i zaskoczona. Nie rozumiała, czemu trzeba wyeliminować Żyda Lejbusia. Jest postacią charakterystyczną i pozytywną. Nie pojmowała, czemu nie może pisać o spowiedzi. Wyjaśniła więc obszernie i cierpliwie znane ludowej władzy oczywistości, tłumacząc, że książka przeznaczona jest dla polskich dzieci, a one znają tę praktykę, co więcej, same stają niejednokrotnie w kolejce do konfesjonału. Wprawdzie była to logiczna argumentacja, ale Zofia nie wiedziała jeszcze wówczas, że to nie logiką kierował się wszechwładny Urząd Kontroli. Konkluzja listu, będącego odpowiedzią na uwagi cenzury, była oczywista. Na zmiany zgodzić się nie można. „Podporządkowanie się nieuzasadnionym antykatolickim urazom uważałabym za ustępstwo na rzecz fanatyzmu. Fanatyzm zaś razi mnie boleśnie, po jakiejkolwiek by się przejawiał stronie"[333] – pisała Zofia Kossak.

Zdarzało się, że wobec nieprzejednanej postawy pisarki cenzura rezygnowała z niektórych żądań. Bywało i tak, że ustąpić musiała Zofia Kossak. Zamieściła w zakończeniu *Nieznanego kraju* – przedwojennego utworu

---

[332] List Barbary Olszańskiej do Zofii Kossak, bez daty. Korespondencja w zbiorach Muzeum Zofii Kossak-Szatkowskiej w Górkach Wielkich.

[333] List Zofii Kossak do Barbary Olszańskiej z 5 XII 1958 r. Korespondencja w zbiorach Muzeum Zofii Kossak-Szatkowskiej w Górkach Wielkich.

wznawianego w komunistycznym kraju – uwagi o roli zwycięskiej Armii Czerwonej i o randze ludu śląskiego w Polskiej Rzeczypospolitej Ludowej, a z zachowanych notatek do odczytu o *Krzyżowcach* wynika, że omawiając tę dotyczącą średniowiecza powieść, wspomniała o „ciężkiej doli ówczesnego proletariatu"[334].

* * *

Oto kolejny przykład: *Boże motory*. Niewielki utwór Zofii Kossak nie spodobał się cenzurze. Aż dziw bierze, że opowieść o św. Stanisławie ze Szczepanowa mogła wzbudzać takie kontrowersje. Jak się okazuje, istnieje inna wersja tego samego tekstu. Nosi ona dużo lepszy tytuł: *Vox populi – vox Dei*. Zacytujmy jeden z akapitów, nieco zmieniony w przeznaczonej do druku wersji opowieści o kulcie Stanisława ze Szczepanowa, który zginął z rąk władcy. „Bez mała 900 lat temu w kościele na Skałce popełniona została świętokradcza zbrodnia... – tak zaczyna się utwór, a fragment wspomnianego akapitu brzmi: – Vox populi – vox Dei. (...) Głos ludu jest głosem Boga. Bóg wiedzie dialog z Niemową. Gdy jedno woła – drugie odpowiada czynami"[335]. Akapit został zmieniony i to w sposób znaczący. Jakby spodziewając się uwag przewrażliwionej cenzury, pisarka zrezygnuje ze zdania na temat głosu ludu. Zastępuje je ostrożnym: „Głos ludu zwano dawniej gło-

---

[334] Odręczne notatki Zofii Kossak do odczytu o *Krzyżowcach*, bez daty. Notatki w zbiorach Muzeum Zofii Kossak-Szatkowskiej w Górkach Wielkich.

[335] Zofia Kossak, *Vox populi – vox Dei*, maszynopis utworu z 1 V 1955 r. w zbiorach Muzeum Zofii Kossak-Szatkowskiej w Górkach Wielkich, s. 1.

sem Boga"[336]. Nie wiedziała, że autocenzura nie pomoże. Nie pomogło też inne zakończenie. Zanim zaproponowała tekst do druku, zrezygnowała ze zdania, że w chwilach szczególnych Bóg „ingeruje prawie że widomie w sprawy swojego Kościoła"[337]. Planowany tom opowiadań *Ognisty wóz* wprawdzie ujrzał światło dzienne, ale podobno *Boże motory* już się nie zmieściły. Wiemy o tym z relacji Ireny Sawickiej, która zapamiętała, że decyzja wydawnictwa zrobiła na Zofii Kossak spore wrażenie. Zastanawiający jest fakt, że w komunistycznej Polsce wznawiano na przykład *Szaleńców Bożych* – cały zbiór utworów o świętych. Dlaczego więc inny los spotkał opowieść o św. Stanisławie ze Szczepanowa? Można przypuszczać, że temat nie spodobał się urzędnikom. Utwór mówi o władcy skłóconym z kościelnym hierarchą, który w dodatku odnosi moralne zwycięstwo. Zamordowany, żyje w pamięci ludu. Dlatego zapewne niewielki utwór „nie zmieścił się" w nowej książce Zofii Kossak. Ale na tym nie koniec. Już po śmierci pisarki pracownicy PAX-u, porządkując zapewne swoje archiwum, odesłali niepotrzebne rękopisy jej mężowi. W ten sposób do góreckiego domu ogrodnika dotarła szara, zwykła, zachowana do dziś teczka z napisem: „Niecenzuralne. Odesłać Pani Kossak"[338]. W teczce był, oczywiście, rękopis utworu o św. Stanisławie. Nieustępliwa i energiczna sekretarka Irena Sawicka przez całe lata dbała

---

[336] Zofia Kossak, *Boże motory*, maszynopis nowej wersji utworu w zbiorach Muzeum Zofii Kossak-Szatkowskiej w Górkach Wielkich, s. 3.

[337] Zofia Kossak, *Vox populi – vox Dei...*, op. cit., s. 7.

[338] Napis na teczce C/II-6 przechowywanej w zbiorach Towarzystwa im. Zofii Kossak w Górkach Wielkich, odręcznie zapisano także datę: 31 XII 1962 r.

o zabezpieczenie pamiątek związanych z pisarką. To ona właśnie, dowiedziawszy się o obchodzonym uroczyście Roku Świętego Stanisława (1978), postanowiła wysłać „niecenzuralne" opowiadanie razem z opisem jego losów ówczesnemu metropolicie krakowskiemu – kardynałowi Karolowi Wojtyle. Kardynał przesyłkę otrzymał, a do Górek Wielkich nadszedł niebawem jego list. Pisał w nim: „Będziemy chyba zgodni z intencją świetlanej postaci Pani Zofii Kossak, jeśli udostępnimy wspomniane opowiadanie w formie maszynopisu szerszej publiczności"[339]. Rozpropagować utworu metropolita krakowski już nie zdążył. List nosił bowiem datę 12 września 1978 roku. Miesiąc później został papieżem. Na obchody 900-lecia śmierci nielubianego przez władze biskupa Stanisława jednak przyjechał, mimo desperackich prób jej przesunięcia.

* * *

Okazuje się, że nadal, mimo upływu lat, wątpliwości budzą okoliczności współpracy Zofii Kossak ze Stowarzyszeniem PAX. Niektórzy uważają, że należała do stowarzyszenia i popierała jego politykę, inni – że wręcz przeciwnie. Najbliższy prawdy był zapewne kardynał Stefan Wyszyński, który zanotował w dniu śmierci pisarki: „Była rzetelną katoliczką. Jeśli drukowała swoje książki w PAX-ie, to tylko dlatego, że nie było innych możliwości"[340].

---

[339] List kardynała Karola Wojtyły, metropolity krakowskiego, z 12 IX 1978 r. do Ireny Sawickiej w zbiorach Towarzystwa im. Zofii Kossak w Górkach Wielkich.

[340] Peter Raina, *Kardynał Wyszyński. Czasy prymasowskie 1956–1961*, Wydawnictwo Książka Polska, Warszawa 1994, s. 18.

Kardynał Stefan Wyszyński nie mylił się zapewne, ponieważ doskonale znał intencje i powody, dla których pisarka podejmowała takie a nie inne decyzje. „Witam ją całym sercem – zanotował tuż po jej powrocie z Anglii. – Pragnie zorientować się w sytuacji. Obawia się, że społeczeństwo katolickie jest rozbite"[341]. Zofia Kossak od razu zabiegała o spotkanie z kardynałem Wyszyńskim. Co więcej, energicznie dążyła do tego, aby w tych spotkaniach uczestniczyli przedstawiciele środowisk „paksowskich". Pisała w prywatnym liście z 1959 roku, że prymas zgodził się przyjąć razem z nią Jana Dobraczyńskiego i Władysława Grabskiego. „Biedny Janek – relacjonowała – wyklęty od dwu lat, był tak przejęty i przerażony, i rozdygotany, że do ostatniej chwili baliśmy się oboje z Grabskim, że dostanie ataku sercowego i w ogóle nie pójdzie"[342]. Tymczasem spotkanie podobno było udane i, jak miała nadzieję Zofia Kossak, owocne. „Inny, dawny nasz, serdeczny, mądry człowiek (...) gadaliśmy jak z ojcem przeszło dwie godziny" – czytamy w liście opisującym rozmowę. Nie oznaczało to jednak „generalnej absolucji" PAX-u, ale – zdaniem Zofii Kossak – droga do porozumienia została otwarta[343].

Wiele razy autorka *Krzyżowców* bezskutecznie podejmowała kolejne próby doprowadzenia do zgody. „Dążę do złagodzenia stosunku względem Prymasa i otrzeźwienia obu stron. Szanse powodzenia prawie żadne"[344] – za-

---

[341] Peter Raina, *Kardynał Wyszyński. Czasy prymasowskie 1967–1968*, Wydawnictwo Von Borowiecky, Warszawa 1998, s. 165.

[342] List Zofii Kossak do córki, Anny Rosset, z 1 II 1959 r. List w zbiorach prywatnych.

[343] Ibidem.

[344] Odręczne notatki i zapiski, zob. przyp. 297.

notowała w swoim dzienniku. W nim również szczerze przedstawiła własny punkt widzenia. Potwierdza on kilkakrotnie powtarzaną przez Zofię Kossak opinię na temat sytuacji politycznej. Okazuje się, że nadal miała wielki żal i pretensje do Zachodu, że nie dopuszcza możliwości długofalowej, jak się wyraziła, współpracy Kościoła z socjalistycznym państwem. „W wyniku tej postawy Rosja może uciec się do posunięć, których naród polski nie będzie mógł akceptować". Uważała, że jej ojczyzna zapłaci wielką cenę za „zachwianie przyjaźni politycznej z Rosją"[345].

Rozczarowana tym, co zastała w Polsce, zaznaczyła, że mimo wszystko „grupy katolickie nie mogą się nienawidzić", a swoje rozważania zakończyła następującą uwagą dotyczącą PAX-u: „Z mojej strony wdzięczność za wydania i osobiste przyjaźnie"[346].

* * *

Trudno dokładnie odtworzyć wszystkie okoliczności współpracy Zofii Kossak ze Stowarzyszeniem PAX. Na pewno jednak zdarzyło się kilka nieprzyjemnych incydentów. Należało do nich wydarzenie bardzo dokładnie udokumentowane i opisane przez Zofię Kossak w listach do rodziny i przyjaciół.

W 1962 roku redakcja „Słowa Powszechnego" pozwoliła sobie na komentarz, że nieobecni na wieczorze dyskusyjnym zorganizowanym z okazji rocznicy Rewolucji Październikowej, Zofia Kossak i Władysław Borth z Cho-

---

345 Ibidem.
346 Ibidem.

rzowa, „przesłali życzenia najlepszych obrad i swoje zobowiązania do dalszej w pełni oddanej pracy dla słusznej polityki wytyczonej przez PZPR"[347]. Tego było za wiele. Zofia Kossak była oburzona. Pisała o setnych, dużych przykrościach i o bezprzykładnym świństwie. W liście do Anny Sadowskiej relacjonowała: „głupota czy służalstwo oddziału katowickiego, nieuwaga redakcji »Słowa«, spowodowały wydrukowanie tego – ośmielam się powiedzieć: oszczerstwa. Mało nas oboje szlag nie trafił"[348] – dodawała, opisując dalsze wydarzenia. Napisała „druzgocące sprostowanie, żądając, by je natychmiast podano". Współpraca z PAX-em wisiała na włosku, bo pisarka postawiła ultimatum – albo zostanie zamieszczone sprostowanie, albo dalszej współpracy już nie będzie. PAX tymczasem „bronił się przed niesławą" i wysuwał swoje sformułowania, a pomiędzy Górkami i Warszawą krążyły depesze. „Życzliwi błagali, bym zrezygnowała ze względu na siebie samą – relacjonowała Zofia Kossak. – Nie ustąpiliśmy, trudno. Wiadomo, że honor kosztuje, ale skoro się już go ma, trzeba płacić"[349].

W końcu „Słowo Powszechne" wynegocjowało swoisty kompromis. Nie zamieszczono protestu pisarki, ale informację redakcji, która jakoby sama spostrzegła swoje uchybienie i błąd w zamieszczonym 17 czerwca sprawozdaniu z zebrania. „Stwierdzamy niniejszym z ubolewaniem, że (...) notatka nie odpowiada rzeczywistości"[350] – informowano obłudnie. Przedrukowano nieszczęsną notatkę zakończoną poparciem pisarki dla słusznej po-

---

[347] „Słowo Powszechne" z 17 VI 1962 r.
[348] List Zofii Kossak do Anny Sadowskiej z 3 VII 1962 r. Por. przyp. 134.
[349] Ibidem.
[350] „Słowo Powszechne" z 17 VI 1962 r.

lityki partii, a potem prawdziwą treść jej listu, w którym informowała, że w zebraniu nie będzie uczestniczyć. Na koniec przeproszono gorąco za zniekształcenie i tak późne sprostowanie. „Bóg z nimi – skomentowała tekst Zofia Kossak – ważne dla mnie jest stwierdzenie, że ja żadnego »zobowiązania« (!!!) nie składałam"[351].

„Incydent z PAX-em zakończony – pisała 28 czerwca 1962 roku do Marii Kossak. – Stosunki wróciły do poprzedniego stanu"[352]. Czytelnicy poznali przynajmniej część prawdy. Czy wiedzieli, co kryło się za kulisami krótkich notatek prasowych – trudno powiedzieć. Jedno wiadomo dziś na pewno – władza tego gestu pisarce nie zapomniała. Zofia nie wiedziała zapewne, że jest uważnie obserwowana, a „incydent" został pracowicie odnotowany przez autora jej „charakterystyki" pisanej na użytek II Wydziału IV Departamentu Ministerstwa Spraw Wewnętrznych w Warszawie. Okazuje się bowiem, że pisarkę i jej poczynania bardzo uważnie obserwowała władza ludowa. Zarzucano Zofii Kossak, że nie przyjęła zaproszenia katowickiego oddziału Stowarzyszenia PAX, które zorganizowało zebranie z tak ważnej okazji, że tak stanowczo sprzeciwiła się niewinnej notatce prasowej. Zauważono już, że Zofia z coraz mniejszym zrozumieniem odnosiła się do poczynań środowisk, które dawniej chciała pogodzić i pojednać z prymasem.

Przez cały czas, nieraz nawet wbrew rozsądkowi, wierzyła w dobrą wolę i wspólne cele, a nie dążenie do konfrontacji. Tym razem jednak była już najwyraźniej znie-

---

[351] List Zofii Kossak do Anny Sadowskiej z 3 VII 1962 r. Por. przyp. 134.

[352] List Zofii Kossak do Marii Kossak z 28 VI 1962 r. Por. przyp. 31.

chęcona. W liście do Jana Dobraczyńskiego, napisanym w Górkach Wielkich 6 grudnia 1962 roku, czytamy: „Cieszę się, że siedzimy tutaj zakopani w pracy, daleko od problemów złej polityki paxowskiej – na pewno złej"[353].

* * *

W różnych okolicznościach sprawdzały się słowa tych, którzy ostrzegali Zofię Kossak przed powrotem, uprzedzając, że będzie musiała dokonywać trudnych wyborów. Pisarka dość szybko zorientowała się, że mieli rację. Widziała, że wchodząc w konflikt z PAX-em, postępuje, jak to określiła, „niepraktycznie", ale nie pierwszy raz robiła to, co sama uważała za słuszne.

14 marca 1964 roku w kancelarii Rady Państwa został złożony list adresowany do premiera Józefa Cyrankiewicza. Był to protest wybitnych pisarzy i naukowców przeciwko ograniczeniu przydziału papieru na druk książek i czasopism, a także działaniu cenzury. Domagano się prawa do krytyki, swobodnej dyskusji i w ogóle zmiany polityki kulturalnej. Pierwszy raz polscy literaci oficjalnie ośmielili się zaprotestować przeciwko polityce władz komunistycznych. List, podpisany przed 34 osoby (nazwany z tego powodu *Listem 34*), odpowiedzi się nie doczekał, to oczywiste, za to jego sygnatariusze, a przynajmniej część z nich doczekała się represji. List podpisała między innymi Zofia Kossak. Jan Dobraczyński próbował za wszelką cenę ratować pisarkę, dowiedział się bowiem, że niepokornych literatów czekają co najmniej nieprzyjemności, zwłaszcza

---

[353] List Zofii Kossak do Jana Dobraczyńskiego z 6 XII 1962 r. Por. przyp. 244.

że list został opublikowany za granicą i sporo mówiono na temat buntu polskiej inteligencji. Dobraczyński więc pośpiesznie pisał do Górek Wielkich, podsuwając Zofii Kossak linię obrony. Proponował winą za wszystko obarczyć Antoniego Słonimskiego, inicjatora całego przedsięwzięcia, którego zresztą Dobraczyński prywatnie nie lubił, i w ten sposób wyjaśnić nieporozumienie, którym jakoby było niefortunne podpisanie listu. Winien jest Słonimski, prezes Związku Literatów Polskich, a przy okazji należało władzom dać do zrozumienia, że Zofia Kossak nie ma do władz o nic pretensji i chciałaby wycofać swój podpis. Taki był mniej więcej wydźwięk listu przerażonego postępowaniem Zofii zaprzyjaźnionego pisarza. Jan Dobraczyński dodawał: „z dobrze poinformowanych źródeł mogę donieść, że wobec Niej, Parandowskiego i Kowalskiej żadnych represji nie będzie. Zostało uznane, że intryga, którą ułożył Słonimski, była podstępem"[354]. Zostało uznane – donosił tajemniczo zaprzyjaźniony działacz PAX-u – i wystarczyłoby tylko przytaknąć: tak, padłam ofiarą podstępu. Na taką odpowiedź zapewne czekano w Warszawie. Tymczasem Zofia Kossak, odpowiadając na list z 8 kwietnia 1964 roku, napisała: „Muszę (...) bronić Słonimskiego, bo przecież nie stosował żadnego podstępu w stosunku do podpisujących. Dał do przeczytania wiadomy list, mogłam podpisać, mogłam nie podpisać. Nikt mnie nie namawiał, ani nie stosował nacisku. Uznałam treść za najsłuszniejszą (jak to sam określasz). Podpisałam. W tym nie było niczyjej perfidii"[355].

---

[354] List Jana Dobraczyńskiego do Zofii Kossak z 8 IV 1964 r. Listy Jana Dobraczyńskiego do Zofii Kossak w zbiorach Muzeum Zofii Kossak-Szatkowskiej w Górkach Wielkich.
[355] List Zofii Kossak do Jana Dobraczyńskiego z 11 IV 1964 r. Por. przyp. 244.

Zakulisowych poczynań, mających na celu uratowanie Zofii Kossak przed nieprzyjemnymi konsekwencjami odważnego kroku, nie znamy. Wiadomo na pewno, że nie znalazła się w gronie najbardziej szykanowanych pisarzy i naukowców, a przecież zaprzyjaźniony z nią Melchior Wańkowicz, który tak jak ona powrócił z emigracji, licząc na siłę pozytywnych zmian dokonujących się w Polsce, został osądzony.

* * *

W dokumentach przechowywanych w góreckim muzeum niewiele jest wzmianek na temat innego ważnego wydarzenia, jakim był list biskupów polskich do biskupów niemieckich ze słynnym sformułowaniem: „Przebaczamy i prosimy o przebaczenie". List z 1965 roku podpisało 36 polskich biskupów. Odpowiedzią na słowa hierarchów była kampania pod hasłem: „Nie przebaczamy". O dziwo, pierwsze krytykę listu zaczęły nie partyjne gazety, lecz „Słowo Powszechne" – prasowy organ PAX-u. Napisano, że biskupi winni są nieomal zdrady stanu, zaprzedali się niemieckim imperialistom i nie mają wyczucia polskich interesów narodowych. Wobec takich faktów tym ważniejsze są słowa Zofii Kossak zapisane w liście do Jana Dobraczyńskiego z 27 grudnia 1965 roku. Pisze o tym, że razem z mężem śledzili uważnie i konsekwentnie wszystkie zdarzenia oraz osiągnięcia soborowe, „potem sprawę »Orędzia« biskupów. Zawstydzający brak (...) w naszym społeczeństwie zrozumienia dla ducha chrześcijaństwa. Obłęd, poczytujący słowa »przepraszamy i przebaczamy« za poniżenie, uchybienie godności. Słuchając radia, człowiek nie wiedział, w jakim kraju się znajduje. Pociechą były tylko przepełnione kościoły, jak zawsze w czasie Adwentu"[356].

Przy okazji dodała uszczypliwą uwagę pod adresem PAX-u, który „szedł w pierwszym szeregu nagonki" i od lat „specjalizuje się, niestety, w atakach na Prymasa". Jan Dobraczyński śpieszył z zapewnieniem, że na próżno usiłował powstrzymać Stowarzyszenie przed, jak to określił, wzięciem udziału w tej akcji. Dodawał jednocześnie, że jego zdaniem „orędzie nie było dobre".

* * *

Analizując dokumenty związane z życiem i twórczością Zofii Kossak, można zauważyć wyraźną ewolucję jej poglądów. Zniechęcona była tym, co widziała i słyszała w Polsce końca lat pięćdziesiątych i początku lat sześćdziesiątych. Dokumenty przechowywane w Instytucie Pamięci Narodowej świadczą o tym, że zmiana ta została zauważona. W jednym z donosów relacjonowana jest rozmowa katowickiego biskupa Herberta Bednorza z pisarką, o której opowiadał komuś ze swojego otoczenia. Czytamy, że biskup Herbert Bednorz bardzo pozytywnie wyrażał się o niej i o, jak powiedział, „radykalnej zmianie jej postawy i kierunku działania"[357]. Wychwalał ją za złożony podpis pod memoriałem przesłanym do rządu PRL-u przez 34 dziennikarzy. Właśnie ten podpis miał skłonić biskupa do złożenia jej wizyty, aby pogratulować

---

[356] List Zofii Kossak do Jana Dobraczyńskiego z 27 XII 1965 r. Por. przyp. 244.

[357] *Akta Biura Udostępniania i Archiwizacji Dokumentów Instytutu Pamięci Narodowej*, IPN Ka 056/134, t. II, wyciąg z doniesienia t. w. „Pawła" z 3 VIII 1964 r.

„za odwagę i bojowość". Biskup nie wiedział jeszcze wtedy, że pisarka zdolna jest do dużo bardziej „bojowego" i radykalnego posunięcia. Już wówczas, a był to sierpień 1964 roku, Zofia Kossak bardzo ujemnie wyrażała się o PAX-ie, jak pracowicie donosił „informator".

„Odwaga i bojowość" Zofii Kossak wobec komunistycznych władz w całej pełni miała ujawnić się w czerwcu 1966 roku. Wówczas to „Obywatelka Zofia Kossak-Szczucka przebywająca w Górkach Wielkich" otrzymała z Warszawy list podpisany przez sekretarza Komitetu Nagród Państwowych, profesora doktora Witolda Nowackiego. Profesor uprzejmie zawiadamiał, że z okazji Święta Odrodzenia Polski 22 Lipca przyznano jej indywidualną Nagrodę Państwową I stopnia „za wybitne osiągnięcia w dziedzinie powieści historycznej"[358]. Nagroda miała zostać przysłana pocztą, a Obywatelce 19 lipca w Urzędzie Rady Ministrów w Warszawie wręczony zostanie dyplom i odznaka. Potem miało odbyć się przyjęcie, na które zapraszał sam Prezes Rady Ministrów.

List wysłany z Górek 18 czerwca, tuż po otrzymaniu zawiadomienia, zawierał słowa wdzięczności za „zaszczytne wyróżnienie". Coś ważnego musiało wydarzyć się jednak pomiędzy 18 a 24 czerwca, skoro w tym czasie Zofia Kossak zmieniła zdanie i zdecydowała się napisać: „zetknęłam się osobiście, bezpośrednio z faktami, które rozwiały żywione przeze mnie poprzednio przekonanie,

---

[358] Pismo z 22 VII 1966 r. podpisane przez sekretarza Komitetu Nagród Państwowych prof. Witolda Nowackiego. Korespondencja w sprawie Nagrody Państwowej w zbiorach Muzeum Zofii Kossak-Szatkowskiej w Górkach Wielkich (pismo zostało wysłane w czerwcu 1966 r.).

że konflikt pomiędzy Kościołem a Państwem wygasa. Udowodniły one, że jest wręcz przeciwnie"[359].

O czym zatem dowiedziała się pisarka? Odpowiadając na to pytanie, trzeba przypomnieć, że rok 1966 upływał pod znakiem obchodów Milenium Chrztu Polski. Trzeba też powrócić do wcześniejszej inicjatywy związanej z tymi uroczystościami. 6 czerwca 1958 roku w Warszawie grono pisarzy, między innymi Władysław Jan Grabski, Jan Dobraczyński, Jerzy Zawieyski i Zofia Kossak, zwróciło się z apelem o „jak najpełniejsze twórcze podjęcie wezwania Sejmu i Episkopatu w sprawie uczczenia Milenium". Zainteresowani mieli przesyłać swoje propozycje na warszawski adres Zofii i Zygmunta Szatkowskich. Tak więc już dużo wcześniej rozpoczęły się przygotowania do obchodów rocznicy tysiąclecia chrztu Polski. Władze państwowe, zapewne zaniepokojone rozmachem planowanych uroczystości religijnych, próbowały z podobnym rozmachem zorganizować konkurencyjne obchody, które miały czcić tysiąclecie państwowości. „Naród pójdzie słuszną drogą" – zapewniał towarzysz Gomułka, nie wiedząc, że niebawem sprawdzą się jego słowa, ale będą miały zupełnie inne znaczenie. Polacy tłumnie wzięli udział w obchodach religijnych. Nasilono więc nagonkę na Kościół, a prasa, radio i telewizja grzmiały o rzekomo religijnych, a w rzeczywistości politycznych obchodach milenijnych. Dochodziło także do represji, rozpędzania procesji, obrzucania prymasa i biskupów obelgami,

---

[359] List Zofii Kossak do Komitetu Nagród Państwowych z 24 VI 1966 r. Korespondencja w sprawie Nagrody Państwowej w zbiorach Muzeum Zofii Kossak-Szatkowskiej. Zofia i Zygmunt Szatkowscy zachowali kopie wysłanych przez siebie listów.

a Służba Bezpieczeństwa rozpoczęła osobliwe „polowanie" na peregrynującą po Polsce kopię obrazu Matki Bożej Częstochowskiej. Kopię uparcie odsyłano na Jasną Górę, doprowadzając w końcu do tego, że modlono się przed symbolicznymi ramami obrazu.

W takiej atmosferze Zofia Kossak zdecydowała się na krok wymagający sporej odwagi. Dotychczas władze ją tolerowały, a nawet swego czasu, dość krótko wprawdzie, ale jednak, hołubiły, doceniając jej decyzję powrotu do kraju z angielskiej Trossell Farm.

Zofia Kossak napisała: „Nie mogę przyjąć nagrody od Władz Państwowych, wprawdzie własnych i prawowitych, lecz odnoszących się wrogo do spraw dla mnie świętych". Nie pozostawiła cienia wątpliwości, napisała wyraźnie, że chodzi o obchody milenijne, które zakłóciły „wypadki znieważania kultu Matki Bożej raniąc boleśnie serca wierzących Polaków"[360]. Dodała, że ona także czuje się zraniona, więc uświadomiła sobie, że wręczanie jej nagrody przez te same władze, które równocześnie lekceważą uczucia religijne Polaków i nagradzają pisarkę uważaną za katolicką, jest omyłką i nieporozumieniem. Jakby przeczuwając próbę perswazji, zaznaczyła, że sprawę uważa za definitywnie zamkniętą.

Odmowa przyjęcia nagrody państwowej zaskoczyła szacowny komitet. Profesor Jerzy Groszkowski w długiej epistole pisze o prawdziwym zdumieniu i próbuje łagodnie wyjaśnić, jak dalece myli się niedoszła laureatka nagrody, tak niesprawiedliwie osądzając „Władze Państwowe Polski Ludowej, działające zgodnie z Konstytucją PRL", które to usilnie dbają o zapewnienie swobody

---

[360] Ibidem.

wyznań i kultu religijnego. Profesor wspominał o obchodach milenijnych, które obfitują w polityczne ataki na Państwo i jego władze, o elementach kultu maryjnego, które w tej sytuacji wprowadzane przez część hierarchów są, zdaniem wielu wierzących, nadużyciem religijnych uczuć. List wymieniał też przykłady wolności religijnej w Polsce, a są nimi wydawane ze środków gospodarki państwowej wielotysięczne nakłady książek, np. monumentalne wydanie *Bogurodzicy* i *Błogosławionej winy* Zofii Kossak, a także odbywające się nadal „uliczne procesje sakralne, fakty niepraktykowane w nowożytnych społeczeństwach i państwach"[361].

Zofia Kossak nie podjęła polemiki. Napisała krótko w liście z 25 lipca, że faktów, z którymi się zetknęła, opisywać nie będzie, bo profesor zna je zapewne doskonale. Nie podjęła też dyskusji na temat charakteru obchodów milenijnych, dodając jednak zdanie, że podczas wspomnianych obchodów „uczucia narodu znalazły spontaniczny i potężny wyraz".

Jak się okazało, listy te nie zakończyły „sprawy nagrody państwowej", ale raczej ją rozpoczęły. Dodajmy jeszcze, że w samym komitecie, jak wspomina penetrująca archiwa Mirosława Pałaszewska, żadnych śladów wymienionej korespondencji dziś już nie ma. Najwyraźniej jednak Zofia Kossak kopię listu przekazała biskupowi Herbertowi Bednorzowi. Z jego listu z 7 września wynika, że podczas zebrania Episkopatu pismo Zofii Kossak zostało odczytane przez samego prymasa Wyszyńskiego, a potem zebrani biskupi oklaskami nagrodzili jej odwa-

---

[361] List prof. Janusza Groszkowskiego (Komitet Nagród Państwowych) z 18 VII 1966 r. Por. przyp. 359.

gę. „Oby taką postawę wykazali również inni katolicy, których kusi się nagrodami czy orderami"[362] – dodał katowicki biskup Bednorz, który przy okazji prosił o wyrażenie zgody na rozpropagowanie w parafiach kopii listu.

Pisarka i jej mąż, który, jak oboje zapewniali, współuczestniczył w podejmowaniu decyzji, są wdzięczni za zaszczytne wyróżnienie, dodali jednak, że odmowa wynikała z poczucia obowiązku pisarza katolickiego i nie widzą w tym jakiejś szczególnej zasługi. Obawiali się ponadto, że rozpowszechnienie listu może sprawiać wrażenie autoreklamy. Zaznaczyli, że prymas może listem dowolnie dysponować, prosili tylko, aby „manuskrypt nie dostał się na fale Wolnej Europy"[363]. Zaczęto zatem sporządzać kopie, przekazywać je z rąk do rąk i umieszczać w gablotach parafialnych.

W ten sposób list do Komitetu Nagród Państwowych, którego treść władze chciałyby zapewne przemilczeć, zaczął żyć swoim życiem. Do góreckiego domku ogrodnika przysyłano listy świadczące o tym, że naród już wie o odważnym kroku pisarki. Szacunek taki wyraził prawdopodobnie w liście także sam prymas Stefan Wyszyński, ale list dziwnym trafem zniknął ze zbiorów góreckiego muzeum, pozostała tylko adnotacja o nim w spisie korespondencji.

„Czcigodna Pani – z przejęciem pisał jeden z czytelników. – Listem tym przemówiła Pani jakby ustami całego narodu polskiego, którego jest Pani Chlubą, Zaszczytem

---

[362] List biskupa Herberta Bednorza do Zofii Kossak z 7 IX 1966 r. Korespondencja w zbiorach Muzeum Zofii Kossak-Szatkowskiej w Górkach Wielkich.
[363] List Zofii i Zygmunta Szatkowskich do biskupa Herberta Bednorza z 10 IX 1966 r. Korespondencja w zbiorach Muzeum Zofii Kossak-Szatkowskiej w Górkach Wielkich.

i najgodniejszym jego Przedstawicielem wobec Europy i świata całego w czarnych dniach zakłamania"[364]. Jeden z księży pisał z Zabrza: „Pani wzbudziła w nas głębokie zrozumienie i szacunek dla Jej decyzji i motywów, jakimi się Pani kierowała"[365]. Stanisław Bukowski wyrażał „największe uznanie za czyn, którego i Królowa nasza, i cały naród na pewno nie zapomni"[366].

Do listów czytelników dołączyły życzliwe, ale równocześnie pełne zrozumiałego niepokoju listy rodziny i przyjaciół. Z Paryża nadeszły zapewnienia: „Jesteśmy pod wrażeniem nieprzyjęcia państwowej nagrody przez Ciocię. Ja dowiedziałam się z prasy, z »Wiadomości« londyńskich (...). Teraz to tylko wypada się modlić za Ciocię... Na wszystkich bogów nieśmiertelnych, cóż za moc bije z tych Górek!"[367].

Nie wszyscy zdawali sobie sprawę z tego, że Zofia, rezygnując z nagrody, rezygnowała też ze sporej sumy pieniędzy. Nadmieniła później w rozmowie z krewną, że umożliwiłyby one odbudowę góreckiego dworu.

Władze były bardzo zaniepokojone nie tylko samą odmową przyjęcia nagrody państwowej, ale też faktem,

---

[364] List Antoniego Haly do Zofii Kossak z 2 XI 1966 r. Korespondencja w zbiorach Muzeum Zofii Kossak-Szatkowskiej w Górkach Wielkich.

[365] List ks. Tadeusza Jaskółki do Zofii Kossak z 11 IV 1967 r. Korespondencja w zbiorach Muzeum Zofii Kossak-Szatkowskiej w Górkach Wielkich.

[366] List Stanisława Bukowskiego do Zofii Kossak z 12 X 1966 r. Korespondencja w zbiorach Muzeum Zofii Kossak-Szatkowskiej w Górkach Wielkich.

[367] List Floriana i Barbary Bałtów z 11 XI 1966 r. (Paryż). Korespondencja w zbiorach Muzeum Zofii Kossak-Szatkowskiej w Górkach Wielkich.

że Polacy, i nie tylko oni, o tym wiedzą. Pisarka żyła już wyraźnie na marginesie wielkich spraw politycznych i społecznych kraju. Sama zresztą, zniechęcona sytuacją, na ten margines się wycofała. Mimo to jej decyzja miała wielkie znaczenie i dlatego nie bez powodu zaskoczyła władze. Na biurku towarzysza Zdzisława Grudnia znalazło się wysłane 26 października pismo opatrzone adnotacją „tajne", w którym zamieszczono odpis listu Zofii Kossak-Szatkowskiej do Komitetu Nagród Państwowych. Razem z owym pismem przesłano dane z terenu. Wiedziano już o tym, że kopie tego niesprzyjającego władzom pisma „kolportowane są wśród kleru", w dodatku jeden z nich paulini ośmielili się umieścić w gablocie na Jasnej Górze. Co gorsza, „niektórzy księża oraz biskup Kurpas w kazaniach nawiązują do tej sprawy, stawiając pisarkę za wzór cnót katolickich"[368]. Sprawą zainteresował się sam zastępca komendanta wojewódzkiego MO do spraw bezpieczeństwa, najwyraźniej pisarka w swojej góreckiej samotni stanowiła spore zagrożenie.

Świadczą o tym i kolejne pisma wymieniane na najwyższym szczeblu. W lipcu 1967 roku, a więc nieco ponad rok po pamiętnej odmowie przyjęcia nagrody, Naczelnik IV Wydziału Komendy Wojewódzkiej MO otrzymał pismo z Warszawy z MSW. Poinformowano go, że Zofia Kossak-Szczucka znalazła się na liście kandydatów wytypowanych przez episkopat do udziału w III Światowym Kongresie Apostolstwa Świeckich. Kongres miał się odbyć za granicą, więc domagano się, aby przysłać w trybie pilnym charakterystyki tych osób „z uwzględnieniem ich zacho-

---

[368] Pismo z dnia 23 VIII 1967 r. *Akta Biura Udostępniania i Archiwizacji Dokumentów Instytutu Pamięci Narodowej...*, op. cit.

wania się w ostatnim okresie". Sprawę załatwiono bardzo szybko i już trzy dni później do Naczelnika II Wydziału IV Departamentu Ministerstwa Spraw Wewnętrznych w Warszawie przekazano jednoznaczną odpowiedź, która została, jak zapewniano, uzgodniona z „czynnikami politycznymi". Zofia Kossak w żadnym wypadku nie powinna wyjechać z kraju. Dość obszerna charakterystyka, którą dołączono do pisma, była także „tajna" i zawierała życiorys Zofii Kossak. Zanotowano w nim „poważne" zarzuty wobec pisarki. Wypominano jej i „podpis pod memoriałem 34 pisarzy", i odmowę przyjęcia Nagrody Państwowej I stopnia, przy tej okazji znów zacytowano fragmenty jej listu i przypomniano, jak do niego odniósł się „kler". Konkluzja brzmiała: „Powyższe fakty dobitnie określają jej postawę wobec Władzy Ludowej w Polsce. Jej wyjazd na Światowy Kongres Apostolstwa Świeckich w Rzymie uważamy za niewskazany, gdyż przyczyniłaby się do fałszywego naświetlenia istniejących stosunków kościelno-państwowych w Polsce"[369]. Tak więc, mimo że w kilku listach Zofii Kossak znajdują się wzmianki o planowanych wyjazdach za granicę, stała się z czasem swoistym „więźniem" kraju, do którego tak chciała wrócić z przymusowej emigracji.

* * *

Oddalona od świata pisarka ze światem miała jednak stały kontakt. W zbiorach muzeum Zofii Kossak-Szatkowskiej znajduje się około pięciu tysięcy listów. Wśród

---

[369] Pismo do Naczelnika Wydziału II Departamentu IV Ministerstwa Spraw Wewnętrznych w Warszawie z 31 VIII 1967 r. *Akta Biura Udostępniania i Archiwizacji Dokumentów Instytutu Pamięci Narodowej...*, op. cit.

nich tylko niewielka część to oryginały, kopie lub brudno-
pisy listów samej Zofii Kossak. Pozostałe są adresowane
do niej. Starannie skatalogowane przez męża pisarki po
jej śmierci, świadczą o tym, że w domku ogrodnika poło-
żonym na skraju wsi nie wyrzucano niczego. Do wiadomości potomnych pozostawiono sprawy bardzo ważne
i mniej istotne, o których pisali przyjaciele i „biedni ludzie". Pora wyjaśnić, skąd bierze się ostatnie określenie.
Otóż major Zygmunt Szatkowski w spisie listów swojej
żony zaznaczył, że odpisywała ona na list osoby, którą
określiła jako „bardzo biedną i bardzo drogą Panią". In-
trygujący list pochodzi z 17 sierpnia 1965 roku i nie wiemy nawet, czy w ogóle i do kogo został wysłany. Wiemy
jednak, kogo nazwała w ten sposób (jak się okazało, nie
chodziło wcale o nędzę materialną) i z jakimi między innymi problemami zwracano się do pisarki. Odpowiedź
zaczyna się tak: „obawiam się, że mój list równie jak list
ś.p. Marii Dąbrowskiej, niczego w Pani bolesnych kom-
pleksach nie rozwiąże i do przekonania Pani nie trafi"[370].
Dalej autorka zarzuca tajemniczej kobiecie pożerającą ją
nienawiść do świata i do Boga. Radzi też, aby w sprawach wiary zwróciła się do „Tygodnika Powszechnego",
i poleca jej „Skrzynkę Ojca Malachiasza", zapewniając,
że otrzyma rozumną, konkretną i autorytatywną odpowiedź.

W Górkach Wielkich pisarka obdarzana zaufaniem
i uważana za autorytet spotykała się z wieloma trudny-

---

[370] List Zofii Kossak z 17 VII 1965 r. List nie został wysłany lub
zachowana została jego kopia. W spisie listów Zygmunt Szatkowski
zaznaczył: „List do Drogiej, biednej bardzo Pani". Korespondencja
w zbiorach Muzeum Zofii Kossak-Szatkowskiej w Górkach Wielkich.

mi, czasem dramatycznymi, a bywało, że i zabawnymi sprawami. Proszono ją o załatwienie leków, o pożyczkę, domagano się moralnych rozstrzygnięć i różnego rodzaju porad. „Nie jestem prawnikiem" – pisała w odpowiedzi. Domagano się pośrednictwa w rozwiązaniu problemów, z którymi nikt inny dotąd sobie nie poradził. Proszono o autografy, zdjęcia, przysłanie jej książek (do biblioteki posłała je raz z dedykacją – od „producentki surowca"). Często przysyłano własne utwory, nieraz grafomańskie, domagając się nie tylko oceny (najlepiej pochlebnej), ale i pośredniczenia u wydawców.

Staruszka z województwa poznańskiego obszernie opisywała swoje trudne życie, dodając: „czuję jak Pani jest mi bliska, oddana i kochana, że czuję potrzebę wywnętrzenia się. O Moja Najdroższa"[371]. Listów mówiących, że ktoś czuje się skrzywdzony, czegoś mu brakuje, jest dużo, ten list także do nich należy.

Inna, najwyraźniej też wiekowa czytelniczka z Warszawy nie tylko opisała swoje cierpienia, ale zwróciła się z prośbą o pieniądze, o „dopomożenie wydźwignięcia się z tego nieszczęścia". Podkreślała, że jest religijna i spłaci dług. Następny list był podziękowaniem za pomoc, a w kolejnym znów pisarka przeczytała: „błagam, ratuj mnie Pani". Ratowała: i staruszkę z poznańskiego, i wiekową mieszkankę Warszawy, i wielu, wielu innych. Jej notes zawierał około osiemdziesięciu nazwisk i adresów, a Maria Kossak w liście, który nadszedł z Górek w grudniu 1961 roku, czytała: „Przede mną 58 listów do od-

---

[371] List Heleny Piesiewicz do Zofii Kossak z kwietnia 1962 r. Korespondencja w zbiorach Muzeum Zofii Kossak-Szatkowskiej w Górkach Wielkich.

pisania, więc styl telegraficzny, a treść idiotyczna (sam widok tego stosu działa deprymująco)"[372].

Bywało i tak, że aby komuś pomóc, sama musiała prosić o przysługę. Pisała na przykład do Jana Dobraczyńskiego: „Bardzo Cię, kochany, przepraszam za odrywanie od pisania, ale mnie odrywają ciągle różne prośby i też się zżymam, ale ostatecznie, choć kulawo, lecz załatwiam. Taki nasz los, za który zresztą dziękuję Bogu"[373].

Przyjaciółkę z obozu koncentracyjnego prosiła o pomoc dla chorej Wandy Łapińskiej, administratorki pobliskiego sanatorium na Buczu. Pisała: „to nadzwyczaj zacna i potrzebna dusza". Nie odmawiała najbliższym sąsiadom. Wspierała w opublikowaniu utworów Marię Wardas i Walentego Krząszcza, a na konferencji poświęconej temu pisarzowi mówiła, że pisarze regionalni „mimowolnie odwalają pierwszą skibę, uczą czytelnictwa". Recenzowała książkę o protestantach, której autorem był Jan Broda – bibliofil ze Skoczowa – i napisała w 1966 roku: „wydać koniecznie"; współpracowała z Ludwikiem Brożkiem, kustoszem cieszyńskiego muzeum, i wieloma innymi badaczami i naukowcami.

Pomoc innym to dla niej także, a może przede wszystkim posługiwanie się słowem. Słowa więc wyrażają jej wielką sympatię i życzliwość dla ludzi. Trudno nie docenić pomysłowości w nazywaniu, określaniu i tytułowaniu adresatów. Maria Kossak, która miała odnaleźć w warszawskim mieszkaniu zgubione przez Zygmunta klucze, zostaje

---

[372] List Zofii Kossak do Marii Kossak z grudnia 1961 r. Por. przyp. 31.

[373] List Zofii Kossak do Jana Dobraczyńskiego z 5 III 1962 r. Por. przyp. 244.

nazwana „Najcierpliwszą odsyłaczką zostawionych (...) rzeczy". „Władku kochany i niezapomniany" – zwracała się do Władysława Bartoszewskiego, a Irena Sawicka była nazywana w listach pisanych z Warszawy „drogą i kochaną Strażniczką domu i ogrodu, ozdobą dynastii Kacperków, zacną, dzielną Przyjaciółką, Strażniczką domowego ogniska i dobrą Wróżką dziecięcą". Anna Sadowska to „Hanuś najmilsza, najdroższa, heroiczna, nieubłagana, dzielna, mocna, nie z tego świata" i „Łódka zdalnie kierowana".

Zofia starała się dla wszystkich znaleźć dobre słowo. Dobre i szczere. Nieraz można się było przekonać, że pisała prawdę, ponieważ nie szczędziła słów krytyki nawet najbliższym, i można było sądzić, że nie komplementuje na wyrost ani też nie gani bez przyczyny. Wspomniany już Władysław Bartoszewski dowiedział się, że poznana w czasie wojny „Ciotka" stale o nim pamięta, a jego teksty uważa za pierwszorzędne i prawdziwe, ale już autorka opracowania biograficznego na temat pisarki obok słów aprobaty przeczytała i zdania o koniecznych poprawkach, skrótach i potrzebie wyeliminowania „superlatywów" i długich streszczeń jej utworów. „Czy to ma być »bryk« dla zdających maturę?" – pytała pisarka, a krytykę przysłanego jej opracowania zaczęła od słów: „daruj mi, dziecko".

Mówiąc o sposobie zwracania się do innych, nie można nie wspomnieć o życzeniach składanych z okazji świąt, rocznic, urodzin. Nie są one banalne, zdawkowe i szablonowe. „Niech was Błogosławieństwo Boże otacza nocą i dniem, niech chroni od zła i pomaga pokonywać przeciwności nie tracąc pogody" – pisała Zofia Kossak, składając życzenia. A oto fragment listu świątecznego do Anny Sadowskiej: „Niech chwile radosne będą częste, a smutne najrzadsze. Niech Ci się Gody odwdzięczą pięknem, ciszą i pożytkiem. Niech Błogosławieństwo Boże będzie przy Tobie i Twoich bliskich"[374].

Przeczytajmy jeszcze życzenia składane przez Zofię Kossak Janowi Dobraczyńskiemu, któremu życzy długich lat potrzebnych do napisania tego, co jeszcze napisać powinien: „Daj Ci, Boże, trwałe zdrowie, silne nerwy, pogodę stałą, ciszę wewnętrzną, niezbędną do pracy twórczej, wiarę w siebie i swe dzieło, obojętność na opinie zewnętrzne, a ponad wszystko Łaskę"[375].

Podobnie serdeczne są słowa kierowane do przyjaciół, którzy doświadczyli życiowych tragedii. Życzyła, żeby zaufali Bogu, który wie, co robi, przekonywała, że żadna próba nie jest ponad siły próbowanego, życzyła szybkiego powrotu do duchowej równowagi i odbudowania rozwalonego Domu. „Nie stawaj pytania: po co? na co? – radziła. – Bo na pewno jest i »na co« i »warto«"[376].

Nic dziwnego, że na jej życzliwość inni też odpowiadali życzliwością. Czasem zdawkową i wynikającą z przyjętych konwenansów, często szczerą i niekłamaną.

Maria Kuncewiczowa pisała: „ściskam serdecznie". Kazimiera Iłłakowiczówna apelowała: „niech się Pani nie da zasmucić!", bo odniosła wrażenie, że zdanie z listu Zofii Kossak, iż czasy są trudne, jest „jakby westchnieniem"[377].

---

[374] List Zofii Kossak do Anny Sadowskiej z 1962 r. (życzenia świąteczne). Por. przyp. 134.

[375] List Zofii Kossak do Jana Dobraczyńskiego z 22 VI 1964 r. Por. przyp. 244.

[376] List Zofii Kossak do Anny Sadowskiej z 17 IV 1960 r. Por. przyp. 134.

[377] List Kazimiery Iłłakowiczówny do Zofii Kossak z 4 I 1958 r. Korespondencja w zbiorach Muzeum Zofii Kossak-Szatkowskiej w Górkach Wielkich.

Władysław Jan Grabski przysłał *Historię wypraw krzyżowych* – cenny starodruk ze swoim ekslibrisem i znaczącą dedykacją: „idź złoto do złota". Na list odpowiadała dawna dobra znajoma, Maria Dąbrowska. „Siły już nie starczają" – żaliła się w liście z 1962 roku i dodawała, że choć z natury nie jest „wspominalska", mimowolnie budzą się dawne wspomnienia sprzed wojny. Pamięta przyjazdy „ślicznej i młodej" Zofii Kossak do Jaworza, a potem wyprawę końmi do Górek i krowy z długimi rzęsami w wysokich trawach, i ojca pisarki, i jej najmłodszego syna zwanego wówczas „Plagą". „Gdzie się to wszystko podziało – pytała – w ilu czasach, w ilu światach żyłyśmy od tej pory". Wzruszający jest ten odręcznie napisany list świadomej zbliżającego się końca znakomitej literatki, która pisze: „więcej rodziny, bliskich, przyjaciół mam już pod ziemią, jak chodzących po ziemi"[378].

Korespondowali z Zofią Kossak pisarze, biskupi, naukowcy. Pisali też, a może przede wszystkim, czytelnicy. Pisali po to, aby wyrazić zachwyt, aprobatę graniczącą nieraz z egzaltacją. Pisali, aby podzielić się refleksją, a czasem przekazać polemiczne uwagi.

Teofil Hrabiec, jeden z zaolziańskich czytelników, na wieść o ciężkiej chorobie Zofii Kossak wysłał list, a w nim zapisał: „Bóg zapłać za książki, które Pani napisała"[379].

„Kocham Panią za tę piękną legendę *Lew św. Hieronima*, coś tak pięknego może napisać tylko bardzo dobry

---

[378] List Marii Dąbrowskiej do Zofii Kossak z 16 VIII 1962 r. Korespondencja w zbiorach Muzeum Zofii Kossak-Szatkowskiej w Górkach Wielkich.

[379] List Teofila Hrabca do Zofii Kossak z 7 IV 1968 r. (Cierlicko). Korespondencja w zbiorach Muzeum Zofii Kossak-Szatkowskiej w Górkach Wielkich.

człowiek. A teraz ostatnio po przeczytaniu *Z otchłani* nie narzekam już tak, że moje życie ciężkie"[380] – czytamy w innym liście. Zofia Kossak dowiadywała się, że jest czcigodną i kochaną Mistrzynią, czytała zapewnienia o wierności i oddaniu sprawom, którym służą jej dzieła, i o tym, jak wielkie wrażenie zrobiła już jej pierwsza książka pt. *Huragan* (chodziło zapewne o *Pożogę*...).

Dziękowano autorce *Błogosławionej winy* za słowa, które były pociechą i wsparciem. Eliasz z Bielska-Białej w 1962 roku nazwał pisarkę Człowiekiem Prawdy i opowiadał o życiowym dramacie: „Pozostałem jedynym Żydem żyjącym w Polsce z mojego kochanego miasteczka i całej niegdyś wielkiej rodziny"[381].

Życzliwością za dobroć odpowiadali i najmłodsi czytelnicy. „Kochana Pani Powieścio-Pisarko"[382] – zaczęła swój list uczennica klasy czwartej, a do dziecięcych listów dołączone były rysunki, wycinanki, wierszyki.

W korespondencji były przywoływane czasem lata, które już dawno minęły bezpowrotnie. W 1960 roku nadszedł do Górek Wielkich list pisany niewprawną ręką starszego człowieka. Nadawca Jan Dymon napisał: „ja Panią dobrze pamiętam", i wyjaśnił, że pracował w dobrach hrabiego Potockiego na folwarku należącym do nowosielickiego klucza, „gdzie mąż Pani, Szczucki był

---

[380] List Janiny Dróżdż do Zofii Kossak z 13 V 1964 r. Korespondencja w zbiorach Muzeum Zofii Kossak-Szatkowskiej w Górkach Wielkich.

[381] List Eliasza Kirschenbauma do Zofii Kossak z 30 XII 1962 r. Korespondencja w zbiorach Muzeum Zofii Kossak-Szatkowskiej w Górkach Wielkich.

[382] List Hanki Mnich do Zofii Kossak z 1964 r. Korespondencja w zbiorach Muzeum Zofii Kossak-Szatkowskiej w Górkach Wielkich.

Rządcą. Pamiętam dobrze, gdy pani z Mężem na koniku Siwku przyjeżdżała do nas na pole albo na folwark"[383]. Wspomnienia zredagowane są nieporadnie wprawdzie, ale list świadczy o wzruszeniu i nostalgii i takie uczucia też zapewne wywołał. Nadawca napisał więc o tym, jak dowoził owies dla koni i drewno z lasów skowródeckich do pałacu. Nieraz dostał obiad od Kucharki (słowo to *nota bene* zapisał w liście wielka literą, wielki musiał więc mieć dla niej szacunek i wdzięczność za te posiłki). „Pamiętam tego nastroszonego pawia" – czytamy i zdumiewamy się – czyżby po tylu latach powrócił paw zwany hrabią i czy to jego pamiętał Jan Dymon?

List w sprawie *Pożogi...* napisał Marian Owczerski. Był grudzień roku 1966, kiedy pod jego wpływem znów wróciły wołyńskie wspomnienia, a Zofia Kossak przeczytała: „jestem bratem rodzonym owych dwu sióstr zamordowanych w listopadzie 1918 roku na plebanii w Butowcach koło Starokonstantynowa – o którym to zdarzeniu W Pani wspominała w swojej książce"[384].

* * *

Mówiąc o tych, którzy otaczali pisarkę i jej męża, trzeba przede wszystkim wymienić najbliższą rodzinę. Po powrocie państwa Szatkowskich z emigracji wakacyjne przyjazdy dzieci i wnuków były nie lada wydarze-

---

[383] List Jana Bolesława Dymona do Zofii Kossak z 1960 r. Korespondencja w zbiorach Muzeum Zofii Kossak-Szatkowskiej w Górkach Wielkich.

[384] List Mariana Owczerskiego do Zofii Kossak z 15 XII 1966 r. Korespondencja w zbiorach Muzeum Zofii Kossak-Szatkowskiej w Górkach Wielkich.

niem. Zofia Kossak-Szatkowska i jej mąż Zygmunt nigdy, mimo planowanych wyjazdów zagranicznych, nie opuścili Polski po 1957 roku. Na wyjazd, jak wiemy, pisarka nie otrzymałaby zresztą zgody.

Jedyny więc kontakt z pozostającymi w Anglii i Szwajcarii dziećmi i ich rodzinami możliwy był poprzez listy, telefony i przyjazdy „plemienia" do Górek Wielkich. Jeszcze w czasie pobytu na kornwalijskiej farmie Zofia Kossak dzieliła się z najbliższymi informacjami o losach dzieci. Anna i Witold założyli rodziny za granicą. Witold ożenił się w Anglii z Polką – Heleną z domu Jóźwiak. Anna z kolei, mimo zapewnień, że nigdy, przenigdy nie poślubi cudzoziemca, zakochała się i zaręczyła ze Szwajcarem. Pozostała na obczyźnie, bo wyszła za mąż za Rosseta, którego tak scharakteryzowała Zofia Kossak w liście do Zofii Wańkowiczowej: „gorący katolik, niepospolicie zdolny (z zawodu prawnik), prawy, dzielny, dobry, a przy tym bardzo uroczy"[385].

Zofia Kossak ostatecznie doczekała się ośmiorga wnucząt. „Powiem tylko krótko i skromnie, że te wnuczęta są nadzwyczajne"[386] – donosiła jeszcze podczas pobytu w Anglii.

Tymczasem znów koleje losu spowodowały, że rodzina widywała się rzadko. Wysyłane i otrzymywane przez Zofię Kossak listy zawierają sporo informacji na temat wnuków i dzieci. Córka i syn dzielili się z nią przeżyciami

---

[385] List Zofii Kossak do Zofii Wańkowiczowej z 28 III 1952 r., w: *Korespondencja Zofii Kossak-Szatkowskiej z Zofią i Melchiorem Wańkowiczami...*, op. cit., s. 92.
[386] List Zofii Kossak do Zofii Wańkowiczowej z 28 XII 1954 r., w: *Korespondencja Zofii Kossak-Szatkowskiej z Zofią i Melchiorem Wańkowiczami...*, op. cit., s. 100.

i informacjami o tym, co działo się w ich domach. Z niepokojem i radością państwo Szatkowscy oczekiwali narodzin kolejnych wnuków, martwili się ich chorobami i dumni byli z sukcesów. Zagadnięta przez dziennikarkę o to, co jest najważniejsze w jej życiu, Zofia Kossak bez wahania odpowiedziała: „Uwielbiam moje wnuki". W listach do przyjaciół i znajomych dzieliła się chętnie swoimi radościami związanymi z wesołą gromadką i radosnym „plemieniem". Pisane po wakacjach listy do Marii Kossak, Anny Sadowskiej czy Jana Dobraczyńskiego (z nimi korespondowała najczęściej) pełne były opisów kilku letnich tygodni spędzonych z najbliższymi. Przyjazdy familii były długo planowane i wyczekiwane. „Żyjemy pracą i oczekiwaniem na doroczny sierpniowy zjazd ośmiorga wnucząt"[387] – pisała Zofia Kossak, dodając, że razem z mężem oszczędzają cały rok, żeby nie musieć sobie niczego odmawiać. Starannie przygotowywano i planowano wycieczki i wyjazdy. Miały na celu przede wszystkim wspólne spędzanie czasu, ale chodziło też o przekazywanie wnukom miłości i przywiązania do ziemi, do której tyle lat tęskniła. Z radością i dumą donosiła na przykład, że wnuczęta coraz lepiej mówią po polsku i pozbyły się już prawie angielskiego akcentu.

Nie zawsze kilka wakacyjnych tygodni udawało się spędzić w komplecie. Bywało jednak i tak, że niewielki domek ogrodnika pękał w szwach, a listy do znajomych i przyjaciół przynosiły radosne wieści o pisarskim leniuchowaniu Zofii i o uroczych dniach spędzanych z dziećmi i wnukami. Dowiadujemy się dzięki nim, że było cudownie, radośnie i gwarno i że wszystko w Gór-

---

[387] List Zofii Kossak do Marii Birkenmajerowej z 1 VI 1964 r. Por. przyp. 290.

kach „fruwa, śpiewa, tańczy", a dzieci, choć obdarzone temperamentem, nie są z typu „trudnych"[388]. Są za to pełne inicjatywy, najlepszej woli, zaufania do starszych i sympatii do całego świata. O każdym wnuczęciu, jak utrzymywała pisarka, można byłoby zredagować referat, bo każde jest inne, za to wszystkie dorodne, inteligentne, chłonne, otwarte i dobre. Dziadkowie z dumą wspominali, że mają z energicznymi wnukami „nieustanne kino", a ich „chałupka" zmienia się na czas letnich miesięcy „w radosne obozowisko"[389]. Najstarsza wnuczka, Anna Fenby Taylor, która dziś gospodaruje w częściowo odbudowanym góreckim dworze Kossaków, mówi, że u babci było jak w raju, że nie traktowała ich jak dzieci, poważnie z nimi rozmawiała, a dookoła niej były harmonia i spokój. Oczywiście, dzieciom przekazano opowieść o Kacperku i teraz był również integralną częścią ich dzieciństwa. Podobno mieszkał w kuchennej szafie.

Kiedy Anna miała szesnaście lat, widziała babcię po raz ostatni.

* * *

Wzruszona Zofia Kossak obserwowała, jak trudno i dzieciom, i wnukom opuszczać Górki. „Witold czuł się bardzo szczęśliwy, odnajdując swe dzieciństwo"[390], wnuczka płakała i mówiła, że za rok „wszyscy już będą

---

[388] List Zofii Kossak do Anny Sadowskiej z 5 VIII 1961 r. Por. przyp. 134.
[389] List Zofii Kossak do Anny Sadowskiej z 8 VIII 1963 r. Por. przyp. 134.
[390] List Zofii Kossak do Anny Sadowskiej z 10 IX 1963 r. Por. przyp. 134.

inni..."[391], a babcia Zofia zapamiętała tę scenę i opisała w liście do Anny Sadowskiej. Kiedy zaś wyjazd całej familii zbiegł się z jesiennym deszczem, w pamięci dziadków pozostały dziecinne rączki machające na pożegnanie, gdy samochód znikał na drodze do cieszyńskiego przejścia granicznego.

„Jesteśmy samotni i osieroceni"[392] – pisała Zofia Kossak po wyjeździe rodziny z powrotem do Anglii i Szwajcarii.

* * *

Wśród radosnych i pełnych nadziei informacji dotyczących rodzinnych spraw znalazły się w pewnym momencie niezwykle dramatyczne doniesienia. W roku 1960 Anna Rosset z domu Szatkowska niespodziewanie owdowiała. Jej mąż, ten, o którym Zofia Kossak pisała, że jest uroczy, zginął w wypadku drogowym. Córka pisarki została sama z czwórką małych dzieci. Zofia Kossak chciała, żeby w tej sytuacji Anna z potomstwem powróciła na stałe do Polski, szukała dla niej posady, chciała mieć ją blisko siebie, żeby pomagać w miarę możliwości. Nie narzucała się jednak i przede wszystkim zastanawiała nad tym, co jest najlepsze dla Anny i jej dzieci. Sytuacja w kraju jednak nie zachęcała do przeprowadzki. Anna pozostała w Szwajcarii. W wielu listach z tamtego okresu znajdziemy naznaczone troską i bólem wzmianki o niej. Matka cierpiała razem z nią, a oddalenie jeszcze to cierpienie potęgowało. O wypad-

---

[391] List Zofii Kossak do Anny Sadowskiej z 22 IX 1964 r. Por. przyp. 134.

[392] List Zofii Kossak do Jana Dobraczyńskiego z 21 XI 1961 r. Por. przyp. 244.

ku, pogrzebie i dalszych losach córki słyszała ze sporym opóźnieniem i chociaż wydawało się jej, że świat jest mały i łatwo można przemieszczać się i komunikować, na pogrzebie zięcia nie była, dowiedziała się o nim już po fakcie, a córkę zobaczyła dopiero po kilku miesiącach.

* * *

Pisarka uczestniczyła w życiu nie tylko najbliższej, ale i dalszej rodziny. Otrzymywała na przykład listy od Isi (Marii) Woźnikowskiej (córki Jerzego Kossaka) i Magdaleny Samozwaniec. Obie krewne opisywały perypetie związane z remontem, utrzymaniem, sprzedażą czy nawet roztrwonieniem rodzinnego gniazda, Kossakówki, i mieszczących się w nim pamiątek. Isia pisała wprost o „wariactwie" Madzi, która chce sprzedać „idealnie" swoje części rodowej siedziby. Magdalena Samozwaniec z kolei donosiła, że Kossakówka prezentuje sobą „widok rozdzierający", a ona sama bez żalu rezygnuje z tego „smętnego cmentarzyska", skoro pozostały już tam tylko „rozdzierające wspomnienia, po których biegają obce typki"[393]. Uważała, że dawnych Kossaków już nie ma, bo utalentowani przedstawiciele rodziny „ożenili się byle jak", i miała nadzieję, że we wnukach Zofii Kossak „odezwie się znowu jakiś Wojtek, Lilka lub Zosia". Zdenerwowała się, kiedy Zofia, dając wiarę córce Jerzego Kossaka, zapytała, czy Magdalena pozbywa się rodzinnych pamiątek. Odpowiedziała: „Z trudem przeczytałam Twoje węzłowe pismo i treść

---

[393] List Magdaleny Samozwaniec do Zofii Kossak z 11 IV (bez dokładnej daty). Korespondencja z lat 1958–1960 w zbiorach Muzeum Zofii Kossak-Szatkowskiej w Górkach Wielkich.

jego trochę mnie zdumiała. Skąd Ci Kochanie przyszło na myśl, że mamy w ogóle zamiar sprzedać »Dziewczynki«. Chwalić Boga jeszcze tak ze mną źle nie jest"[394]. Zaproponowała jednak portret babci malowany przez Wojciecha Kossaka, ponieważ nie mają go już gdzie u siebie zawiesić.

Magdalena Samozwaniec w listach do Zofii na nikim z najbliższej rodziny nie pozostawia suchej nitki, pisząc, że mąż Lilki (Marii Pawlikowskiej-Jasnorzewskiej) „zgłupiał zupełnie" i nie zgadza się na przeniesienie prochów żony z Anglii do Polski, gdy tymczasem tam, na obczyźnie, jej grób już zarasta trawą. Niepokoiło ją zachowanie kuzynki Ninki, żony Witkacego, i nazywała ją „psychopatką w ostatnim stadium depresji", a w 1960 roku donosiła, że ta otruła się w szpitalu. Wkrótce jednak śpieszyła ze sprostowaniem. Witkiewiczowa żyje, a pogłoski o jej samobójczej śmierci okazały się fałszywe, i to w dodatku ona jest ich autorką. Jej mąż Zygmunt telefonował z wiadomością o śmierci Minkiewiczowej, a Kucharcia, która przekazywała Magdalenie wiadomość, przekręciła nazwisko. Magdalena zaalarmowała Związek Literatów, „dobrze, że nie wywiesili klepsydry" – pisała w liście do Zofii Kossak, dodając, że pewnie wszyscy, łącznie z adresatką listu, mają ją teraz za wariatkę. Kucharcia, dowiedziawszy się, że Witkiewiczowa nie żyje, „jak to »la lud«, już chciała lecieć do Związku, gdzie Nina ma swój pokoik, aby rzeczy po nieboszczce zabrać"[395]. Magdalena ją powstrzymała ku jej wielkiemu niezadowoleniu.

---

[394] List Magdaleny Samozwaniec do Zofii Kossak z 25/LL (bez dokładnej daty, sposób datowania zacytowany za Magdaleną Samozwaniec). Por. przyp. 393.

[395] List Magdaleny Samozwaniec z 16 VI 1960 r.

Informując, że Nina jednak żyje, przy okazji dodała, że nadal jest zdziwaczałą osobą o niezwykle trudnym charakterze.

Dzięki wspomnieniom o Magdalenie Samozwaniec, zebranym przez Rafała Podrazę, wiemy dziś więcej o wzajemnych relacjach między kuzynkami: Zofią i Magdaleną. Nie przepadały za sobą, a autorkę *Krzyżowców* Magdalena nazywała kąśliwie Matką Boską PAX-owską. Często mówiła z żalem o tym, że Zosia-Paxosia o nic po wojnie nie musiała walczyć, bo PAX wydał ją natychmiast, a ona musi zabiegać o wydawców.

Jedna z organizatorek spotkań z Magdaleną wspomniała o przeczytanych ostatnio książkach Zofii Kossak-Szatkowskiej, chwaląc jej znajomość historii, lecz rozmówczyni prychnęła: „Ach, ta Zosia, zawsze była taka egzaltowana"[396], a jej kwaśny ton, pojawiający się wówczas, kiedy ktoś wspominał o kuzynce, kazał natychmiast zmienić temat.

Nie utrzymywała po wojnie kontaktów z córką, Teresą Starzewską, nazywaną Reksią, która mieszkała za granicą. Magdalena Samozwaniec opowiadała, że to między innymi z powodu męża Teresy, który podczas okupacji współpracował z Niemcami. Przekazał im informacje na temat krewnej żony i to z jego powodu Zofia Kossak trafiła na Pawiak. Jak było naprawdę, nie wiadomo. Zofia Kossak została aresztowana przypadkowo, ale później, być może, okupanci tą drogą zdobyli o niej dodatkowe informacje. Czy Zofia Kossak o tym wiedziała? Można przypuszczać, że kuzynka jej opowiedziała o córce to,

---

[396] *Wspomnienia Elżbiety Erban*, w: Rafał Podraza, *Córka Kossaka. Wspomnienia o Magdalenie Samozwaniec*, Instytut Wydawniczy Latarnik, Warszawa 2012, s. 111.

co opowiadała innym. W jednym z listów proponowała spotkanie. Chciała porozmawiać o rodzinie i pisała: „Nic też nie wiem o Reksi, prawdopodobnie lepiej, żebym nie wiedziała... Ale o tym wszystkim tak bardzo chciałabym z Tobą pogadać tym bardziej, że rozmowa z Tobą była zawsze atrakcją niezrównaną"[397].

Czy ostatnie zdanie było szczere? Czy spotkały się wówczas i porozmawiały? Czy Zofia Kossak dowiedziała się, że córka kuzynki mogła naprowadzić Niemców na jej trop? Wszystkie te pytania na razie zostają bez odpowiedzi.

Mówiąc o powojennych kontaktach pisarki z rodziną, trzeba wspomnieć o Jadwidze Witkacowej. Po powrocie Zofii i Zygmunta z emigracji do Górek zaczęły przychodzić jej listy. Jadwiga prosiła o pomoc w załatwieniu mieszkania w Warszawie. Tymczasem przebywała w sanatorium. „Jedzenie okropne – pisała – dieta prawie żadna (...) doktór bardzo nieprzyjemny, stosujący metody obozowe. Byłabym dawno stąd wyjechała, gdybym miała dokąd. Błagam Cię Zosiu, ratuj mnie – przez wzgląd już nie na pokrewieństwo, ale na dawną, długoletnią przyjaźń[398].

Zofia przesyłała pieniądze i wspierała. Jej krewna była jednak wciąż niepocieszona, załamana i nieszczęśliwa. Panicznie bała się, że nie znajdzie na starość spokojnego kąta i żaliła się: „Zosiu moja – myśl o bezdomności prześladuje mnie ciągle. Nie sypiam, nie jadam, tylko męczę się w potworny sposób"[399]. Zofia była bezradna wobec

---

[397] List Magdaleny Samozwaniec do Zofii Kossak z 1 VII 1958 r. Por. przyp. 393.

[398] List Jadwigi Witkiewiczowej do Zofii Kossak z 11 X 1957 r. Korespondencja w zbiorach Muzeum Zofii Kossak-Szatkowskiej w Górkach Wielkich.

[399] Ibidem.

jej problemów, pocieszała, jak pociesza się nieszczęśliwe dziecko, i tak tytułowała listy adresowane do żony Witkacego: „Ninusiu moja miła, droga, niezapomniana", „Ninku mój złoty", „Ninuś, siostrzyczko najmilsza", „Ninuś najmilsza", „Ninusiu, moje biedactwo kochane".

* * *

Zofia żyła i myślała inaczej niż część jej rodziny i znajomych. Dla wszystkich jednak, podobnie jak przed wojną, jej dom pozostawał otwarty. Isia Woźnikowska, donosząc o kłopotach związanych z remontem krakowskiej Kossakówki, dodawała tęsknie: „Wasz uroczy dom to oaza spokoju, ciszy i zieleni"[400]. „Marzą mi się Górki bardziej niż Francja"[401] – czytamy w innym liście. Tłumaczka *Przymierza* zapraszana była do Górek Wielkich słowami: „Chata nasza bardzo skromna, ale jej ściany mają dar rozszerzania się na widok przyjaciół"[402]. Jan Dobraczyński i jego rodzina dowiedzieli się, jak dojechać do „chałupy Szatkowskich", a obok tej informacji otrzymali zapewnienie: „będziecie radośnie witani"[403]. Bałtowie z Paryża pisali o dobroci Cioci Góreckiej, a inni

[400] List Marii Woźnikowskiej do Zofii Kossak z 30 V 1967 r. Korespondencja w zbiorach Muzeum Zofii Kossak-Szatkowskiej w Górkach Wielkich.

[401] List Jadwigi Czarneckiej do Zofii Kossak z kwietnia 1963 r. Korespondencja w zbiorach Muzeum Zofii Kossak-Szatkowskiej w Górkach Wielkich.

[402] List Zofii Kossak do Anety Balejkowej z sierpnia 1967 r. Korespondencja w zbiorach Muzeum Zofii Kossak-Szatkowskiej w Górkach Wielkich.

[403] List Zofii Kossak do Jana Dobraczyńskiego z 17 VI 1959 r. Por. przyp. 244.

o tym, że w Górkach jest dobrze i swojsko. Wydawało się, że tak już pozostanie na zawsze.

Wiosna 1957 roku była dla Zofii i Zygmunta Szatkowskich czasem radosnego powrotu do domu. Pisarka błogosławiła porę, w której odradzała się natura, odradzała się także jej nadzieja na pozytywne życiowe zmiany.

11 lat później zaczynała się kolejna wiosna. Była jednak inną wiosną, wiosną rozstania. Znów odradzała się natura, a do życia powracała uśpiona zimową porą przyroda. Tymczasem z życiem, powoli, ale nieodwołalnie, żegnała się Zofia z Kossaków.

Wiele zmieniło się od czasu pamiętnej wiosny powrotu. Optymizmu było coraz mniej, a pisarka od kilku lat przeczuwała jakąś globalną katastrofę. Coraz częściej wspominała o tym, że świat wisi na pękającej nitce i że może nastąpi niebawem bliskie *rendez-vous* planet. Katastrofalne susze albo nadmierne opady deszczu, mrozy lub niespodziewane odwilże, a także złe samopoczucie swoje i znajomych interpretowała czasem dość jednoznacznie: oto następują mnożące się groźne ostrzeżenia Boże, które mijają niezauważone, a są reakcją na jakieś wielkie schorzenie świata. Mnożą się choroby, a uciążliwą grypę nazywała „zarazą morową XX wieku". W kilku listach z lat sześćdziesiątych Zofia Kossak przytaczała także przepowiednie dotyczące końca świata, a jedną z dat, o której wówczas mówiono, czyli rok 1999, opatrzyła nawet dłuższym komentarzem: „To co się dzieje obecnie usprawiedliwia wszelkie obawy i serce przejmuje żal. Wprawdzie nas dawno nie będzie, ale tak by się chciało, aby ziemia jeszcze trwała, aby ci, co wtedy żyć będą (w tej liczbie i nasze wnuczęta) radowali się jej pięknem, szumem drzew, pluskiem wody, zieloną trawą, śniegiem, aby znali śpiew ptaków, wdzięk zwierząt"[404].

Zaszytą na góreckim odludziu pisarkę przerażały informacje o próbach jądrowych i o tym, że ludzie sami chcą zniszczyć siebie. Przytaczała słowa katastrofistów, ale dodawała optymistyczny komentarz. „W tym roku wszyscy źle się czują – pisała. – Bóg wie, dlaczego. Opady radioaktywne, plamy na Słońcu. (...) A żyć warto przecież, czasy takie strasznie ciekawe!"[405].

* * *

Odchodzenie Zofii Kossak, jej żegnanie się ze światem, następowało świadomie i stopniowo, choć przecież zmarła niespodziewanie, wielu swoją śmiercią zaskakując. Zastanawiała się nieraz nad przemijającym czasem, nad odchodzącymi w przeszłość emocjami i zdarzeniami: znikomymi, ulotnymi i nietrwałymi. Szukała tego, co jest trwałe i niezmienne.

„Od jakiegoś czasu stoimy w kolejce do Bramy, czekamy, aby wejść na prom"[406] – pisała w jednym z listów. Przejście przez Bramę będzie uwieńczeniem życia, a życie jest porą udzieloną człowiekowi „dla odbycia próby przynoszącej ostateczne zwycięstwo lub klęskę"[407].

[404] List Zofii Kossak do Anny Sadowskiej z 29 IV 1958 r. Por. przyp. 134.

[405] List Zofii Kossak do Anny Sadowskiej z 24 I 1959 r. Por. przyp. 134.

[406] List Zofii Kossak do Stanisława Jóźwiaka z 20 I 1958 r. Korespondencja w zbiorach Muzeum Zofii Kossak-Szatkowskiej w Górkach Wielkich.

[407] Zofia Kossak, *Z otchłani. Wspomnienia z lagru...*, op. cit., s. 200.

Najlepiej „dożyć (...) późnego wieku, zachować do końca jasność umysłu i rześkość fizyczną – odejść jak zdmuchnięta świeca"[408]. Takie odejście nazwała szczęśliwą śmiercią. I tak odeszła – jak zdmuchnięta świeca.

* * *

Pisarka w sierpniu 1968 roku miała skończyć 79 lat. Czas się nie cofał, ale wciąż była energiczna, miała nowe pomysły, dalekosiężne plany. Chciała koniecznie kontynuować rodzinną sagę *Dziedzictwo*. Pracowała nad czwartym tomem, a przecież jeszcze w Anglii zaplanowała, że zakończy tę opowieść historią swojego życia, więc powinny powstać kolejne części. Wiedziała, że czytelnicy na nie czekają. Zamierzała wydać książkę o pobycie na farmie. Było jeszcze tyle listów do napisania, spraw do załatwienia, rzeczy do powiedzenia, zaplanowanych spotkań i rozmów. Latem miały przyjechać dzieci i wnuki. Zawsze odżywała, kiedy byli wszyscy razem. Trzeba, żeby teraz zobaczyli ją w dobrym zdrowiu, bo w zeszłym roku podczas wakacji niepokoili się o nią, o jej życie poważnie zagrożone. Wtedy uniknęła śmierci. Wydawało się, że najgorsze minęło.

* * *

W sierpniu 1967 roku Zofia Kossak razem z rodziną uczestniczyła w uroczystościach odbywających się w Oświęcimiu. Wiadomo, że oświęcimskie wspomnienia były dla niej straszne i niechętnie wracała do nich

---

[408] List Zofii Kossak do Jana Dobraczyńskiego z 5 III 1962 r. Por. przyp. 224.

myślami, niechętnie też wracała do Oświęcimia w sensie dosłownym. Raz jeszcze pojechała tam, tym razem na zaproszenie Polaków z Kanady. Była matką chrzestną sztandaru przedstawiającego ojca Kolbego, ojcem chrzestnym był uratowany przez niego od śmierci głodowej Franciszek Gajowniczek. W liście z 14 sierpnia 1967 roku relacjonowała: „Wczoraj (...) przeżyliśmy piękną i przejmującą uroczystość: w obozie oświęcimskim pod ścianą »bloku śmierci« miała miejsce (po raz pierwszy od czasu istnienia obozu) uroczysta Msza św. odprawiona przez bpa J. Groblickiego z Krakowa. Co za przeżycie dla żywych i zmarłych. Tłum jednych i drugich. Czuło się obecność tych ostatnich"[409].

Nie planowano mszy na terenie obozu, ale okazało się, że władze wyraziły na nią zgodę. Nie spodziewała się, że trzeba będzie przejść przez bramę z urągającym rzeczywistości lagrowej napisem, że praca czyni wolnym. Już wówczas zasłabła, a z tej słabości miała się nie podnieść. W dodatku, jak zapamiętała jej córka, usłyszała komentarz kogoś z przechodzącej obok grupy młodzieży: „Ten Oświęcim nie był taki straszny, jak mówią". Na fotografiach z tamtej uroczystości widzimy ją w czarnym kostiumie i białej bluzce. Stoi blisko ołtarza, blisko sztandaru, poważna i skupiona.

Po powrocie z oświęcimskich uroczystości Zofia Kossak przeszła poważny atak serca. Przebieg choroby żony opisał już po jej śmierci Zygmunt Szatkowski. W liście do rodziny wspominał, że najpierw była „sapka i dychawica",

---

[409] List Zofii Kossak do Bolesława Wojnara z 14 VIII 1967 r. Korespondencja w zbiorach Muzeum Zofii Kossak-Szatkowskiej w Górkach Wielkich.

a lekarz mówił o trwałym uszkodzeniu mięśnia sercowego. Zofia zawsze powtarzała: „jestem zdrowa jak koń i nie zawracajcie mi głowy leczeniem. Sama wiem najlepiej czy mi co dolega"[410]. Ostatnio, jak zaznaczył major, były pewne niepokojące objawy. Od kilku lat puchły jej nogi, a jesienią dokuczały chrypka i kaszel, jak się okazało, nie były one związane z przeziębieniem, ale z chorobą serca.

* * *

Zofia Kossak do końca wierzyła w to, że będzie lepiej, nie chciała innych zamartwiać swoim samopoczuciem. Zamiast: „choruję", pisała: „leniuchuję, próżnuję", i nadmieniała, że nieoceniony i nadzwyczajny Zygmunt opiekuje się nią z wielkim oddaniem. Zdenerwowała się na wieść o zamiarach Ireny Sawickiej i Józefiny Łapińskiej, które próbowały znaleźć dla niej pielęgniarkę. Stanowczo ucięła dyskusje na ten temat: niczego jej nie potrzeba, nie jest ciężko chora, jest coraz lepiej. Nie przeraził jej sierpniowy atak, po którym ledwie „postawiono ją na nogi". Dom był wówczas jeszcze pełen gości: dzieci i wnuków. Najbliższa rodzina wracała do domów z niepokojem, a ona pisała w jednym z listów: „Ja ostatnio trochę chorowałam, ale już jest całkiem dobrze. Lato było przepiękne, a pobyt naszego »plemienia« uroczy i radosny. Za prędko przeleciał"[411].

[410] List Zygmunta Szatkowskiego do rodziny z 1968 r. Kopia listu w zbiorach Muzeum Zofii Kossak-Szatkowskiej w Górkach Wielkich.

[411] List Zofii Kossak do Marii Kossak z 20 IX 1967 r., w: Franciszek Rosset, *Górki Wielkie w listach Zofii Kossak-Szatkowskiej do rodziny...*, op. cit., s. 96.

Po pamiętnym sierpniu udało się lekarzom przez osiem miesięcy utrzymać Zofię przy życiu. Przyplątała się grypa, potem nadszedł marzec, który był, jak pisze Szatkowski, straszny. Przyniósł na przemian zadymki i niezwykle ciepłe dni.

„Lud i wiara krzepią, że będzie odmiana (...). Do prawdziwej formy człowiek nie wróci zanim się nie wysiedzi na słońcu"[412] – pisała 12 marca 1968 roku. Twierdziła wprawdzie, że „sił przybywa z każdym dniem" i że czeka na kolejne lato i kolejny przyjazd dzieci, ale czuła się źle, już nie wystarczały dzień i noc otwarte okna, z trudem oddychała. Leki nie skutkowały, nie chciała jechać do szpitala, w końcu ją przekonano. Obiecano zastosować nowe sposoby leczenia. Na początku było widać znaczną poprawę. „Przez pierwsze dwa dni czuła się doskonale – wspominał Szatkowski, ale potem przyszedł atak serca, skrzep, porażenie lewostronne. – Nastąpiło powolne i stopniowe konanie przez kilka dni i śmierć dn. 9 kwietnia"[413].

Anna, córka pisarki, wspomina niezwykłe zdarzenie, które przekonało ją w dalekiej Szwajcarii o tym, że dzieje się coś niedobrego. W mieszkaniu nagle, bez żadnego powodu spadł ze ściany obraz Matki Bożej Częstochowskiej, podarowany jej przez matkę. Ten sam, który miał tak wielkie znaczenie dla Zofii, który ją podczas okupacji „wołał", a ona zdążyła go kupić, zanim sklep z dewocjonaliami przestał istnieć, trafiony bombą. Teraz niespodziewanie spadł ze ściany, poprzedzając

---

[412] List Zofii Kossak do Marii Kossak z 12 III 1968 r., w: ibidem.
[413] List Zygmunta Szatkowskiego do rodziny z 1968 r., zob. przyp. 410.

dostarczenie telegramu z alarmującą wieścią o ciężkiej chorobie matki.

* * *

Czy wyobrażała sobie śmierć? Z pewnością tak. Opisywała ją przecież. W jej utworach kończyli żywot heroiczną śmiercią rycerze, ginęli w bitwach, umierali na łożach królewskich, w niezwykłych okolicznościach odchodzili święci, niektórzy zaś cicho i niepostrzeżenie, tak jak ubogi pastuch Mikoła zafascynowany cudowną rzeźbą swojego patrona, którą sam wystrugał. Pisarka przeżyła śmierć Julka, ojca, śmierć współwięźniarek.

9 kwietnia 1241 roku podczas boju na Dobrym Polu w walce z Tatarami życie oddaje Henryk Pobożny, a opis jego śmierci znajdziemy w *Legnickim Polu*. „Zda mu się w chwili konania, że wszystko, co było (...) odchodzi kędyś, przepada, rozpływa się pośród obłoków..."[414].

9 kwietnia 1968 roku w szpitalu w Bielsku-Białej umierała autorka zacytowanych słów.

* * *

Zygmunt Szatkowski nie od razu przyjął do wiadomości nieodwracalny fakt. Uparcie twierdził, że nic się nie stało, telefonującym dziennikarzom odpowiadał, że Zofia Kossak żyje, i nie odbierał telegramów kondolencyjnych, których dziesiątki przychodziły na górecką pocztę.

---

[414] Zofia Kossak, *Legnickie Pole*, Wydawnictwo „Śląsk", Katowice 1985, s. 182.

W tych trudnych dniach miał przy sobie syna i córkę. Anna zdążyła przyjechać ze Szwajcarii, by pożegnać się z tracącą już przytomność matką. Podobno wiedziała, że odchodzi, była spokojna. Witold przyjechał później, matka była już nieprzytomna.

* * *

Wielki Czwartek był dniem pogrzebu pisarki z Górek Wielkich. Trwały ostatnie przygotowania do świąt wielkanocnych. Świąt, o których autorka *Roku polskiego...* pisała, że są świętem radości, tryumfu i spełnieniem obietnic.

Otwartą trumnę ze zwłokami Zofii Kossak umieszczono w domku ogrodnika. Na fotografiach widzimy stojące obok wysokie świece. Przy trumnie rodzina, przyjaciele i siostry zakonne, które przyjechały pożegnać pisarkę. W dniu pogrzebu dołączyły do nich dziesiątki żałobników. W większości byli to mieszkańcy Górek Wielkich, duchowni, którym przewodniczył biskup Herbert Bednorz. Władze usilnie chciały ograniczyć albo wręcz uniemożliwić udział oficjalnych delegacji w pogrzebie, które szykowały się, odkąd rozeszła się wieść o śmierci sławnej mieszkanki Śląska Cieszyńskiego. Tymczasem, kiedy okazało się, że na pogrzeb przyjedzie katowicki biskup Herbert Bednorz, przygotowania, według relacji uczestników tamtych zdarzeń, wstrzymano. W kronice góreckiej parafii pw. Wszystkich Świętych został zamieszczony szczegółowy opis pogrzebu i adnotacja o tym, że w Górkach dyskutowano „nad smutnym faktem afrontu czynników partyjnych, które cichaczem wydały zakaz dzieciom oraz apolitycznej Straży Pożarnej uczestniczenia w żałobnej kościelnej uroczystości"[415].

Proboszcz parafii dodaje do opisu pogrzebu ocenę postępowania Zofii Kossak: „Nigdy nie słyszeliśmy z Jej ust złego słowa. Jeżeli nie mogła o kimś powiedzieć dobrze – milczała. Była wielką Artystką – a przecież była jeszcze większym niż artysta chrześcijaninem"[416].

* * *

11 kwietnia o godzinie 13 zaczęły się uroczystości żałobne. Ich przebieg znamy ze wspomnień, artykułów i fotografii. Widać na nich tłoczących się przed drzwiami domku ogrodnika ludzi, którzy stoją wśród kępek narcyzów, widać wynoszoną z domu zamkniętą trumnę, a potem kondukt ustawiający się za samochodem wiozącym trumnę i wieńce. Na przedzie ministrant z krzyżem, zakonnice, księża, kobiety w strojach ludowych. Droga z domku ogrodnika jest dość daleka. Przystawali przy niej ludzie, a starsi, dla których droga była zbyt trudna, czekali przed kościołem. Niewielki, nie pomieścił wszystkich, więc znowu tłoczyli się przed wejściem. Potem ostatni etap, droga na cmentarz. Obrzędy, słowa biskupa Bednorza i Wojciecha Żukrowskiego i ciekawscy chłopcy, którzy wdrapali się na drzewo stojące nieopodal. Zauważył ich i opisał w artykule ks. Andrzej Sapiński: „Oni jej właściwie nie żegnali, bo oni i im podobni w następnych pokoleniach – jak mówił W. Żu-

---

[415] Notatka w kronice parafii pw. Wszystkich Świętych w Górkach Wielkich.
[416] Ibidem.

krowski – otwierając książki pani Zofii, będą mówili: »Witaj...«"[417].

* * *

Widać ich na fotografii, widać też twarz córki Anny i łzę spływającą po policzku, widać złamanego nieszczęściem Zygmunta Szatkowskiego. Ktoś uwiecznił go także już po pogrzebie, kiedy stoi nad świeżym grobem, nad stertą wieńców i kwiatów, przeraźliwie samotny, zagubiony, bezradny, oszołomiony wszystkim, co tak szybko zupełnie odmieniło jego życie. Nie ma już żony, pisarki, opiekunki. Został sam. We wspomnianym liście do rodziny napisał: „Spoczywa na góreckim cmentarzu z pięknym widokiem na góry, wśród swoich górczan, obok grobu ś.p. Ojca. Zdaje mi się, że jest przy mnie"[418].

Zofia Kossak napisała kiedyś, że długoletnie małżeństwa zrastają się ze sobą jak wielkie stare drzewa i odejście jednego jest zawsze okrutnym rozdarciem...

* * *

Nie wszyscy mogli przyjechać na pogrzeb, ale na adres domku ogrodnika w Górkach Wielkich wysyłali telegramy i listy. Pisali kardynał Stefan Wyszyński, ks. Zieja, biskup Majdańki, ks. Marchewka; pisali tłumacze jej książek i literaci: Roman Brandstaetter, Jarosław Iwaszkiewicz,

---

[417] Andrzej Sapiński, *Pogrzeb Zofii Kossak-Szatkowskiej w Górkach Wielkich...*, op. cit.

[418] List Zygmunta Szatkowskiego do rodziny z 1968 r. Rękopis w zbiorach Muzeum Zofii Kossak-Szatkowskiej w Górkach Wielkich.

Władysław Grabski, Kazimiera Iłłakowiczówna, Jan Parandowski, Melchior Wańkowicz. Pisali Jadwiga Witkiewiczowa i Magdalena Samozwaniec z mężem, pisali czytelnicy. Pisali, że są do głębi poruszeni, uderzeni w samo serce, wstrząśnięci. Wyrażali żal i ból, a nieraz listy, zawierające kurtuazyjne kondolencje, zostały uzupełnione dopiskiem o bardziej osobistym charakterze. Ci, którzy ją znali jako krewną, znajomą czy nawet przelotnie, przypadkiem spotkaną osobę, często wspominali o sile oddziaływania jej osobowości. Uczucie żalu i bólu łączyło się z przywoływaniem w pamięci chwil spędzonych wspólnie. Nieraz do rangi symbolu lub życiowego przesłania urastały ostatnia z nią rozmowa, ostatnie spotkanie, list. „Myślami jesteśmy ciągle z Wujkiem. Wspominamy z roztkliwieniem nasz ostatni pobyt u Państwa, długie spacery z Ciocią i psami oraz przemiłe wieczorne pogawędki z wujostwem"[419] – niewprawną ręką dziecka napisał Krzyś.

Zachowane listy i telegramy kondolencyjne pozwalają wczuć się w atmosferę kwietniowych dni i zrozumieć uczucia tych, którzy przytłoczeni wieściami z Górek pisali: „Świat bez Zosi jest inny – zszarzał i posmutniał – wygląda, jak gdyby słońce zaszło"[420].

Zofia Kossak, wnuczka Juliusza i bratanica Wojciecha, pisała po powrocie z Anglii, że stale tęskniła do Górek i chce już tutaj pozostać do końca, aż do ostatecznej przeprowadzki na górecki cmentarz. Pozostała.

* * *

[419] List Krzysia Pożaryskiego do Zygmunta Szatkowskiego z 17 IV 1968 r. Korespondencja w zbiorach prywatnych.

[420] List Marii Kossak do Zygmunta Szatkowskiego z 1 V 1968 r. Korespondencja w zbiorach prywatnych.

W jej ostatnim mieszkaniu, domku ogrodnika, major Zygmunt Szatkowski, mąż i współautor ostatnich książek, zorganizował muzeum. Przyjaciele i krewni zachęcali go do podjęcia takiej decyzji. Anna Sadowska pisała, że muzeum to miejsce, które pozwala zatrzymać czas i atmosferę domu twórcy, „to jakby przedłużenie życia tych, co odeszli, w miejscu, gdzie tworzyli, gdzie śmiali się i płakali. Coś emanuje z tych murów nawet dla sceptyków"[421].

Pozostały jej biurko, krzesło, sprzęty i obrazy. Pozostały listy, książki, rękopisy, setki stron trudno czytelnych zapisków. Pozostała też niepozorna kartka zatytułowana przez męża „Plany w czasie choroby, 1967 rok". Na niej pisarka zaplanowała publikacje, które już nie powstały, teksty, których nie zdążyła napisać, a wśród nich jakby mimochodem zanotowała słowa, które dziś czytamy jako słowa szczególne, podsumowujące i pożegnalne: „Koniec Dzieła ale życie się nie kończy".

* * *

Na nagrobku Zofii Kossak *primo voto* Szczuckiej, *secundo voto* Szatkowskiej umieszczono zdanie z Ewangelii św. Mateusza: „Mowa wasza niech będzie: tak-tak, nie-nie". To nakaz wzmocnienia wartości słowa, za którym winna stać prawda. Życie Zofii Kossak było ściśle związane z wypowiadanym i zapisanym słowem. Nie powie i nie napisze już nic więcej. Co miało być powie-

---

[421] List Anny Sadowskiej do Zygmunta Szatkowskiego z 24 I 1970 r. (na wieść o tworzeniu Muzeum Zofii Kossak). List w zbiorach prywatnych.

dziane, wypowiedziane zostało, a słów, gestów i czynów czasem nie da się do końca zinterpretować, trzeba je jednak opisać.

Tworząc obraz życia Zofii z Kossaków, możemy go jedynie naszkicować, spróbować zachować właściwą perspektywę, zaznaczyć światło i cień, ale portret pozostanie niedokończony, więc może wymknie się schematom i próbom zdefiniowania, choć chciałoby się, jak Norwid, znaleźć świat bez „światło-cienia"[422].

---

[422] Cyprian Kamil Norwid, *Moja piosnka (II)*, fragment wiersza: „Do bez-tęsknoty i do bez-myślenia, / Do tych, co mają tak za tak – nie za nie, / Bez światło-cienia... / Tęskno mi, Panie...". Cyt. za: *Cypriana Norwida kształt prawdy i miłości*, Wydawnictwa Szkolne i Pedagogiczne, Warszawa 1984.

PODZIĘKOWANIA

Dziękuję za pomoc w gromadzeniu i opracowywaniu materiałów do biografii Zofii Kossak rodzinie pisarki, zwłaszcza córce, Annie Bugnon-Rosset, wnukowi, profesorowi Franciszkowi Rossetowi, i wnuczce, Annie Fenby Taylor. Dziękuję profesor Krystynie Heskiej-Kwaśniewicz i Mirosławie Pałaszewskiej.

WAŻNIEJSZE OPRACOWANIA
I DOKUMENTY

Władysław Bartoszewski, *O Żegocie relacja poufna sprzed pół wieku*, Wydawnictwo Naukowe PWN, Warszawa 2013.

Władysław Bartoszewski, *Środowisko naturalne, korzenie*, spisał Michał Komar, Świat Książki, Warszawa 2010.

Anna Bugnon-Rosset, *Z białych plam w życiorysie Zofii Kossak*, „Tygodnik Powszechny" 1988, nr 14–15.

Maria Dąbrowska, *Dzienniki*, Czytelnik, Warszawa 1988.

Maria Dąbrowska, *Dzienniki powojenne 1945–1949*, Czytelnik, Warszawa 1996.

Jan Dobraczyński, *Listy do Zofii Kossak*, wybór i opracowanie Mirosława Pałaszewska, AD Oculos, Warszawa–Rzeszów 2010.

Jerzy Giedroyc, Melchior Wańkowicz, *Listy 1945–1963*, wyboru dokonała i wstępem opatrzyła Aleksandra Ziółkowska-Boehm, Czytelnik, Warszawa 2000.

Krystyna Heska-Kwaśniewicz, *Niezwykłe konsekwencje odrzucenia Nagrody Państwowej*, „Tygodnik Powszechny" 1996, nr 34.

Maria z Kossaków Jasnorzewska, *Listy do przyjaciół i korespondencja z mężem (1928–1945)*, opracował i wydał Kazimierz Olszański, Wydawnictwo Kossakiana, Kraków 1998.

Zofia Kossak, *Wspomnienia z Kornwalii 1947–1957*, Wydawnictwo Literackie, Kraków 2007.

Krzyżowcy i nie tylko. Studia i szkice o twórczości Zofii Kossak, pod redakcją Krystyny Heskiej-Kwaśniewicz i Krzysztofa Uniłowskiego, Wydawnictwo FA-art, Katowice 2011.

Danuta Mazanowa, *Listy Zofii Kossak do ks. dra Kazimierza Lutosławskiego*, „Ruch Literacki", R. XXVII, 1986, z. 2.

Jadwiga Mrożek-Myszkowska, *„Dziedzictwo" Zofii Kossak. Próba monografii*, Dom Wydawniczy Duet, Toruń 2012.

Kazimierz Olszański, *Niepospolity ród Kossaków*, Wydawnictwo Kossakiana, Kraków 1994.

Mirosława Pałaszewska, *Listy Zofii Kossak do Józefa Birkenmajera*, „Akcent" 1999, nr 1.

Mirosława Pałaszewska, *Listy Zofii Kossak do Marii Dąbrowskiej*, „Ruch Literacki", R. XXXV, 1994, z. 5–6.

Mirosława Pałaszewska, *Zofia Kossak*, Wydawnictwo Von Borowiecky, Warszawa 1999.

Barbara Pytlos, *„Córa Sienkiewicza" czy „Alicja w krainie czarów". Z dziejów recepcji twórczości Zofii Kossak*, Wydawnictwo Uniwersytetu Śląskiego, Katowice 2002.

Edmund Rosner, *Wokół Zofii Kossak. Zbiór szkiców i przyczynków*, Towarzystwo im. Zofii Kossak w Górkach Wielkich, Cieszyn – Górki Wielkie 1995.

Magdalena Samozwaniec, *Maria i Magdalena*, Wydawnictwo Literackie, Kraków 1978.

Magdalena Samozwaniec, *Zalotnica niebieska*, Świat Książki, Warszawa 2010.

Anna Szatkowska, *Był dom... wspomnienia*, Wydawnictwo Literackie, Kraków 2006.

Kornel Szymanowski, *Listy Zofii Kossak do Emila Zegadłowicza*, „Życie i Myśl" 1969, nr 11–12.

Carla Tonini, *Czas nienawiści i czas troski: Zofia Kossak-Szczucka antysemitka, która ratowała Żydów*, Żydowski Instytut Historyczny, Warszawa 2007.

Zofia Kossak na emigracji, opracowała Mirosława Pałaszewska, Oficyna Wydawnicza Rytm, Warszawa 1998.

Zofia Kossak w Polsce Podziemnej. Wybrane pisma dotyczące lat 1939–1944, wybór i opracowanie Stefan Jończyk, Mirosława Pałaszewska, Wydawnictwo PAX, Warszawa 1999.

Zwyczajna świętość. Wspomnienia o Zofii Kossak, wstęp, opracowanie, wybór tekstów Krystyna Heska-Kwaśniewicz, Macierz Ziemi Cieszyńskiej, Katowice –Cieszyn 1997.

* * *

Akta w sprawie postępowania konkursowego do majątku dłużnika Tadeusza Kossaka. Akta w zbiorach Oddziału Terenowego Wojewódzkiego Archiwum Państwowego w Cieszynie (sygn. 375 b. s.).

Archiwum Janiny Lasockiej, zbiory Biblioteki Narodowej w Warszawie, Akc 11653.

Archiwum Muzeum Zofii Kossak-Szatkowskiej w Górkach Wielkich.

Dokumenty o sygnaturach IPN Ka 056/134, t. II, ze zbiorów Instytutu Pamięci Narodowej w Katowicach.

Beata Gdak, *Okupacyjna twórczość literacka i dziennikarska Zofii Kossak*, Katowice 2012, maszynopis rozprawy doktorskiej napisanej pod kierunkiem prof. Krystyny Heskiej-Kwaśniewicz.

Korespondencja Zofii Kossak ze Stanisławem Maykowskim, zbiory Muzeum Literatury w Warszawie (sygn. 2978).

Listy Zofii Kossak do Anny Sadowskiej, zbiory Biblioteki Narodowej w Warszawie.

INDEKS OSÓB

Tytuł: *Zofia Kossak. Opowieść biograficzna*

Autor: Joanna Jurgała-Jureczka

Copyright © for the text by Joanna Jurgała-Jureczka, Warszawa 2014

Copyright © for the Polish edition by Dom Wydawniczy PWN Sp. z o.o., Warszawa 2014

Dyrektor wydawniczy: Monika Kalinowska

Redaktor prowadzący: Dąbrówka Mirońska

Korekta: Elwira Wyszyńska

Redakcja: Joanna Egert-Romanowska

Projekt okładki i stron tytułowych: Adam Chwesiuk

Skład i łamanie: Ewa Modlińska, Justyna Wiśniewska

Produkcja: Marcin Zych, Ewa Modlińska

Druk i oprawa: Białostockie Zakłady Graficzne SA

Zdjęcie na okładce: Indigo/Fancy/Fritz Cohen/Corbis

Zdjęcie Zofii Kossak na 2 stronie: Narodowe Archiwum Cyfrowe

ISBN: 978-83-7705-544-1

Dom Wydawniczy PWN Sp. z o.o.
02-460 Warszawa, ul. Gottlieba Daimlera 2
infolinia: 801 33 33 88
www.pwn.pl